JN028277

間違わないための 職種別・従業員の状況別 チェックリスト

給与計算を間違いなくするための「最低限チェックすべき項目」がわかります!

巻頭付録の使い方

給与計算の仕事では、自社で働く人の給与を支給し、税金や社会保険料を納付しますが、それぞれの従業員の雇用形態、年齢、家族の状況などにより、気を付けなければならないことが数多くあります。ここでは、代表的な職種と従業員の状況を10例ピックアップして、最低限確認しておきたいことをまとめてみました。
入社時、異動・昇進時などのチェックに役立ててください。

解説ページ

タイプ	名称	ページ
1	学生アルバイト	III
2	正社員	IV
3	契約社員（嘱託）	V
4	パートタイム配偶者（国民年金第3号被保険者）	VI
5	外国人	VII
6	高年齢者	VIII
7	テレワーカー（在宅勤務者）	IX
8	副業者（ダブルワーカー）	X
9	出向者（在籍出向）	XI
10	役員（取締役）	XII

● 解説ページは次のパーツで構成されています。

こんな人	対象となる人を定義します。
チェックポイント	具体的なチェックポイントを箇条書きにしています。
雇用保険	チェックポイントがどの分野のものかを表します。
P.○○参照	本文に詳しい解説があるときにその参照ページを表します。
給与以外の チェックポイント	給与計算には直接関係しないものの、気を付けておきたいポイントです。

学生アルバイト

- 大学、専門学校、高校などの学校に通っている人
- 基本的に期限の定めのある従業員で、時給での雇用
- 昼間学校に通っている

チェックポイント

☑ **昼間学校に通う学生か、夜間学校に通う学生か**

➡ **雇用保険** 昼間学生は原則として雇用保険の対象外。ただし、一部以下のような場合は例外として加入対象となる。
- ・休学中の者（事実を証明する文書が必要）
- ・卒業見込証明書を有する者であって、卒業前に就職し卒業後も引き続き自社に勤務する予定の者、等。

P.69, 79参照

☑ **健康保険は親の扶養に入っているか**

➡ **社会保険** 親の扶養に入っていれば社会保険の加入手続きは原則不要。ただし、加入基準を超えるときは社会保険への加入義務が生じる。
※加入基準未満でも扶養家族の収入基準（年収130万）以上になると、扶養を抜けて国民健康保険に加入となる場合もあり。

P.79 参照

☑ **アルバイトの就労形態は1社のみか、掛け持ちか、日雇いか**

➡ **源泉徴収** 給与の支払い形態と扶養控除申告書の提出の有無により、甲欄、乙欄、丙欄適用のいずれかになる。掛け持ちの場合はメインの会社であれば甲欄適用。日雇いバイトは丙欄適用。

P.69, 79参照

☑ **外国籍か、日本国籍か**

➡ **在留資格** 外国籍の場合、在留資格の内容で就労の可否が変わるため必ず確認する。また、就労ができる場合でも勤務時間に制限があることもあるため注意する。

給与以外の チェックポイント
- ● 雇用契約書／労働条件通知書
  学生アルバイトでも労働条件の明示は必須。また、整備されていないことも多いので注意が必要。
- ● 勤務シフト、有給休暇管理
  明確になっていない場合も多々あり。有給休暇が管理されていない場合もあるが、アルバイトでも入社6か月を経過すると有給休暇の権利が発生する。

TYPE 2 正社員

こんな人
- 会社で定められた所定労働時間をフルタイムで働く人
- 雇用契約期間の定めがない人
- 新卒、中途を問わず、定年年齢前の人

チェックポイント

☑ **入社日から保険加入しているか**

⇒ 社会保険 / 雇用保険　試用期間中でも社会保険・雇用保険ともに入社日から加入となる。

☑ **扶養控除等（異動）申告書が提出されているか**

⇒ 源泉徴収　申告書の提出の有無で源泉徴収の適用区分が甲欄か乙欄となり、提出済の場合は扶養家族等の内容に基づき源泉徴収額が変化する。

P.71参照

☑ **40歳以上かどうか**

⇒ 社会保険　40歳以上65歳未満の場合、介護保険料が給与から天引きとなる（40歳未満の場合は徴収されない）。

P.29参照

☑ **管理監督者など残業代の支払い対象外かどうか**

⇒ 割増賃金　管理監督者など一部の労働者は残業代の支払い対象外となる場合がある。

☑ **住民税の特別徴収の手続きは済んでいるか**

⇒ 住民税　特別徴収の手続き終了後、住民税を毎月の給与から天引きを行う。ただし、前年の収入がなければ天引きがない場合もあり。

P.68参照

給与以外の チェックポイント

- 残業時間
  36協定の範囲内でしかできない。また、36協定にも限度時間がある。

- 有給休暇
  正社員は有給休暇を年5日消化させる義務あり。

TYPE 3 　契約社員（嘱託）

こんな人

- 雇用契約期間の定めがある人
- 契約期間5年超で無期契約に転換した人も含める場合もあり
- 労働時間、労働日数はフルタイムから短時間まで人による

チェックポイント

☑ **31日以上雇用されることが予定され、週所定労働時間は20時間以上か**

➡ **雇用保険** 上記の雇用保険の加入基準を満たす場合は雇用保険への加入が必要。逆に週15時間などの短時間の場合は対象外。
P.78 参照

☑ **51人※以上の企業で所定内賃金が月額8.8万円以上等の社保加入基準を満たすか**

➡ **社会保険** 社会保険の加入基準を満たす場合は加入が必要。注 2024年9月までは101人以上
P.79 参照

☑ **扶養控除等（異動）申告書の提出はされているか**

➡ **源泉徴収** 短時間勤務で副業の場合は、申告書の提出の必要がなく乙欄適用となる。副業者はP.Xの「副業者（ダブルワーカー）」も参照。
P.71 参照

☑ **1日の所定労働時間は8時間未満か**

➡ **割増賃金** 1日の所定労働時間が8時間未満で時間外労働がある場合は、割増をつけるかどうか契約内容を確認。

☑ **定年退職した人か**

➡ **社会保険** 65歳以降は介護保険が給与天引きではなくなる等、年齢によって保険料の控除項目が変わる。詳しくはP.VIIIの「高年齢者」も参照。
P.194 参照

給与以外のチェックポイント

- 雇用契約管理
  通算契約期間が5年を超えると労働者に無期転換権が生じる。
- 労働条件明示
  有期契約の場合、契約限度年数や契約更新基準など細かな内容を明示する義務がある。

パートタイム配偶者

こんな人
- 配偶者が世帯主で収入があり自身はパートで勤務する人
- 自身は配偶者の扶養家族（国民年金第3号被保険者）
- 短時間労働で、多くは雇用期間の定めがあり時給で勤務する人

チェックポイント

☑ **社会保険について配偶者の扶養家族となっているか**

➡ 社会保険　基本は配偶者の扶養に入っていることが多いが、扶養の収入基準130万を超える場合は扶養の脱退や、社会保険の加入基準を超えると勤務先で加入義務が生じる。

P.78 参照

☑ **51人※以上の企業で所定内賃金が月額8.8万円以上等の社保加入基準を満たすか**

➡ 社会保険　社会保険の加入基準を満たす場合は加入が必要。注 2024年9月までは101人以上

P.79 参照

☑ **扶養控除等（異動）申告書の提出はされているか**

➡ 源泉徴収　短時間勤務で副業の場合は、申告書の提出の必要がなく乙欄適用となる。副業者はP.Xの「副業者（ダブルワーカー）」も参照。

P.71 参照

☑ **31日以上雇用されることが予定され、週所定労働時間は20時間以上か**

➡ 雇用保険　上記の雇用保険の加入基準を満たす場合は雇用保険への加入が必要。逆に週15時間などの短時間の場合は対象外。

P.78 参照

☑ **1日の所定労働時間は8時間未満か**

➡ 割増賃金　1日の所定労働時間が8時間未満で時間外労働がある場合は、割増をつけるかどうか契約内容を確認。

給与以外の
チェックポイント
- 年収の壁対策
  臨時的に扶養家族の基準となる年収130万を超えても事業主証明により継続して被扶養者として認定することが可能。
- 雇用契約管理／労働条件明示
  契約社員同様に、有期雇用の場合は通算契約期間が5年を超えると労働者に無期転換権が生じる。

TYPE 5 外国人

こんな人

- 外国籍で在留資格（入管法上の法的な資格）を保有
- 留学生のアルバイトからフルタイム勤務まで勤務形態は様々
- 雇用契約期間の有無は企業により異なる

チェックポイント

✅ **在留資格の確認はできているか**

➡ 労働契約 　新規入社の場合、自社で就労するための在留資格の確認が必須。就労できる在留資格を就労ビザとも言う。

✅ **外国人留学生かどうか**

➡ 労働時間 　留学生は日本国内での労働が原則として認められない。ただし、「資格外活動許可」を受けた留学生は、原則として週28時間以内の範囲で例外的に労働が認められる。

✅ **給与振り込み用の本人名義の銀行口座はあるか**

➡ 給与振込 　入国間もない時に銀行口座の開設が間に合わないケースがある。この場合は現金支給での対応などが必要。

✅ **扶養控除等（異動）申告書の提出はされているか**

➡ 源泉徴収 　日本人同様に申告書の提出の有無で源泉徴収の適用区分が甲欄か乙欄となり、提出済の場合は扶養家族等の内容に基づき源泉徴収額が変化する。

P.71参照

✅ **本国など日本国外に扶養家族がいるか**

➡ 社会保険 　原則として扶養家族は日本国内に居住していることが要件だが、例外
源泉徴収 　的に国外居住の家族でも認められる場合もある。

**給与以外の
チェックポイント**

◎ **不法就労／不法就労助長罪**
自社で就労させるにあたり、適切な在留資格がない場合はそもそも雇用し、働いてもらうことができないため注意が必要。

◎ **就労資格証明書**
雇用主等と外国人の双方の利便を図るため、外国人が希望する場合にその者が行うことができる就労活動を具体的に示した書面のこと。

TYPE 6 高年齢者

こんな人

- 定年後再雇用などで働く60歳以上の労働者
- 定年延長で働く人を除き、通常は有期雇用契約で働く人
- 勤務日数や勤務時間、給与形態は企業や人によって様々

チェックポイント

☑ **年齢が65歳以上か**

➡ **社会保険** 65歳からは給与からの介護保険料の徴収が終了。代わりに原則として年金からの徴収になる。

P.194 参照

☑ **年齢が70歳以上か**

➡ **社会保険** 70歳からは厚生年金保険の被保険者資格が喪失となる（勤務時間が週20時間以上などのときは厚生年金保険70歳被用者）。給与から厚生年金保険料の徴収が終了となる。

P.194 参照

☑ **年齢が75歳以上か**

➡ **社会保険** 75歳からは健康保険の資格も喪失となり、後期高齢者医療制度へ移行する（後期高齢者医療制度は、75歳以上もしくは65歳以上75歳未満で一定の障害のある方が加入する医療保険制度）。これにより、給与から健康保険料の徴収が終了となる。

P.194 参照

☑ **65歳以上で雇用保険のマルチジョブホルダー制度に該当するか**

➡ **雇用保険** 1社では雇用保険の基準未満でも2社合計して1週間の所定労働時間が20時間以上などの雇用保険の基準を超える人は、本人がハローワークへ申出ることで、特例的に雇用保険の被保険者になれる。この場合、給与からの雇用保険料の徴収及び納付義務が発生する。

☑ **扶養控除等（異動）申告書の提出はされているか**

➡ **源泉徴収** 短時間勤務で副業の場合は、申告書の提出の必要がなく乙欄適用となる。副業者はP.Xの「副業者（ダブルワーカー）」も参照。

給与以外の チェックポイント

- **高年齢雇用継続給付**
  60歳以降給与が一定の基準以上下がった雇用保険の加入者は、65歳までの間、雇用保険から高年齢雇用継続給付がもらえる可能性がある。
- **同一労働同一賃金**
  定年再雇用時によく行われる給与改定は、正社員と同じ仕事をしている場合は同一労働同一賃金に抵触し、法令違反となる場合がある。

テレワーカー（在宅勤務者）

- 会社のオフィスではなく自宅などで仕事をする人
- 請負や業務委託ではなく、雇用契約で給与の支払いを受ける人
- 正社員、契約社員、パートなど、雇用形態は企業によって様々

チェックポイント

☑ **通勤手当の支給はあるか**

⇒ | 通勤手当 | テレワーカーの通勤手当の支給方法は各会社の就業規則で決まる。定期代の支給なのか、実費精算なのかを就業規則で確認する。オフィス出勤時の電車代を通勤手当と経費（旅費交通費）のどちらで扱うかは、労働日における労働契約上の「就業の場所」が自宅か企業のオフィスかで決まる。

☑ **在宅勤務手当の支給はあるか**

⇒ | 源泉徴収 |
| 割増賃金 |
| 社会保険 |
在宅勤務手当が賃金（給与課税対象）となるかどうかは実費相当を計算して支給しているかで決まる。労働者に対して毎月5,000円を一律で支給しているような場合は、賃金となり社会保険・労働保険料等の算定基礎にもなり、割増賃金の算定基礎にも含める必要がある。割増賃金に含める必要があるケースでも漏れているケースがあると残業代の計算ミスになるので注意。

☑ **事業場外みなし労働時間制の対象か**

⇒ | 労働時間管理 |
| 割増賃金 |
テレワーカーにも、一定の条件の下でみなし労働時間制を適用することが可能。みなし労働時間制の場合、原則会社の所定労働時間労働したものとみなすこととなり、残業代の計算が通常とは異なる。

☑ **テレワーク中の中抜け時間（休憩時間）の管理を行っているか**

⇒ | 労働時間管理 |
みなし労働ではなく、厳格な労働時間管理を行い、テレワーク中の私的行為（例えば家事、育児、介護など）を許可しており、その時間を中抜け時間（休憩時間）として管理する場合は、労働時間や残業時間の計算に注意が必要。

テレワーク・在宅勤務者については、P.228でも解説しています。

副業者（ダブルワーカー）

- 副業者は本業となる仕事以外で働く人
- ダブルワーカーは本業と副業の区別なく複数の仕事をする人
- 一般的に正社員よりも短い勤務日数、勤務時間で働く

チェックポイント

☑ **2社以上で社会保険の加入基準に該当しているか**

 ➡ 社会保険　副業先やダブルワークにおいて2社ともに社会保険の加入基準に該当すると2社で社会保険適用となり、「二以上事業所勤務届」を年金事務所へ提出する必要がある。
この場合、社会保険料を天引きする金額がそれぞれ加入する事業所での報酬額による案分計算となる特殊な計算方法となる。副業先が役員（取締役）として勤務する場合などは要注意。

☑ **65歳以上で雇用保険のマルチジョブホルダー制度に該当するか**

 ➡ 雇用保険　雇用保険は通常1社のみで加入するが、65歳以上で複数の企業で働く人は特例としてマルチジョブホルダー制度に該当するケースがある。詳しくはP.VIIIの「高年齢者」も参照。

P.80 参照

☑ **本業の雇用契約が先に契約しているか**

 ➡ 割増賃金　労働時間の計算は本業、副業に関わらず通算するルールがあり、この場合の割増賃金の負担は、原則「後で契約した会社」が支払いの義務を負う。
例えば、本業で8時間働き、同じ日に副業先で3時間アルバイトをした場合、1日の法定労働時間8時間を超えた3時間分は、割増賃金が発生する。そのため、どちらの企業が労働者との契約締結を先に行ったのかを確認する必要がある。

☑ **扶養控除等（異動）申告書の提出はされているか**

 ➡ 源泉徴収　短時間勤務で副業の場合は、申告書の提出の必要がなく乙欄適用となる。

☑ **1日の所定労働時間は8時間未満か**

 ➡ 割増賃金　1日の所定労働時間が8時間未満の場合で時間外労働がある場合は、割増をつけるかどうか契約内容を確認。

副業者・ダブルワーカーについては、P.252でも解説しています。

TYPE 9 出向者（在籍出向）

こんな人
- 出向元企業との雇用契約を結んだまま、出向先企業で働く
- 出向者の給与の負担は出向元／出向先企業との契約による
- 一般的には正社員が出向をするためフルタイム勤務が想定される

チェックポイント

✓ **給与の支払い窓口は出向元か**

➡ **社会保険** 健康保険や厚生年金といった社会保険は、直接給与を支払う企業で適用される。そのため、一般的には出向元が給与の支払い窓口となり、その給与の負担割合を出向元／出向先企業で決めることが多い。

✓ **出向先での身分は一般社員（労働基準法上の管理監督者ではない）か**

➡ **割増賃金** 出向元と出向先で身分や職位が異なるケースがあり、例えば出向元では管理監督者であったものの、出向先では一般社員の場合、残業代の支払いが必要になる。

✓ **出向元と出向先での待遇差がある場合、補填を行うか**

➡ **給与体系** 出向元と出向先において、1日の所定労働時間が異なるといった待遇差がある場合に、待遇差を補填するために何らかの手当などが発生するかを給与計算の前に労働条件通知書などの資料で確認する。

給与以外のチェックポイント

- **出向契約書／労働条件通知書**
出向は労働者が出向元／出向先の2社と雇用関係のある状態となる複雑な雇用形態で、労働条件が曖昧になりがち。出向に関わる労働条件や身分の取扱い、給与の負担などの条件を出向契約書で規定する。

- **労災保険料**
労災保険は出向先で適用されるため、労災保険料は出向先の企業が負担することになる。

役員(取締役)

● 雇用契約の労働者ではなく、役員報酬を支給される法人の取締役
● 従業員の身分を有したまま役員になる使用人兼務役員も存在
● 社外取締役、非常勤役員、監査役といった人も役員の1種

チェックポイント

☑ **2か所以上から報酬が支払われているか**

➡ **社会保険** 2社以上の役員に就任しており、2か所以上から役員報酬が支払われている場合、原則それぞれの会社で社会保険の加入対象となり、2社で社会保険適用となる。この場合は「二以上事業所勤務届」を年金事務所へ提出し、給与から天引きする社会保険料は報酬額による案分計算となる特殊な計算方法となる。非常勤役員も、役員は原則として社会保険の加入対象となる。

☑ **従業員の身分を有する使用人兼務役員か**

➡ **雇用保険** 役員に就任すると、原則として雇用保険は脱退となるが、例外的に従業員の身分を有したまま役員に就任する使用人兼務役員の場合、雇用保険に継続して加入することも可能。雇用保険に継続加入すると雇用保険料も給与天引きするが、対象は給与分だけで役員報酬は雇用保険料の対象外。

☑ **決算期の直後に役員報酬が変わっていないか**

➡ **給与支給**
社会保険 役員報酬は基本的には毎月同じ額を支給する定期同額給与とよばれる仕組みにより支給されるが、企業の決算期を経て新しい事業年度になると、期首から3か月以内に新しい役員報酬を決定する。
事業年度が変わったときは、役員報酬の変更の有無を確認。変更がある場合は社会保険の月額変更の対象かを確認。

☑ **扶養控除等(異動)申告書の提出はされているか**

➡ **源泉徴収** 2か所以上で報酬を支払われている役員の場合、どの会社に扶養控除申告書を提出しているかで所得税の適用区分が変わる。扶養控除等申告書の提出をしていない場合は乙欄適用。

**給与以外の
チェックポイント**

● 兼務役員雇用実態証明書
従業員の身分のまま役員に就任し、雇用保険に継続加入する場合は、ハローワークに兼務役員雇用実態証明書を提出し、承認を受ける必要がある。

● 役員賞与/賞与支払届
役員は基本的には毎月決まった金額の役員報酬を支給する形式が多く、賞与がでることは少ないが、役員賞与が支給される場合もある。この場合は、従業員の賞与と同様に社会保険では賞与支払届の対象となる。

増補改訂

給与計算・年末調整の手続きがぜんぶ自分でできる本

知識ゼロでも大丈夫！
令和6年の定額減税にも対応!!

特定社会保険労務士
志戸岡 豊 著

ソシム

●ダウンロードデータについて

　本書の第2章で使用している「基本情報シート」を、下記のサイトからダウンロードすることができます。ファイルはPDFで提供されているため、使用するにはAdobe Readerなどのソフトとソフトが稼働するパソコンが必要となります。

●ダウンロードのURL

https://www.socym.co.jp/book/1466/

社会保険・労働保険の料率は変更されることもあるので、実務に当たっては必ず最新のものを使用するようにお願いします。

● 本書の内容は2024年4月1日現在の情報を基に解説しています。本書で取り上げている制度や法律、税率・料率等の情報は変更されることがあります。実際に業務を行う際には、必ず最新の情報を確認するようにしてください。

● 本書の内容の運用によって、いかなる損害や障害が生じても、ソシム株式会社、著者のいずれも責任を負いかねますのであらかじめご了承ください。

● 本書の一部または全部について、個人で使用するほかは、著作権上、著者およびソシム株式会社の承諾を得ずに無断で複写／複製することは禁じられております。

●本書に記載されている社名、商品名、製品名、ブランド名、システム名などは、一般に商標または登録商標で、それぞれ帰属者の所有物です。

●本文中には、®、©、TMは明記していません。

はじめに

　給与計算の業務は、ミスのない正確性と給与支給日に間に合わせるという迅速性が要求されます。社員一人一人の生活の糧を計算する給料計算は、同時に社会保険料や税金といった国へ収めるお金の計算でもあり、ミスが法令違反に繋がる複雑で難しい業務でもあります。この本は、給与計算を担当することになったばかりの人や、今まで給与計算をやってきたけれど、きちんと給与計算について勉強したことがなく給与計算業務に不安を感じている人のお役に立てるように書きました。

　自社で給与計算を行っている会社では、給与計算で不安を感じてわからないことがあっても、社内に詳しい人がおらず結局不安が解消されないまま、計算をしている場合もあります。給与計算を正確に実施するには、労働基準法や社会保険に関する知識、所得税や住民税に関する税金に関する知識など非常に幅広い知識が必要になります。最近は法改正も頻繁に発生し、以前は正しかったやり方が今では法令違反になることもあります。給与計算担当者は、そういった法改正の動きも把握し、計算の根拠となる法律や制度の仕組みを正しく理解し、業務を進める必要があります。

　本書では、次のようなポイントに力を入れて解説しています。

　①はじめに給与計算の全体像をお伝えし、その後自社の給与計算の仕組みを理解してもらうために「基本情報シート」を活用し、自社の給与計算の特徴、注意点を把握した上で、必要なページを参照し正確な知識を身につけることができる構成にしています。

　②学生アルバイト、外国人、高年齢者、テレワーカー、ダブルワーカーといったイレギュラー対応が発生する様々なケースについて、それぞれのケースでのチェックポイントを冒頭にまとめており、該当者が発生したときにすぐに注意事項が参照できる構成にしています。

　③給与計算業務に関わる業務の流れや手順がわかるように、各章のはじめにスケジュールを多く取り入れています。各業務の全体像、期限、業務量なども把握できるようにしています。

　正確かつ迅速な給与計算業務に本書を活用いただければ、心から嬉しく思います。

2024年5月　著者

Contents

Chapter 2 自社の給与計算の構造を把握する

業務の流れをつかもう　業務をくわしく知ろう

Chapter 3 月次給与計算の手順① 入社・退職者の確認と対応法

業務の流れをつかもう　業務をくわしく知ろう

Chapter
4

月次給与計算の手順②
勤怠集計と支給項目の計算

業務の**流れ**をつかもう　　業務を**くわしく**知ろう

Section

Chapter

5

月次給与計算の手順③
控除項目、差引支給額の計算

業務の **流れ** をつかもう 　　業務を **く わ し く** 知ろう

Section

Chapter

6

月次給与計算の手順④
支給と納付の手続き

業務の流れをつかもう　　業務をくわしく知ろう

Section

Chapter

9

給与計算に関わる
社会保険手続き

業務の流れをつかもう　　業務をくわしく知ろう

本書の使い方

●本書の構成

本書は次の9つの章から構成されています。

章	章名	概要
1	給与計算の全体像	給与計算の一般的な流れ、最低限押さえておきたい労務に関する知識を解説します。
2	自社の給与計算の構造を把握する	ダウンロード可能な「基本情報シート」を使いながら、自社の給与の構造を理解します。
3	月次給与計算の手順① 入社・退職者の確認と対応法	毎月の給与計算に入る前に確認しておきたい事項について解説します。
4	月次給与計算の手順② 勤怠集計と支給項目の計算	毎月の給与計算の勤怠管理と支給項目に関する処理の流れを解説します。
5	月次給与計算の手順③ 控除項目、差引支給額の計算	毎月の給与計算での社会保険、雇用保険、所得税、住民税などの控除項目について解説します。
6	月次給与計算の手順④ 支給と納付の手続き	給与明細書の作成、銀行振り込み、社会保険と税金の納付について解説します。
7	賞与計算の手順	給与計算のやり方を踏まえ、賞与計算独自の部分を解説します。
8	年末調整の手順	年末に行う所得税の年末調整の処理の概要について解説します。
9	給与計算に関わる社会保険手続き	給与計算の担当者が最低限知っておきたい社会保険の手続きについて解説します。

本書の水先案内人

本書のいろいろなところで左のキャラクターが登場します。給与計算・賞与計算・年末調整の業務に精通していて、「業務のポイント」「作業上注意したいところ」「ちょっとした効率化のアイディア」「無駄話」などをつぶやきます。たまに乱暴な言葉遣いもあるかもしれませんが、耳を傾けてみてください。

●本書の紙面構成

本書では、さまざまな業務を解説するために、次のように2種類の紙面を用意しています。

業務の流れをつかもう ➡ **どんな業務で必要なものかや何日かかるかが把握できる！**

給与計算・賞与計算・年末調整の業務では、支給項目や控除項目の計算、振込依頼などの一連の流れに沿った業務が数多くあります。これらの業務の概要やスケジュールを確認できます。細かい個別の作業にとりかかる前に、その業務が何日ぐらい必要で、大まかにどのような処理が必要なのかを把握するのに便利です。

業務をくわしく知ろう ➡ **具体的な書類の書き方や提出先や注意点がわかる！**

書類の作成やさまざまな手続きなど、細かい作業の詳細を1セクション1テーマで詳しく解説します。原則1テーマ1見開きで解説しています。

業務の流れをつかもう

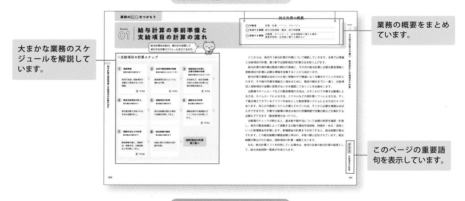

大まかな業務のスケジュールを解説しています。

業務の概要をまとめています。

このページの重要語句を表示しています。

業務をくわしく知ろう

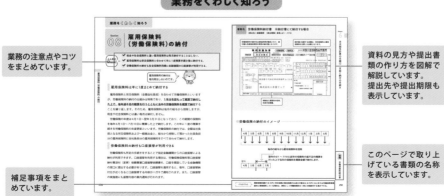

業務の注意点やコツをまとめています。

補足事項をまとめています。

資料の見方や提出書類の作り方を図解で解説しています。
提出先や提出期限も表示しています。

このページで取り上げている書類の名称を表示しています。

給与計算の
全体像

Keyword

**勤怠 / 支給 / 控除 /
賃金支払い5原則 / 給与規程 / 最低賃金**

Section 01 | 給与計算とは

ここだけ
Check!

✓ 給与計算の目的は、従業員への報酬の支払いと、給与や社会保険料の天引きと納付。

✓ 給与計算の業務は毎月の給与計算、賞与計算、年末調整に分けられる。

✓ 年末調整の業務は毎月天引きした所得税の1年間の精算を行う。

> 給与計算は常に正確に
> 計算することが大事なのニャ。

給与計算は常に正確さが求められる業務

給与計算の業務の主たる目的は、次の2つになります。

・会社の役員・従業員（正社員、パートタイマーなど）に対して報酬（給与・賞与）を支払うこと

・役員・従業員が負担すべき税金や社会保険料などを報酬から天引きして、役所に納付すること

給与計算では、これらに関する一連の作業を行います。前者は役員・従業員の生活の糧となるものであり、後者は会社や個人が国に納付するべき税金や社会保険料の納付に関わる事務処理の一部を代行していることになります。いずれにしても、給与計算は常に正確さが求められる大変重要な業務です。

毎月の給与計算＋賞与計算＋年末調整が業務の3要素

給与計算の業務は「**毎月の給与計算**」「**季節ごとの賞与計算**」「**年に1度12月に実施する年末調整**」の**3つに大きく分かれます**。毎月の給与計算は例外を除けば毎月1回は行うため年に12回、賞与計算は夏季と冬季の年に2回が一般的で、これに決算賞与を加えて年に3回の会社もあります。また、給与計算に関連して上記以外に社会保険や労働保険の更新の手続きも必要になります。

毎月の給与計算では、支給額に応じて社会保険料や税金を天引きしますが、このときの所得税は1月から12月までの1年間の収入の予測値を元にした仮の金額です。これを12月の給与で確定した年間の収入額で算出した最終的な所得税の額と天引き済みの金額との差額を調整するのが年末調整です。

● 給与計算、賞与計算、年末調整の関係

```
毎月の
給与計算

＋

年数回の
賞与計算
```

→

```
年1回の
年末調整
```

給与計算の仕事は、毎月の給与計算、年数回の賞与、年末の年末調整の3つの仕事がメインなんだ。

● 給与計算の業務に必要な知識

労働基準法	勤怠項目の計算、残業代の計算の他、賃金支給に関しては労働基準法を守る義務があるため、全般にわたり必要な知識です。
最低賃金法	法違反にならないよう最低限のルールを守り賃金支給を行うために必要な知識です。
所得税	源泉徴収する所得税の計算をするために必要です。また、年末調整を実施する際にも必要です。
住民税	給与から控除する住民税の計算をするために必要です。
社会保険、労働保険	給与や賞与から控除する社会保険料の計算をするために必要です。
会社の就業規則、給与規程	給与計算のルールは法律ですべてが定められているわけではなく、会社独自のルールを理解することが必要です。

給与計算は人事に関することが、幅広く関わるので、カバーする範囲が広くなるのニャ。

memo ＞ 給与計算には各種検定試験もあるため、給与計算担当者は勉強して受験してみるのも実務に役に立つ。

Section 02 | 給与計算の対象者

ここだけ Check!

- ✓ 給与計算の対象者は役員および給与を支給されるすべての契約形態の者。
- ✓ 社員区分は法律による定義がないため、就業規則の定めを確認する。
- ✓ フリーランスで働く人は雇用契約ではないため、給与計算の対象外。

役員と雇用契約で働く人が
給与計算の対象なのニャ。

対象は役員を含む会社で働いている人がすべて

会社で働く者は、役員、正社員からアルバイトまでたくさんの人がいます。**給与計算の対象となるのは役員報酬を支給される役員および給与を支給されるすべての契約形態の人となります**（役員は法律的には労働者とはみなされませんが、社会保険の加入対象者であり、役員報酬は給与計算の対象となります）。

給与体系は、役員は月額固定の役員報酬、正社員は月給制、契約社員はさまざま、アルバイト・パートは時給制といった特徴があります。さらに準社員や再雇用社員、嘱託社員などの社員区分がある会社もありますが、これらの社員区分は特に法律で明確に定められたものではないため、会社の実態および就業規則を確認する必要があります。

フリーランスは給与計算の対象外

働き方が多様化してきた昨今、フリーランスとして仕事を請け負う人が以前よりも増えてきました。フリーランスの人とは雇用契約ではなく業務委託契約や請負契約といった契約を結び仕事をしてもらいます。

フリーランスの人は契約形態が雇用契約ではないため労働基準法の対象外となり、社会保険も加入対象外です。支払う金銭も給与ではなく、報酬という形式をとり外注費として処理します。

給与計算の対象者

● 給与計算の対象者と支給方法の関係

役員

会社法で定められた取締役や監査役等。法律上は労働者ではなく、給与の代わりに役員報酬が支給される。
⇒毎月の出勤日や労働時間によって変更がない固定額を支給する役員報酬

役員報酬

会社法で定められた報酬で年単位で金額が固定される。

正社員

期間の定めのない労働契約で雇用され、就業規則で定められた所定労働時間の上限まで労働するフルタイム勤務者。
⇒大半が月給制。残業時間などの勤怠の集計値によって変動する部分もある。

月給制

欠勤の有無に関係なく毎月固定的な金額を支給する制度。

日給月給制

欠勤・遅刻・早退によって休んだ日や休んだ時間分の賃金を控除することが可能な制度。

契約社員

雇用契約の期間が定められている人。労働時間、勤務日数が正社員と同様のフルタイム勤務者でも契約社員の人もいる。
⇒労働時間や勤務日数によって月給、日給、時給と幅広い給与体系がとられる。

時給制

1時間ごとに支払う時給単価に出勤時間を乗じて計算する制度。

パートタイマー

パートタイム・有期雇用労働法で「短時間労働者」とされ、1週間の所定労働時間が同じ事業所に雇用される通常の労働者よりも短い労働者（アルバイトも含む）。
⇒主に時給制。1日の労働時間が比較的長い者には日給制がとられることもある。

日給制

1日ごとに支払う日給単価に出勤日数を乗じて計算する制度。

上記以外にも、準社員、嘱託社員、再雇用社員、パートナー社員といった区分がある。社員区分の定義は就業規則で確認。

---

memo ＞ 役員は従業員のような雇用契約ではなく、委任契約を会社と締結する。そのため、労働基準法や労災保険法などの対象外となり、社員とは異なる取り扱いになる。

Section 03 | 給与計算の関係者

ここだけ
Check!

✓ 所得税、住民税、社会保険料の納付先を理解しておく。

✓ 所得税と住民税は当月分を翌月の10日までに納付する。

✓ 社員が入退社する場合には年金事務所やハローワークへ手続きを行う。

> 金融機関や役所への手続きも重要なのニャ。

金融機関や各種の役所など給与計算を取り巻く関係者

　給与計算業務は会社で計算をするだけで完了する仕事ではありません。**多くの会社は金融機関を利用して給与の振込を行うため、金融機関への事務手続きも重要な業務となります。**また、毎月の給与からは所得税、住民税、社会保険料などの項目を控除し、会社が本人に代わって役所に納付をします。給与から控除される源泉所得税、住民税、健康保険料といった項目が金融機関を経由してどこへ納付されるのかも給与計算担当者は理解しておく必要があります。納付するスケジュールも各項目によって変わってきます。

　所得税と住民税は当月分を翌月の10日までに、社会保険料は当月分を翌月の末日までに納付します。雇用保険料は全額会社負担となる労災保険料と合わせた労働保険料として翌年にまとめて納付します。

入社・退社の届けも給与計算には重要

　給与計算を行う上で、社会保険料の計算は重要事項の1つとなり、社会保険と雇用保険の手続きも深く関係しています。新しく社員が入社した場合や退社する場合には年金事務所や公共職業安定所（ハローワーク）へ資格取得届や資格喪失届の手続きを実施する必要があります。年金事務所やハローワークの手続きは、会社の住所によってどの管轄になるかが決まります。

給与計算の関係者

● 給与計算の関係者

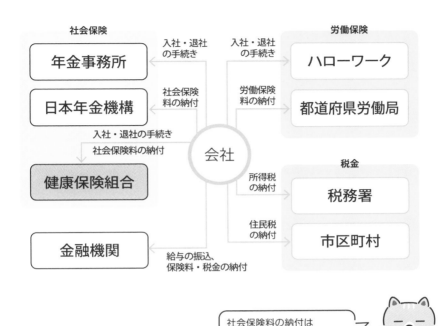

社会保険

労働保険

| | 入社・退社の手続き | 入社・退社の手続き | |

年金事務所 ← 入社・退社の手続き → ハローワーク

日本年金機構 ← 社会保険料の納付 → 都道府県労働局

入社・退社の手続き
社会保険料の納付

会社

健康保険組合

金融機関 ← 給与の振込、保険料・税金の納付

税金

所得税の納付 → 税務署

住民税の納付 → 市区町村

労働保険料の納付

社会保険料の納付は
口座振替での納付もできる。

● 給与計算でかかわる税金と社会保険

所得税

源泉徴収した当月分を翌月の10日までに納付。金融機関の他、直接税務署での納付も可能。

住民税

市区町村から送付される納付書を利用し当月分を翌月の10日までに納付。住民税の年度は6月から5月までの1年間となる。

社会保険料

当月分を翌月の末日までに納付。日本年金機構（健康保険組合に加入している場合は健康保険組合からも届く）から送付される納付書による方法の他、金融機関からの口座振替も可能。

労働保険料

毎月徴収した雇用保険料は4月から翌年の3月分までの1年分をまとめて翌年の6月1日から7月10日までに納付。金額によっては3回の分割納付もあり。納付書による方法の他、金融機関からの口座振替も可能。

Section 04 | 毎月の業務の流れと スケジュールを把握しよう

給与の振込期限が 実は一番重要なのニャ。

● 給与計算のスケジュール

1 当月変更事項の確認
給与締日まで

当月の入退社や、給与が変わった社員などの人事情報の変更事項を確認。

> Chap.3

2 勤怠集計と給与計算
給与支払日の4営業日前

出勤簿やタイムカードを回収し、勤怠項目を集計し、給与額を計算。

> Chap.4

3 給与振込の予約
給与支払日の3日前まで

銀行指定の日（大体支給日の3営業日前）までに給与の振込予約を実行。

> Chap.6

4 給与明細書の作成
支給日前日まで

各社員へ配布する給与明細を発行し用意します。

> Chap.6

5 税金の納付
翌月10日まで

給与支給後、速やかに納付期限までに支払を済ませる。

> Chap.6

6 社会保険料の納付
翌月末日まで

社会保険料の納付期限は翌月の末日。納付書による納付か口座振替。

> Chap.6

　毎月の給与計算は、前回の締日の翌日から今回の締日までの期間を1区間として区切り、集計と計算を行います。

　給与計算で特に複雑で緻密な計算が要求される作業は3つあります。1つ目は残業時間を始めとした毎月の勤怠の正確な集計です。2つ目は集計した値に基づく支給額の計算です。3つ目が税金と社会保険料などの控除項目の計算です。これらをミスなく実行するには、労働基準法や最低賃金法などの労働に関する法律、税金や社会保険などに関する幅広い正確な知識が求められます。

　正社員のほか、パートタイマーやアルバイトが多い会社では、給与の支給方法も

memo ▶ 給与を口座振込で支払う場合は従業員の同意が必要となり、同意しない場合は、現金で支払う必要がある。

毎月の給与計算業務の概要

- ☑ **対象者** 役員、社員、パート、アルバイト
- ☑ **作成する書類** 給与明細書、賃金台帳、源泉徴収簿、源泉所得税納付書
- ☑ **確認する書類** 就業規則、出勤簿（タイムカード）など
  入社、退社、給与変更事項があるときは関連する書類
- ☑ **作業の時期** 当月給与の締日数日前から支給日翌月の末日まで

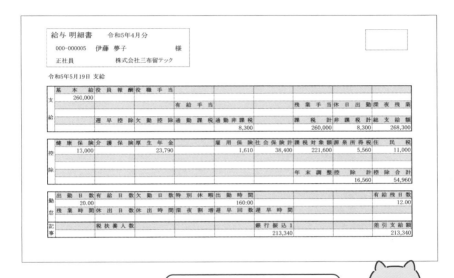

「給与明細書」以外にも作らなければ
ならない書類があるのニャ。

月給、日給、時給が混在し、毎月の確認事項も多くなります。

　給与計算は限られた期間内に確実に決められた作業を行う必要がある業務です。特に、締日から支給日までの間隔が短い会社では、計算対象となる社員数が増えるに従い計算のスケジュールが厳しくなります。

　給与支給は多くの会社が金融機関への振込で実施しており、**計算担当者は毎月カレンダーにて支給日前後の土日祝日の並びや振込期限を把握した上での作業スケジュールを立てる必要があります。**

memo ＞ 入社、退社、給与事項に変更がある場合には 3 章を参照。

Section 05 | 年間の業務の流れとスケジュールを把握しよう

年末調整が1番
大変な業務なのニャ。

● 毎月の給与計算を除く年間の作業スケジュール

1 前年分給与支払報告書、法定調書の提出
1月末日まで

前年の年末調整の結果を各市区町村および税務署へ報告する。

> Chap.8

2 新入社員の入社、昇給対応
4月末日まで

新規に入社した社員および昇給した社員の対応を行う。

> Chap.3

3 住民税の更新、夏季賞与計算
6月末日まで

新年度の税額に住民税を更新。賞与がある企業は賞与計算。

> Chap.5、Chap.7

4 算定基礎届、労働保険年度更新
7月10日まで

社会保険料と労働保険料の年に1度の更新手続きを実施します。

> Chap.9

5 社会保険料の改定
10月末まで

算定基礎届で決まった新しい社会保険料を給与に反映。

> Chap.9

6 冬季賞与計算、年末調整
12月末まで

賞与がある企業は賞与計算と年末調整を実施。

> Chap.7、Chap.8

　給与計算では、前セクションで解説した毎月の計算業務以外にも年間で決められたいくつかの手続きが必要です。賞与の支給の有無や支給回数は会社によって違いますが、給与計算時に天引きされる住民税、社会保険料、労働保険料の金額を現在の支払額に応じて調整する作業が主となります。

　1月に前年の年末調整の結果を役所へ提出します。市区町村へ提出する給与支払報告書によって、新しい年度の住民税の課税金額が決定されます。

　4月になると新入社員が入社し、社員も昇給の時期となる会社では、それらに対応します。また、毎年ではありませんが、年度が切り替わる時期は健康保険や介護

memo > 賞与は支給がない会社もあれば、年に3回支給される会社もある。

年間の給与計算業務の概要

☐ **対象者**	役員、社員、パート、アルバイト、報酬支払対象者
☐ **作成する書類**	給与支払報告書、源泉徴収票、支払調書、納付書、賃金台帳、源泉徴収簿、賞与明細書、算定基礎届、労働保険料申告書など
☐ **書類の提出**	扶養控除申告書、保険料控除申告書、配偶者控除申告書、特別徴収税額通知書、標準報酬月額決定通知書など

● 主な手続きの書類提出先と締切

手続き	提出先	締切（提出期限）
給与支払報告書の提出	各市区町村	1月末日
法定調書の提出	税務署	1月末日
賞与支払届（賞与不支給報告書）の提出	年金事務所、健康保険組合	賞与支給日から5日以内
労働保険料の申告・納付（年度更新手続き）	都道府県労働局	6月1日から7月10日
算定基礎届	年金事務所、健康保険組合	7月10日

> 1月はやることがたくさんあって忙しくなるのニャ。

保険などの保険料率も変更する時期であるため、最新情報を入手しておきます。

　おおむね5月になると各市区町村より住民税の特別徴収税額通知書が送付されてきます。この税額通知書の税額を6月からの給与計算で使用します。

　7月には、社会保険料に関する算定基礎届と労働保険料に関する年度更新の作業があります。両者ともに7月10日が提出期限で、労働保険料は申告書の提出と併せて労働保険料の納付も実施します。

　12月には給与計算担当者にとって最大の仕事となる年末調整があります。この時期は賞与の計算もあり非常に忙しい時期となります。事前準備や社員へのアナウンス、必要な資料の回収などスケジュールを計画することが重要です。

Section 06 | 給与明細書から見る 給与計算の仕組み

ここだけ Check!

✔ 給与計算は勤怠項目、支給項目、控除項目の3つの要素から構成。

✔ 総支給額から控除項目を差引した額が差引支給額（手取り額）。

✔ 年次有給休暇の残日数を給与明細書に表示する場合もある。

手取り額を計算するまでが
給与計算の大きなヤマなのだ。

勤怠・支給・控除が給与計算の3要素

給与計算を初めて行う人でも、唯一見慣れている書類が給与明細書ではないでしょうか。毎月の給与支給時に手渡される給与明細書には給与計算の全体像が表示されていて、記載される項目を見ていくことで給与計算の仕組みや必要な作業を把握することができます。**給与明細書は大きく分けて、勤怠項目、支給項目、控除項目の3つのグループで構成されています。**

勤怠項目は出勤日や労働時間といった支給項目の基礎となる集計項目です。勤怠項目を基に基本給や諸手当、残業手当などの支給項目が計算され、支給項目をすべて合計した金額が毎月の総支給額となります。欠勤や遅刻早退がある場合は、その分の働いていない時間の給与を控除（不就労控除）した額が総支給額となります。

差引支給額（手取り額）が給与計算のゴール

総支給額から差し引きする項目のことを控除項目と言います。総支給額から控除項目を差し引きした額が差引支給額（手取り額）となります。

控除項目には、社会保険料や税金などの総支給額から差し引くことが法律などで決められているものと、会社独自のルールで差し引くことを決めている項目があります。

給与計算の業務では、勤怠・支給・控除の各要素を毎月ミスなく計算し、決められたスケジュールで差引支給額を算出することがゴールです。

●給与明細書から見る給与計算の仕組み

勤怠項目、支給項目、控除項目が給与計算の3要素。

基本給、諸手当などの支給項目。所得税の対象となる課税項目と通勤手当などの非課税項目に分かれる。

税金として源泉所得税と住民税の控除項目。

給与 明細書　　令和5年4月分
000-000005　伊藤 夢子　　　　　様
正社員　　　　株式会社三布留テック

令和5年5月19日 支給

支給

基本給	役員報酬	役職手当				残業手当	休日出勤	深夜残業	
260,000			有給手当						
遅早控除	欠勤控除	通勤課税	通勤非課税			課税計	非課税計	総支給額	
			8,300			260,000	8,300	268,300	

控除

健康保険	介護保険	厚生年金		雇用保険	社会保険計	課税対象額	源泉所得税	住民税
13,000		23,790		1,610	38,400	221,600	5,560	11,000
				年末調整		控除計	控除合計	
						16,560	54,960	

勤怠

出勤日数	有給日数	欠勤日数	特別休暇	出勤時間				有給残日数
20.00				160.00				12.00
残業時間	休出日数	休出時間	深夜割増	遅早回数	遅早時間			

記事

	税扶養人数				銀行振込1			差引支給額
					213,340			213,340

社会保険料は健康保険、介護保険、厚生年金保険、雇用保険が控除項目。

出勤日数や欠勤日数、労働時間などの項目を集計した数値が勤怠項目。

差引支給額（手取り額）＝総支給額－控除合計

一般的には銀行振込にて支給される。社員の都合で振込口座を2つに分ける場合もある。現金で支給を行う会社もある。

給与明細書には、有給休暇の残日数を表示する様式のものもあります。

Column

給与明細書に年次有給休暇を表示するケース

　会社によっては、年次有給休暇の残日数を給与明細書に表示することもあります。

　給与計算担当者は差引支給額を算出するだけではなく、毎月の有給休暇の消化日数、新たに付与される日数・時期、時効によって消滅する日数などを把握した上で当月時点での各社員の残日数を注意深く管理する必要があります。

Section 07 | 基本給と諸手当

ここだけ
Check!

- ✓ 基本給、諸手当ともに固定的なものも変動的なものも両方存在する。
- ✓ 割増賃金は時間外労働、深夜労働、休日労働がある。
- ✓ 遅刻、早退、欠勤の不就労控除は支給項目で計算する。

就業規則の支給要件を確認することが
大事なのだ。

多くの支給項目は固定金額だが変動の物もある

給与の支給項目は大きく基本給と諸手当に分けられます。月給制の場合は基本給や諸手当は固定の金額となりますが、時給制や日給制の場合は基本給も変動する金額になります。

諸手当には会社ごとにさまざまなものがあり、個々に支給要件が定められ、要件に合致する社員に支給されます。一般的な諸手当としては右ページの表に記載されたものがあります。多くは固定的な支給項目ですが、歩合給のように変動する支給項目もあります。**諸手当の支給要件は、就業規則（および給与規程、以下「就業規則」と表記）で規定されているので確認しておく必要があります。**

通勤手当は、通勤手段に応じて非課税として扱ってよい上限額が定められており、その金額の範囲内であれば非課税の支給項目となります。

不就労控除は「控除」なのに支給項目で減額する

毎月の給与計算期間における勤怠実績に応じて変動する支給項目が割増賃金と遅刻や早退、欠勤などによる不就労控除です。割増賃金は残業代のことで時間外労働、深夜労働、休日労働の3種類があり、それぞれ割増率が法律で定められています。

不就労控除は、働いていない時間の給与を差し引くことを意味し、これをノーワーク・ノーペイの原則といいます。不就労控除は控除（マイナス）になりますが、給与明細書では控除項目ではなく支給項目として計算を行います。

主な給与の支給項目

支給項目	ポイント
基本給	給与の基本となる支給項目。月給は固定だが、時給と日給の場合は毎月変動する。

	支給項目	ポイント
諸手当	役職手当	部長や課長など役職に応じて支給される手当。
	精皆勤手当	皆勤を励行するために出勤状況が良好な者に支給される手当。
	住宅手当	社員の住宅費用を補助する目的で支給される手当。
	家族手当	扶養する家族の有無や人数に応じて支給される手当。
	資格手当	保有する資格に応じて支給される手当。
	歩合給	営業職などの実績に応じて支給される手当。多くは計算式が定められており変動要素がある。
	通勤手当	通勤に要する費用を補填する目的で支給される手当。通勤手段に応じて非課税限度額が定められている。

＋

	支給項目	ポイント
割増賃金	時間外労働手当	所定労働時間を超えた労働時間に対して支給される。法定労働時間を超える場合、割増率は2割5分以上。 ※月60時間超は5割以上
	深夜労働手当	午後10時から午前5時までの深夜労働時間に対して支給される。割増率は2割5分以上。
	休日労働手当	法定休日の労働時間に対して支給される。割増率は3割5分以上。

－

	支給項目	ポイント
不就労控除	遅刻控除	遅刻時間に応じて控除される。
	早退控除	早退時間に応じて控除される。
	欠勤控除	欠勤日数に応じて控除される。

欠勤や遅刻早退控除は支給項目で処理する「マイナスの項目」なのだ。

memo ＞ 1か月の法定時間外労働、法定休日労働、深夜労働のそれぞれの合計に1時間未満の端数がある場合は、30分未満を切捨て30分以上を1時間に切上げても構わない。

Section 08 控除項目の構成要素

ここだけ
Check!

- ☑ 控除項目には、法定控除項目と会社独自の任意控除項目がある。
- ☑ 任意控除項目は就業規則などで内容を確認する。
- ☑ 法定控除項目は大きく分けて税金と社会保険料の2つがある。

> 税金と社会保険料の計算は
> 面倒で複雑なのニャ。

会社が決める控除項目は就業規則などで決められている

控除項目には、会社独自で設定できるものと、法律で給与から差し引かれることが決められたものの2種類があります。

前者の項目には、定期券を現物支給した場合の交通費や社内の積立金などがあります。これらは就業規則などで確認します。

後者の項目には、「健康保険」「介護保険」「厚生年金保険（厚生年金）」「雇用保険」の4種類の保険と、「源泉所得税」「住民税」の2種類の税金があります。このうち、「健康保険」「介護保険」「厚生年金保険（厚生年金）」の3つを社会保険、「雇用保険」を労働保険と呼びます（労働保険には、雇用保険のほかに「労災保険」がありますが、労災保険の保険料は給与からは差し引かれません）。

税金と社会保険は決められた手続きで控除する金額が決まる

後者の項目は従業員の年齢や支給する年額によって、対象になる人とならない人がいます。また、**個々に金額の計算方法は法律で定められており、毎月定額のものもあれば変動するものもあります。毎月定額のものは、基本的に年1回見直しが行われます。**

給与計算の実務では、これらの控除項目を正確に支給額から差し引く必要があります。もし、誤った金額を差し引いてしまうと、あとから調整が必要になります。特に金額を少なく差し引いてしまったときは、その分を追加で差し引かねばならず、従業員からの信頼を失ってしまう可能性もあります。

控除項目の構成要素

● 会社で独自に設定できる控除項目の例

控除項目	ポイント
通勤定期代	通勤定期代を定期券現物で支給し、その分の金額を控除する。
財形貯蓄	毎月一定額の積立貯蓄を行う。積立金の預け先は、勤務先が契約する金融機関の定期預金など。
労働組合費	労使の合意に基づいて、会社が組合費を給与天引きし労働組合に渡す。実施には別途労使協定が必要。
貸付金	労働者からの申出に基づき、会社が貸し付けたお金を給与天引きにて返済してもらう場合があり。
社宅家賃・寮費	会社名義で契約した賃貸物件の家賃や寮費の居住者負担金を控除する。
食事代	会社で弁当などをまとめて注文している場合に、利用者の負担金を控除する。

※賃金から任意の項目を給与控除するためには、賃金控除に関わる労使協定が必要。
※労働組合費を給与控除するためには上記とは別途、チェックオフ協定と言われる労使協定が必要。

> 法定項目以外を給与から控除するには労使協定が必要なのだ。

● 法律で決まっている控除項目

	控除項目	対象年齢	控除額	控除額の更新
保険	健康保険	75歳未満	毎月固定	年1回(給与額が大きく変動した場合は都度)
	介護保険	40歳以上64歳未満	毎月固定	
	厚生年金保険	70歳未満	毎月固定	
	雇用保険	すべて	変動	―
税金	源泉所得税	すべて	変動	―
	住民税	すべて	毎月固定	年1回

　労働者を取り巻く保険制度としては、大きく社会保険と労働保険があります。社会保険は「健康保険」「介護保険」「厚生年金保険」の3種類、労働保険は「雇用保険」「労災保険」の2種類を指します（なお、ややこしいことに、社会保険と労働保険の2つを合わせて「社会保険」と呼ぶことがあります。両者の判別のために、これを「広義の社会保険」、3種類の保険を示すときは「狭義の社会保険」と使い分けることがあります）。

●健康保険、介護保険、厚生年金保険の保険料の算出

　狭義の社会保険の保険料は通勤手当を含めた給与額によって一定額ごとに区分された「標準報酬月額」と呼ばれる社会保険上の等級にそれぞれの保険料率を掛けて算出します。

●雇用保険料の算出

　雇用保険料は健康保険料などとは違い、毎月の給与総額に保険料率を掛けて算出したものが保険料となります。

●社会保険って何のためのもの？

　社会保険は強制的に加入する各種の保障制度です。加入者は収入に応じた保険料を支払うことでさまざまなリスクが生じた場合でも、国が一定の保障をしてくれることになります。ただし、労災保険料は、労働者に一切負担はなく全額が会社負担となります。各保険の保障のカバー範囲は以下のようなものです。

区分	内容
健康保険	仕事中以外の私傷病による通院・入院の他、長期休業時の生活保障、出産費用、産休中の生活保障など。
介護保険	介護認定をうけ介護が必要なときの介護サービス、リハビリテーション、福祉用具の購入など。
厚生年金保険	老後の生活保障となる老齢年金、遺族の生活保障となる遺族年金、障害状態の生活保障となる障害年金など。
雇用保険	失業時の生活保障となる失業給付、スキルアップのための教育訓練給付など。
労災保険	仕事中における病気やケガの治療費、および休業中の生活保障となる休業補償給付、死亡による遺族補償給付など。

● 所得税と住民税の基本知識

　給与に関わる税金には所得税と住民税があります。

　所得税は、源泉徴収という形で毎月の給与から控除され、会社がまとめて納付することとなります。所得税は、その月の給与総支給額から通勤手当などの非課税支給額および健康保険料や雇用保険料などの社会保険料を差し引いた金額に対し課税され、これを課税対象額といいます。課税対象額と扶養家族の人数を源泉徴収税額表にあてはめることでその月の源泉所得税が決定されます。

　住民税も原則として給与から控除しますが、所得税と違い1年間の税額を12等分した金額を控除するため、基本的には毎月同額となります。住民税の年度は6月から翌年の5月にて計算され、毎年6月に金額を更新することになるため、6月は金額の更新を忘れないよう注意が必要です。

●所得税と住民税は何のためのもの？

　所得税も住民税も税金の1つですが、税金とはそもそも何でしょうか。税金とは、大きく言えば日本社会全体を支えるお金のことであり、日本に住んでいる以上、支払うこと（納税すること）が国民に義務付けられている「会費」のようなものです。そして、個人が給与天引きに関わる税金として国に納める税金に「所得税」、市区町村に納める税金に「住民税」があります。両者の内容は以下となります。

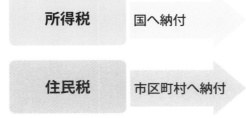

| 所得税 | 国へ納付 | → | 社会保障・福祉、水道、道路などのインフラ整備、教育や警察、消防、防衛といった公的サービスの財源となります。 |
| 住民税 | 市区町村へ納付 | → | |

所得税と住民税は、収入（所得）が多くなるに従って段階的に高くなる。納税する人が支払能力に応じて公平に税を負担する仕組みなのだ。

Section

09 | 給与計算に関わる 社会保険・雇用保険

- ✔ 給与計算に関わる社会保険の手続きは複雑で漏れやすい。
- ✔ 社会保険は給与の支給額が変わる時点での手続きが多い。
- ✔ 給与計算に関わる雇用保険の手続きは主に取得届と喪失届。

給与計算に関しては社会保険の
手続きの方が複雑なのだ

社会保険の手続きは広範囲にわたる

　社会保険の手続きは、入社時、給与改定時、毎年7月、育児休業や産前産後休業、賞与支給時などのタイミングで発生します（右ページ参照）。これらの手続きから毎月天引きする社会保険料や賞与の社会保険料が決まり、手続きの漏れは給与計算の支給額に直結してしまうため、充分な注意が必要です。

　特に、給与改定時の月額変更届は、支給内容や支給額の変更だけでなく、単価、計算方法などの給与計算のルールが変わる場合でも手続きが必要になることがあります。また、育児休業関連の社会保険料の免除の手続きでは育児休業の取得期間や取得時期、社会保険料が免除になる期間を把握し給与計算に反映する必要があります。これらの細かな対応は給与計算ソフトでも自動で対応できない部分もあり、手作業で免除の判定をする場合もあります。

雇用保険は取得届と喪失届がメイン

　給与計算関連の雇用保険の主な手続きは、入社時に実施する資格取得届と、退職時に実施する資格喪失届になります（育児休業については右ページのmemo参照）。注意点としては、パートタイムで働く人の契約内容が変わる場合などは雇用保険の加入や喪失が発生することがあるなど、雇用保険の加入や脱退は入社時や退職時以外にも発生することです。

memo ▷ 本セクションでいう社会保険は、健康保険、介護保険、厚生年金保険の総称です。

● 社会保険の区分

| 社会保険 | 健康保険 | 介護保険 | 厚生年金保険 |

● 給与計算に関わる社会保険の手続きと発生のタイミング

入社時	健康保険・厚生年金保険被保険者資格取得届
退職時	健康保険・厚生年金保険被保険者資格喪失届
給与改定時	健康保険・厚生年金保険被保険者報酬月額変更届
毎年7月	健康保険・厚生年金保険被保険者報酬月額算定基礎届
産前産後休業の取得時	健康保険・厚生年金保険産前産後休業取得者申出書
育児休業の取得開始時	健康保険・厚生年金保険育児休業等取得者申出書
育児休業の終了時	健康保険・厚生年金保険育児休業等終了時報酬月額変更届
賞与支払時	健康保険・厚生年金保険被保険者賞与支払届

● 給与計算に関わる雇用保険の手続きと発生のタイミング

| 入社時 | 雇用保険被保険者資格取得届 |
| 退職時 | 雇用保険被保険者資格喪失届 / 被保険者離職証明書 |

● 雇用保険の手続きで漏れが発生しやすいタイミング

パートタイム等で1週間の所定労働時間が20時間未満に減少する	▶	雇用保険被保険者資格喪失届の手続きが発生
パートタイム等で1週間の所定労働時間が20時間以上に増加する	▶	雇用保険被保険者資格取得届の手続きが発生
従業員が役員（取締役）に就任した	▶	雇用保険被保険者資格喪失届の手続きが発生

memo ▷ 賃金を支給せずに雇用保険から給付金を受給する育児休業では、支給される賃金に雇用保険料率を掛けて算出する雇用保険料はゼロになるため社会保険のような免除の手続きはありません。

Section 10 | 知っておきたい労務知識① 就業規則と給与規程

ここだけ Check!

- ✔ 労働基準法や最低賃金法では最低基準が定められている。
- ✔ 会社の勤務時間や休日は就業規則で定められる。
- ✔ 給与の締日や支給日など給与に関するルールは給与規程で定められる。

> 就業規則は会社のルールブックなのニャ。

労働時間のルールの把握は就業規則で行う

労働基準法では最低限度守らなくてはならないルールが定められていますが、会社の勤務時間や休日などのルールは就業規則で定められています。 給与計算では、毎月の勤怠を集計する作業が必要ですが、その前提として何時から時間外労働になるのか、時間外労働の集計方法など会社の労働時間に関するルールを把握しておく必要があります。労働時間の管理方法が変形労働時間制やフレックスタイムなどの特殊な時間管理の場合は特に注意が必要です。

休日も労働基準法で定められた法定休日と、会社が独自に定める法定外休日では割増賃金の割増率が違うため、休日の内容を就業規則で確認します。

割増賃金の計算方法は給与規程を確認する

給与の締日や支給日、基本給や諸手当の支給基準、昇給といった給与に関するルールは給与規程（賃金規程）で定められます。給与も労働基準法や最低賃金法で最低限のルールが定められており、最低賃金法で定められた最低額よりも低い賃金を設定することはできません。

給与規程で特に理解しておく必要がある部分は諸手当の支給基準と割増賃金の計算方法です。社員の変動事項があった場合に、諸手当を変更する必要があるのかをチェックできるようにします。割増賃金の計算では、法定内での時間外労働や所定休日の割増率の内容も確認しておきます。

> 本書では就業規則と給与規程を総称して「就業規則」と表記します。

法律と就業規則の関係

労働基準法

法律上最低限守らなければならないルール、基準。違反の場合は罰則も定められている。

就業規則

法律を守った上で、会社のルールを定めることができる。
規則の内容が法律上の最低限のルールを下回る場合は自動的に労働基準法の基準まで引き上げられることになる。

給与計算に関係する法律の主な最低基準

項目	法律での法定基準
賃金支払5原則	賃金は、①通貨で、②直接労働者に、③その全額を、④毎月1回以上、⑤一定の期日を定めて支払う。 →給与の支給日が毎月何日と定められ、社員の銀行口座へ支払われているのは、この原則に従ったため。給与の支給日を不定期にすることなどもできない（→ P.42）。
最低賃金	都道府県別の地域別最低賃金と特定産業を対象にした特定（産業別）最低賃金が時給額にて定められている。 →最低賃金となる基準を超えた上で会社の賃金の水準を決定することができる（→ P.38）。
労働時間	原則1日8時間、1週40時間。これを法定労働時間という。 →会社が定める休憩時間を除いた始業から終業までの時間を所定労働時間という。この時間は8時間未満の場合もある。
休日	毎週1日、もしくは4週4日の休日。これを法定休日という。 →法定休日の他に、会社で独自に定めた休日が法定外休日。一般的な週休2日の会社では1日が法定休日となり、もう1日が法定外休日となる。
休暇	年次有給休暇は法律で給与がでる有給と定められている。 有給休暇取得時の賃金は、平均賃金もしくは所定労働時間労働した場合に支払われる通常の賃金、または健康保険の標準報酬月額の30分の1に相当する金額。 →年次有給休暇以外の休暇は、無給にするか有給にするかは会社が定めることができる。例えば、冠婚葬祭の際の特別休暇なども有給にするか無給にするかは会社の裁量による。
割増賃金	法定労働時間を超える時間外労働は2割5分以上　※月60時間超は5割以上 深夜労働（午後10時から午前5時までの間の労働）は2割5分以上 法定休日労働は3割5分以上 →割増率は法定で定められた基準以上であれば会社は自由に定めることができる。また、法定内の時間外労働を割増しするかは会社が決めることができる。

memo ▷ 就業規則や給与規程が会社にない場合は雇用契約書などでルールを確認する。

Section 11 | 知っておきたい労務知識② ノーワーク・ノーペイ

ここだけ **Check!**

- ✓ 労働契約には、賃金支払いについてノーワーク・ノーペイの原則がある。
- ✓ 労働者が労働力を提供していない部分には賃金の支払義務はない。
- ✓ ノーワーク・ノーペイには年次有給休暇などいくつか例外もある。

> 給与は働いた分を支払い、働かなかった分は支払わないというルールなのだ。

労働契約とノーワーク・ノーペイの原則

労働契約の基本原則は、労働者（正社員、パート・アルバイトなど）が労働力を提供するその対価として使用者（会社）が賃金を支払うというものです。これを**「ノーワーク・ノーペイの原則」**と言います。労働者が労働力を提供していないとき、つまり働いていない時間には、使用者はその部分の賃金を支払う義務はなく、その分を給与から引いても構いません。

欠勤や遅刻・早退した分の賃金を控除するのは、この基本原則に基づきます。例えば、1日欠勤した社員の働いていない1日分の給料を控除することは違法ではありません（社員には欠勤し控除された分の賃金の請求権がない）。

年次有給休暇はノーワーク・ノーペイの例外

ノーワーク・ノーペイの原則には例外があります。1つは**年次有給休暇**です。年次有給休暇を取得した場合は、労働力を提供しなくても労働基準法で賃金が保障されます。2つ目は使用者の責に帰すべき事由で休業する場合です。会社側の都合で社員を休業させたときは、使用者に平均賃金の6割以上の休業手当を支払う義務があります。3つ目が欠勤や遅刻早退をしても賃金控除をしないことが就業規則に定められている場合です。ノーワーク・ノーペイの原則は基本原則として賃金控除を認めているだけで、控除をしなくても構いません。

会社によっては管理監督者として取り扱う社員などに限定して賃金控除を行わないルールを定めていることもあるため、就業規則を確認します。

労働契約とノーワーク・ノーペイの原則

労働者（社員、アルバイト、パートタイマー）と使用者（会社）で労働契約を結ぶことにより、使用者も労働者もお互いが義務を負い、同時に権利も手にすることになります。

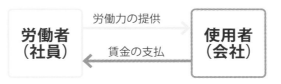

ノーワーク・ノーペイの原則

労働者が労務を提供しない場合は、賃金の請求権を失います。これをノーワーク・ノーペイの原則といいます。欠勤控除や遅刻早退控除はこの原則に基づきます。ノーワーク・ノーペイの例外には次のようなものがあります。

- 年次有給休暇
- 使用者の責に帰すべき事由による休業
- 就業規則で欠勤控除等しないことを定めている場合

ノーワーク・ノーペイの原則が適用されない人

専任役員

役員報酬のみが支払われる。労働者ではないため、ノーワークノーペイの原則が適用されず、休んでも欠勤控除はない。ただし、事故や病気で長期間業務執行が行えないような状況が発生した場合は、役員報酬そのものを減額改定することはありえる。

使用人兼務役員

労働者としての身分を有しているため、役員報酬を除いた使用人としての給与の部分は、ノーワーク・ノーペイの原則に基づき欠勤控除の対象となりえます。

要は使用人兼務役員は、労働者の部分のみノーワーク・ノーペイの原則が適用されるのだ。

memo　労働法では、正社員、アルバイト、パートタイマー、契約社員などその名称に関わらず、雇用されて指揮命令をうけ働く人を「労働者」、労働者を雇用し指揮命令する人を「使用者」という。

知っておきたい労務知識③
最低賃金

- ✓ 最低賃金には、地域別最低賃金と特定（産業別）最低賃金がある。
- ✓ 地域別最低賃金は雇用形態や名称に関係なくすべての労働者に適用される。
- ✓ 最低賃金を下回っていないかを検証する際には、主に時給での比較を行う。

これ以上安い賃金で働いてもらっては
いけないという基準。

地域別最低賃金と特定（産業別）最低賃金

　給与計算担当者が理解しておくべき知識の１つに**最低賃金制度**があります。最低賃金は、最低賃金法に基づき国が賃金の最低額を定め、**使用者は、その最低基準以上の賃金を支払う義務**があります。最低賃金は、都道府県ごとに地域別最低賃金の時給が定められています。また、特定の産業に従事する労働者には特定（産業別）最低賃金も定められています。

　地域別最低賃金は、正社員、パートタイマー、アルバイト、契約社員、嘱託社員など雇用形態や名称に関係なく、**すべての労働者に適用**されます。給与計算担当者は特に新入社員やアルバイトといった若年者を新規採用する際には基準額が下回っていないかを確認します。最低賃金は毎年改定が検討されるため、最新の情報および新しい最低賃金がいつから適用されるかといった情報も収集しておきます。

最低賃金の対象賃金と比較の方法

　最低賃金の確認は、主に時給で比較を行います。月給者の場合には40ページのような基準で時給を算出します。特に、毎月精皆勤手当を支給する会社では、精皆勤手当は最低賃金の対象には含まれないため計算方法に注意します。

　他にも通勤手当や家族手当が対象外となります。出来高払いの場合は計算方法が違う点も注意が必要です。

● 最低賃金の対象者と対象となる賃金

　地域別最低賃金は、正社員、パートタイマー、アルバイト、契約社員、嘱託社員など雇用形態や名称に関係なく、すべての労働者に適用されます（派遣労働者には、派遣元ではなく派遣先の最低賃金が適用されます）。

　最低賃金の対象は毎月支払われる基本的賃金となります。臨時的なもの、または固定的に支給される手当でも通勤手当などは対象外となります。

【最低賃金の対象とならない賃金】

❶ 臨時に支払われる賃金（結婚手当など）
❷ 1か月を超える期間ごとに支払われる賃金（賞与など）
❸ 所定労働時間を超える時間の労働に対して支払われる賃金（時間外割増賃金など）
❹ 所定労働日以外の労働に対して支払われる賃金（休日割増賃金など）
❺ 午後10時から午前5時までの間の労働に対して支払われる賃金のうち、通常の労働時間の賃金の計算額を超える部分（深夜割増賃金など）
❻ 精皆勤手当、通勤手当および家族手当

単純に給与として支給している金額ではないので要注意。

Column

特定（産業別）最低賃金

　最低賃金には、都道府県ごとに定められた「地域別最低賃金」のほかに、特定の産業に従事する労働者を対象に定められた「特定（産業別）最低賃金」があります。

　特定（産業別）最低賃金は、特定の産業に従事する労働者に適用されます。

　ただし、18歳未満または65歳以上の者、雇入れ後一定期間未満の技能習得中の者、その他当該産業に特有の軽易な業務に従事する者などには適用されません。

　地域別と特定（産業別）の両方の最低賃金が同時に適用される労働者には、高い方の最低賃金額が適用されます。

　特定最低賃金は、適用対象となる労働者などの条件を細かく定めているため、詳しくは、都道府県労働局または労働基準監督署に確認します。

● 最低賃金の確認計算例

東京都で働くAさんの給与は下表のようになります。東京都の最低賃金を@1113円とします。

基本給	270,000
役職手当	10,000
時間外労働手当	21,875
通勤手当	18,450
合計	**320,325**

}最低賃金の対象外となる賃金は除外する

最低賃金の確認をするためには、下記のような手順で行います。

① 月給者の月給から最低賃金の対象外となる時間外労働手当と通勤手当を除外し対象賃金を算出します（28万円）。

270,000 ＋ 10,000 ＝ 280,000円

② 最低賃金の対象賃金を月所定労働時間で割って算出した時給と最低賃金の時給額を比較します。

月平均所定労働時間	160

280,000 ÷ 160 ＝ 1,750円 ＞ 1,113円

対象賃金の算出が
キモになるのだ。

知っておきたい労務知識③　最低賃金

地域別最低賃金一覧表（令和5年度）

都道府県	最低賃金時間額	発効年月日
北海道	960 円	令和 5 年 10 月 1 日
青森	898 円	令和 5 年 10 月 7 日
岩手	893 円	令和 5 年 10 月 4 日
宮城	923 円	令和 5 年 10 月 1 日
秋田	897 円	令和 5 年 10 月 1 日
山形	900 円	令和 5 年 10 月 14 日
福島	900 円	令和 5 年 10 月 1 日
茨城	953 円	令和 5 年 10 月 1 日
栃木	954 円	令和 5 年 10 月 1 日
群馬	935 円	令和 5 年 10 月 5 日
埼玉	1028 円	令和 5 年 10 月 1 日
千葉	1026 円	令和 5 年 10 月 1 日
東京	1113 円	令和 5 年 10 月 1 日
神奈川	1112 円	令和 5 年 10 月 1 日
新潟	931 円	令和 5 年 10 月 1 日
富山	948 円	令和 5 年 10 月 1 日
石川	933 円	令和 5 年 10 月 8 日
福井	931 円	令和 5 年 10 月 1 日
山梨	938 円	令和 5 年 10 月 1 日
長野	948 円	令和 5 年 10 月 1 日
岐阜	950 円	令和 5 年 10 月 1 日
静岡	984 円	令和 5 年 10 月 1 日
愛知	1027 円	令和 5 年 10 月 1 日
三重	973 円	令和 5 年 10 月 1 日

都道府県	最低賃金時間額	発効年月日
滋賀	967 円	令和 5 年 10 月 1 日
京都	1008 円	令和 5 年 10 月 6 日
大阪	1064 円	令和 5 年 10 月 1 日
兵庫	1001 円	令和 5 年 10 月 1 日
奈良	936 円	令和 5 年 10 月 1 日
和歌山	929 円	令和 5 年 10 月 1 日
鳥取	900 円	令和 5 年 10 月 5 日
島根	904 円	令和 5 年 10 月 6 日
岡山	932 円	令和 5 年 10 月 1 日
広島	970 円	令和 5 年 10 月 1 日
山口	928 円	令和 5 年 10 月 1 日
徳島	896 円	令和 5 年 10 月 1 日
香川	918 円	令和 5 年 10 月 1 日
愛媛	897 円	令和 5 年 10 月 6 日
高知	897 円	令和 5 年 10 月 8 日
福岡	941 円	令和 5 年 10 月 6 日
佐賀	900 円	令和 5 年 10 月 14 日
長崎	898 円	令和 5 年 10 月 13 日
熊本	898 円	令和 5 年 10 月 8 日
大分	899 円	令和 5 年 10 月 6 日
宮崎	897 円	令和 5 年 10 月 6 日
鹿児島	897 円	令和 5 年 10 月 6 日
沖縄	896 円	令和 5 年 10 月 8 日
全国加重平均額	1004 円	―

毎年 10 月ぐらいに改定されるイメージなのニャ。

キーワード　最低賃金の計算

Section 13 | 知っておきたい労務知識④ 賃金支払い5原則

ここだけ Check!

- ☑ 賃金は通貨で直接、全額を毎月1回以上、一定期日に支払う。
- ☑ 税金や社会保険料以外を控除するには労働者代表者との労使協定が必要。
- ☑ 労働組合との労働協約があれば給与を現物で支払うことが可能になる。

> ちょっと読むと当たり前な感じだけど、
> とても大事なルールなのだニャ。

賃金は通貨で直接、全額を毎月1回以上、一定期日に支払う

労働基準法には、賃金の支払方法についてルールが定められています。「通貨で支払うこと」「労働者本人に支払うこと」「給与の全額を支払うこと」「毎月1回以上支払うこと」「一定の期日を定めて支払うこと」という5つのルールになります。

税金や社会保険料以外の項目を給与から控除することも「全額払いの原則」に反するため、労働者の過半数代表者と労使協定を結ぶ必要があります。賃金控除に関する労使協定があれば、全額払いの例外的取り扱いとなり給与からの控除が可能になります。給与控除がある会社は、労使協定が整備されているかを確認します。

通貨払いの例外的取り扱いとしては、労働協約があれば給与を現物で支払うことは可能になりますが、労働協約は労働組合と結ばれる協約となります。労働者の過半数代表者と結んだ労使協定では現物給付を行うことはできないことには注意が必要です。

賞与と臨時に支払う賃金の取り扱い

賞与や臨時に支払う賃金は「一定期日払いの原則」の対象外とされます。臨時に支払う賃金とは、支給条件はあらかじめ決まっているものの、支給事由の発生が不確定であり、かつ非常に稀に発生するもので、就業規則の定めによって支給される私傷病手当や退職金等とされています。

● 賃金支払いの 5 原則

通貨払いの原則

賃金は通貨で支払わなければなりません。「通貨」とは国内で通用する貨幣のことで、外国通貨や小切手での支払いは認められません。また、現物での給与も認められません。賃金の銀行口座への振込には、労働者の同意があり、労働者指定の本人名義の預金または貯金の口座に振り込まれる場合は認められます。

直接払いの原則

賃金は直接労働者本人に支払わなければなりません。例えば、労働者本人ではなく親権者などの法定代理人、労働者の委任を受けた任意代理人へ賃金を支払うことは認められません。

全額払いの原則

賃金は全額を支払わなければなりません。積立金や財形、貯蓄金等の名目で賃金の一部を勝手に天引きすることや貸付金との相殺を行うことは認められません。

毎月 1 回以上払いの原則

賃金は、毎月少なくとも 1 回以上は支払わなければなりません。臨時に支払われる賃金、賞与等には、この原則は適用されません。

一定期日払いの原則

賃金は毎月一定の期日を定めて、定期的に支払わなければなりません。

● 賃金支払いの 5 原則の違反となる事例

- 給与を外貨で支払っている
- 労働協約がないのに、給与を現物で支給している
- 給与を労働者の親権者に支払っている
- 労使協定がないのに、給与から法定項目（税金・社会保険料）以外の積立金などを控除している
- 年俸制の社員に対し、1 年分の給与をまとめて支払っている

通貨払いの例外

労働協約に定めがある場合

労働協約とは、労働組合法でいう労働協約のみをいいます（労働者の過半数を代表する者との労使協定は含まれません）。なお、労働協約の定めによって通貨以外のもので支払うことが許されるのは、その労働協約の適用を受ける労働者に限られます。

全額払いの例外

法令に定めがある場合

法令で定められた源泉所得税、個人住民税、社会保険料や雇用保険料を控除することは全額払いの例外として認められます。

労使協定がある場合

事業場の過半数で組織する労働組合または過半数を代表する者との労使協定がある場合は、賃金の一部を控除して支払うことができます。そのため、社内預金、寮費、組合費等について給与から控除をするためには労使協定が必要になります。

毎月1回以上払いおよび一定期日払いの例外

臨時に支払われる賃金や賞与は例外とされます。

1か月を超える期間により支給事由が決定される場合

例えば、1か月を超える期間の出勤成績によって支給される精勤手当は毎月1回以上払いおよび一定期日払いの例外とされます。

あくまで「例外」なので、会社が勝手にルールを変更することはできないのだ。

memo 退職手当は通貨払いの例外も可能。労働者の同意を得た場合には、退職手当の支払は、金融機関の自己宛小切手や郵便為替といった方法も認められている。

── **Column** ──

立場によって呼び方が変わる給与計算の関係者

　給与計算には、労働法、社会保険（健康保険、厚生年金保険、介護保険、雇用保険）、税金（源泉所得税や住民税）など、さまざまな制度が関係しています。それぞれのしくみの中で、給与計算で行うことが定義されていますが、給与計算の初心者にとって戸惑ってしまうのが同じ給与計算の関係者の呼び方が制度によって異なっていることです。

　ここでこれらの関係を簡単に整理しておきましょう。以下は、代表的な呼び方となります。

- **社員（従業員）**
  労働法：労働者
  社会保険：被保険者（「保険者」は健康保険組合や協会けんぽなど）
  税金：給与所得者
  就業規則：社員、従業員 など

- **給与を支払う会社**
  労働法：事業主、使用者等
  社会保険：適用事業所
  税金：給与の支払者
  就業規則：会社 など

　本書では、基本的に社員を「社員」「従業員」、給与を支払う会社を「会社」と表記しますが、解説する業務によっては上記の表現を使用することがあります。

Section 14 | 知っておきたい労務知識⑤ 現物給与

- ✓ 現物給与は金銭以外の現物で支給される経済的利益のこと。
- ✓ 現物給与の代表例は、社宅や社員寮の住居、食事代など。
- ✓ 法律により現物給与の範囲や取り扱いのルールは異なる。

金銭以外の現物が支給される場合は
注意が必要なのです。

現物給与は給与の一部として社会保険料と所得税額を計算する

　現物給与とは、金銭以外の現物で従業員に支給する経済的利益のことです。現物給与に該当するものとしては、福利厚生の一環として行われる食事や住宅の供与、会社からの通勤定期券の支給などがあります。

　これらは特定の条件に該当するものを除き給与の一部とみなされ、社会保険や所得税の計算時にはこれらの現物支給の金額を標準報酬月額を算出する際の報酬額（→P.48）や所得税の課税対象（→P.49）に含めて社会保険料や所得税額の計算を行う必要があります。

現物給与を通貨に換算するルールは社会保険と所得税で異なる

　支給した現物給与は通貨に換算して、社会保険の標準報酬月額や所得税の計算に反映させますが、その方法や基準は社会保険と所得税で異なり、それぞれのルールに準じて計算を行う必要があります。

　社会保険の標準報酬月額では、現物給与の内容が食事や住宅の場合、通貨へ換算する基準となる金額が都道府県別に設定（現物給与の価額）されていて、それに従って評価を行います（→P.48）。

　源泉所得税では、原則としては通貨に換算して、従業員の給与として課税対象としますが、非課税となるケースもあります（→P.49）。

● 現物給与の代表例

借上社宅	会社が会社名義で賃貸物件を契約し、無料もしくは市場価格よりも安価に住居を提供。
社員寮	会社が自社で保有する居住施設を、無料もしくは市場価格よりも安価に提供。
食事代・お弁当代	ランチの食事代やお弁当代を会社が負担。
通勤定期券	会社が通勤定期券を購入し、通勤定期券の現物を社員に提供。

給与計算上で、上記の現物給与でどのように
取り扱われるかは、それぞれ異なるのです。

— Column —

現物給与の給与明細への表示

　住宅や食事などの現物給与を社員に支給している場合、現金支給や振込支給などの金銭の支払対象にはなりませんが、各種保険料や所得税等の計算のため、給与計算や給与明細に反映させる必要があります。

　反映の方法は、次ページ以降に記載の通り本人負担がどの程度あるかによっても変わりますが、最もわかりやすいケースとして、借上社宅の提供を無償でうけている場合を考えてみます。この場合、賃貸料相当額が給与として課税されることとなり、給与明細書の表示方法としては、支給項目と控除項目に「現物給与」をそれぞれ設定し、同額を計上することとなります。

実際にお金を支給するわけではないので、支給項目で計
上して社会保険と税金を計算し、同額を控除するのです。

memo ＞ 社会保険に関する現物給与の価額は原則として毎年4月に更新が行われるため、最新の情報をチェックする必要があります。

● 社会保険における現物給与の処理

　現物給与を支給している場合は、標準報酬月額（→P.184）を算出する際に支給した現物給与を通貨に換算し、報酬に合算する必要があります。この計算を間違うと結果的に算定基礎届や月額変更届に影響し、正しい社会保険料が計算できなくなります。

　社会保険における現物給与の計算では、食事や住宅の場合には支給した金額そのものではなく、都道府県別に決められた通貨に換算するときの計算のルールを使用します。これを現物給与の価額といい、毎年4月からの金額が改定されます。

◎全国現物給与価額一覧表（厚生労働大臣が定める現物給与の価額）　　　（単位：円）

項目		東京	神奈川	千葉	埼玉
食事で支払われる報酬	1人1月当たりの食事の額	23,400	23,100	22,800	22,500
	1人1日当たりの食事の額	780	770	760	750
	1人1日当たりの朝食のみの額	200	190	190	190
	1人1日当たりの昼食のみの額	270	270	270	260
	1人1日当たりの夕食のみの額	310	310	300	300
1人1月当たりの住宅の利益の額（畳一畳につき）		2,830	2,150	1,760	1,810

金額は金額は令和6年4月からのもの。都道府県別の金額は下記のURLを参照。
https://www.nenkin.go.jp/service/kounen/hokenryo/hoshu/20150511.html

　なお、一定の基準額以上を本人に負担させている場合は、現物給与には該当せず、報酬に加算する必要がない場合もあります。社宅や寮などがある会社は毎年、厚生労働省のホームページで確認し最新の情報を入手した上で計算します（健保組合では、別途規約で現物給与の価額を定めている場合あり）。

　食事や住宅の供与を福利厚生の一環として実施している企業では、現物給与の正確な取扱いだけでなく、社宅や寮の取扱いについて社宅管理規程などでルールを明確にしておく必要があります。

【社会保険の住宅の取扱いのポイント】

対象となるスペース	居間、寝室など居住用の部屋のみが価額計算の対象。玄関、台所、トイレなど居住用ではないスペースは含めない。
勤務地の価額を適用	都道府県別に定められた現物給与価額は、住宅の所在地ではなく、勤務地を基に計算。

　社会保険は、標準報酬月額を算出する時に、現物給与の分を加算して社会保険の手続きを行うのだ。

memo ＞ 住宅による現物給与で、㎡で表示されている場合は1畳あたり1.65㎡に換算して計算します。

【計算事例】
・東京に勤める従業員Aさんの社宅の広さが15畳であった場合

2,830円（東京都1畳あたり価額）×15畳＝42,450円

このとき、
①社宅使用料として毎月給与天引きしている金額が60,000円であった場合
　➡社宅使用料　≧　現物給与価額　となるため、現物給与には該当せず、標準
　　報酬月額算出の際に合算する必要はありません。
②社宅使用料として毎月給与天引きしている金額が20,000円であった場合
　➡社宅使用料　＜　現物給与価額　となるため、差額の22,450円は現物給与に
　　該当し、標準報酬月額算出の際に合算する必要があります。

● 所得税における現物給与の処理

　源泉所得税の取扱いは、現物給与を通貨に換算し、給与として課税対象とし
ますが、非課税のケースもあります（下図参照）。これ以外にも非課税となる
ものがあり、判断に迷うときは管轄の税務署や顧問税理士などに確認します。

　なお、家賃については、従業員の負担が賃貸料相当額の50％以上であれば、
従業員から受け取った家賃と賃貸料相当額との差額は課税対象になりません。
計算や確認の手間を簡素化したい場合は、賃貸料の50％以上を従業員が負担
するルールを定めおく、という対応もあります。

【源泉所得税が非課税の現物給与の事例】

通勤定期券	「最も経済的かつ合理的な経路及び方法」を条件に、1か月当たり15万円までが非課税。新幹線も対象になる。
食事代	従業員が食事の価額の半分以上を負担し、かつ、会社で負担した金額が1か月当たり3,500円（消費税抜き）以下であれば、非課税。要件を満たさない場合、会社が負担した金額は給与として課税対象。※特例として残業や宿日直をした場合の食事の現物支給は非課税。
社宅・社員寮の貸与	従業員から1か月当たり一定額の家賃（賃貸料相当額の50パーセント以上）を受け取っていれば非課税。賃貸料相当額の計算方法は、以下の①～③の合計額。 　①（その年度の建物の固定資産税の課税標準額）×0.2% 　② 12円×（その建物の総床面積（平方メートル）÷3.3㎡） 　③（その年度の敷地の固定資産税の課税標準額）×0.22% ※役員への社宅の提供は賃料相当額の計算方法が異なるため注意。

Section 15 | 知っておきたい労務知識⑥ 休暇・休業

ここだけ Check!

☑ 休暇には、付与義務がある法定休暇と、会社独自の任意の休暇がある。

☑ 任意の休暇の賃金の取り扱いは会社が自由に決めることができる。

☑ 法定休暇のうち、年次有給休暇のみ賃金を支払う義務がある。

> 労働の義務がない日は「休日」、
> 義務がある日の休みが「休業」なのだ。

もともとは労働義務がある日が休暇・休業

「休日」と「休暇・休業」の違いは労働者（社員）の労働義務の有無にあります。**休日には労働義務がなく、休暇・休業は労働義務がある日に会社が労働義務を免除する日**となります。休暇には法律上一定の要件を満たす場合に付与する義務がある**法定休暇**と、就業規則などに定めた**会社独自の休暇**があります。

会社独自の休暇は自由に就業規則に定めることができ、休暇を取得した際の賃金を無給にするか有給にするかを決めることができます。

休暇と休業は、明確に区別する基準はありませんが、産前産後休業、育児休業などのように休業は休暇よりも長期間にわたるものとされ、休業は休暇に含まれると考えておけばよいでしょう。

年次有給休暇は賃金の保障がなされる

法定休暇は労働基準法や育児介護休業法などの法律で規定されていますが、そのうち、**賃金の支払い義務があるのは年次有給休暇のみ**です。その他の法定休暇は、付与する義務はありますが有給とするかは会社の任意です。

年次有給休暇は労働基準法で認められた労働者の権利で、正社員は入社日から6か月経過した時点で10日間の有給休暇が付与されます。週5日未満かつ週30時間未満勤務するアルバイトなどには所定労働日数に応じた日数の比例付与が可能です。また、2019年4月の働き方改革関連法施行により、年10日以上の年次有給休暇が付与される社員には年5日の付与義務があります。

休日と休暇の違い

休日	就業規則、労働契約書などで定められた労働契約上、労働者（社員）が労働義務を負わない日。法定休日と法定外休日があります。

休暇	労働者（社員）の労働義務がある日に、会社が労働義務を免除する日。法律上一定の要件を満たすときに付与する義務がある法定休暇と、就業規則に定めた会社独自の休暇があります。休暇への賃金の支払いは、法定休暇である年次有給休暇以外は就業規則の定めによります。

年次有給休暇の付与日数

①正社員の場合

勤続年数	0.5 年	1.5 年	2.5 年	3.5 年	4.5 年	5.5 年	6.5 年以上
付与日数	10 日	11 日	12 日	14 日	16 日	18 日	20 日

②週5日未満かつ週30時間未満勤務するアルバイト・パートタイマー等に対して比例付与する場合

週の所定労働日数	年間所定労働日数	勤続年数						
		0.5 年	1.5 年	2.5 年	3.5 年	4.5 年	5.5 年	6.5 年以上
4 日	169 〜 216 日	7 日	8 日	9 日	10 日	12 日	13 日	15 日
3 日	121 〜 168 日	5 日	6 日	6 日	8 日	9 日	10 日	11 日
2 日	73 〜 120 日	3 日	4 日	4 日	5 日	6 日	6 日	7 日
1 日	48 〜 72 日	1 日	2 日	2 日	2 日	3 日	3 日	3 日

法定休暇と任意の休暇の例

法定休暇	・年次有給休暇 ・産前産後休業 ・育児休業 ・介護休業 ・子の看護休暇 ・介護休暇 ・生理休暇　など

任意の休暇	・年末年始休暇 ・夏季休暇 ・慶弔休暇 ・ボランティア休暇 ・リフレッシュ休暇 ・アニバーサリー休暇 など

--- Column ---

令和6年の定額減税の概要

　令和6年度の税制改正により、令和6年度に「定額減税」が実施されます。減税の対象となるのは、令和6年分の所得税を納税する居住者[※1]となる人で、合計所得金額が1,805万円以下の人です（給与収入のみの人は、給与の支給額が年間で2,000万円以下の場合に対象）。

　なお、定額減税は住民税にも適用がなされ、住民税減税の対象は令和5年分の所得が1,805万円以下の人となります。減税額の内容は下記表の通りとなります。

【定額減税額一覧表】

税目	対象者	定額減税額
所得税	本人、同一生計配偶者[※2]、扶養親族	各3万円
個人住民税 （所得割額）	本人、控除対象配偶者、同一生計配偶者、扶養親族	各1万円

※1「定額減税の対象となる居住者」とは、国内に住所を有する個人または現在まで引き続いて1年以上居所を有する個人。居住者以外の個人である「非居住者」は定額減税の対象とならない。

※2「定額減税の対象となる同一生計配偶者」とは、控除対象者と生計を一にする配偶者（青色事業専従者等を除く）のうち、合計所得金額が48万円以下の人。

　定額減税の給与への反映方法には次の2つがあり、会社はこれらの事務を行います。

①**月次減税事務**：令和6年6月1日に在職していて扶養控除等申告書を提出している給与所得者（甲欄適用者）が対象
　　→令和6年6月1日以後に支払う給与等（賞与を含む）に対する源泉徴収税額から定額減税額を控除する（→ P.224）

②**年調減税事務**：主に、令和6年6月2日以降に入社した者が対象
　　→年末調整の際に定額減税の精算を行う（→ P.306）

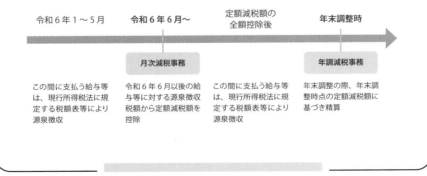

令和6年1〜5月	令和6年6月〜	定額減税額の 全額控除後	年末調整時
	月次減税事務		年調減税事務
この間に支払う給与等は、現行所得税法に規定する税額表等により源泉徴収	令和6年6月以後の給与等に対する源泉徴収税額から定額減税額を控除	この間に支払う給与等は、現行所得税法に規定する税額表等により源泉徴収	年末調整の際、年末調整時点の定額減税額に基づき精算

Chapter

2

自社の給与計算の構造を把握する

Keyword

**基本情報シート／給与体系／支払方法／
勤怠管理／支給項目／残業代／控除項目**

Section 01 | 自社の給与計算の構造を把握しよう

基本情報シートで必要な情報を把握するのだ。

●基本情報シートを使って調べる項目

項目	内容
給与体系	固定月給で支払う者や日給や時給などで支払う者といった給与支給体系の内訳や人数を調べます。
締日・支払日・支払方法	給与計算の期間と給与支払方法が振込か現金かを調べます。
勤怠管理方法	始業、終業の時刻や労働時間の管理方法、有給休暇を給与明細に表示しているかといったことを調べます。
支給項目	基本給以外にどんな支給項目があるかを調べます。
残業代の計算方法	残業代を計算する基となる月の所定労働時間や割増率を調べます。
非課税項目（通勤手当）	非課税項目としては主に通勤手当になりますが、その他にもあるかを調べます。
控除項目	社会保険料や所得税、住民税の控除対象者について調べます。

　給与計算業務を進めるためには、一般的な知識を覚え理解しておくことも必要ですが、なによりも自社の給与計算の構造や特徴を理解することが重要です。

　給与計算に慣れていない担当者が実務にすぐ取り組んでしまうと、全体像や構造がわからないため、細かい点にだけ目がいってしまいがちです。結果として、ミスに気づかないことやミスを誘発してしまうことにも繋がります。また、給与計算のスケジュールを作業担当者が検討する上でも自社の給与計算の構造を把握することは役に立ち、ミスを予防することにも繋がります。

　自社の給与計算の構造や特徴を理解することで、担当者はどんなことを調べればよいかもわかるようになります。加えて、右ページの基本情報シートを使い、就業規則などの書類を順に調べていけば自動的に自社の給与計算の構造がわかるように

memo　基本情報シートの内容を給与計算の担当者が理解しまとめておくことで、必要な情報が網羅され、配置転換や担当者の退職といった事態が起こった場合でも引き継ぎの際に非常に役に立つ。

基本情報シート作成の概要

- ☑ **対象者** 役員、社員、パート、アルバイト
- ☑ **作成する書類** 基本情報シート
- ☑ **書類の提出** 就業規則（給与規程を含む）、雇用契約書など

● 基本情報シート

基本情報シート

【全体概要】

給与体系

役員報酬	2 名	※3月決算
月給	0 名	
日給月給	3 名	
日給	1 名	
時給	2 名	

勤怠の締め日	毎月	末 日
給与支払日	毎月	翌月20 日
給与支払い方法	振込 / 現金	
複数の締日・給与支払日	あり / なし	
就業規則・賃金規程の有無	要 / 不要	

【勤怠管理】

勤務時間　　9　時から　　18　時まで

※以下、毎月の給与計算にて計算・管理している項目の確認

有給休暇日数	要 / 不要
欠勤日数	要 / 不要
遅刻早退時間	要 / 不要

特殊な労働時間管理

変形労働時間制	該当するものがあれ
フレックスタイム制	ば○
みなし労働時間制	

【支給項目】

課税項目

課税項目	固定	変動	割増単価に含む
基本給	○		○
役職手当	○		○
手当			
手当			
手当			
手当			

非課税項目

通勤手当	定期代支給間隔	毎月・3か月・6か月
	現物支給	あり / なし
	日額計算対象者	3 名

残業代の計算

残業代の計算対象者		6 名
1か月平均所定労働時間		160 時間
割増率	時間外労働	25 %
	時間外労働（60時間超）	50 %
	休日労働	35 %
	深夜労働	25 %

【控除項目】

社会保険料	加入者	5 名		
	加入先	協会けんぽ	健康保険組合	国保組合
源泉所得税	扶養控除申告書対象	6 名		
	乙欄対象者	2 名		
住民税	天引対象者	6 名		
その他控除	対象者	0 名		

給与の大事な部分が
1枚にまとまるのだ。

なっています。給与計算を始める前に、まずは基本情報シートを使って自社の給与
計算の概要、全体像を把握しましょう。

memo ▷ 基本情報シートは弊社のホームページからダウンロードできる（→ P.2）。

自社の給与計算の構造を把握しよう

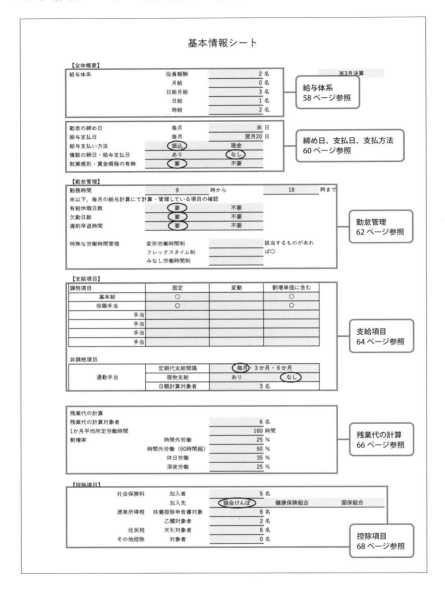

基本情報シート

【全体概要】

給与体系	役員報酬		2 名	※3月決算
	月給		0 名	
	日給月給		3 名	
	日給		1 名	
	時給		2 名	

給与体系
58 ページ参照

勤怠の締め日	毎月		末 日
給与支払日	毎月		翌月20 日
給与支払い方法	振込	現金	
複数の締日・給与支払日	あり	なし	
就業規則・賃金規程の有無	要	不要	

締め日、支払日、支払方法
60 ページ参照

【勤怠管理】

勤務時間	9	時から	18	時まで

※以下、毎月の給与計算にて計算・管理している項目の確認

有給休暇日数	要	不要
欠勤日数	要	不要
遅刻早退時間	要	不要

特殊な労働時間管理	変形労働時間制	該当するものがあれ
	フレックスタイム制	ば○
	みなし労働時間制	

勤怠管理
62 ページ参照

【支給項目】

課税項目	固定	変動	割増単価に含む
基本給	○		○
役職手当	○		○
手当			
手当			
手当			
手当			

非課税項目			
通勤手当	定期代支給間隔	毎月・3か月・6か月	
	現物支給	あり	なし
	日額計算対象者	3 名	

支給項目
64 ページ参照

残業代の計算		
残業代の計算対象者		6 名
1か月平均所定労働時間		160 時間
割増率	時間外労働	25 %
	時間外労働（60時間超）	50 %
	休日労働	35 %
	深夜労働	25 %

残業代の計算
66 ページ参照

【控除項目】

社会保険料	加入者	5 名		
	加入先	協会けんぽ	健康保険組合	国保組合
源泉所得税	扶養控除申告書対象	6 名		
	乙欄対象者	2 名		
住民税	天引対象者	6 名		
その他控除	対象者	0 名		

控除項目
68 ページ参照

必要な情報は右ページの表にある
書類でだいたい得られるのだ。

● 基本情報シートの項目ごとの参照資料リスト

項目		確認資料例				
		就業規則	給与規程	雇用契約書	その他	その他の場合の確認資料例
給与体系	役員報酬				●	株主総会議事録、取締役会議事録
	月給	●	●	●		
	日給月給	●	●	●		
	日給	●	●	●		
	時給	●	●	●		
	勤怠の締め日	●	●	●		
	給与支払日	●	●	●		
	給与支払方法	●	●	●		
勤怠管理	勤務時間	●		●		
	有給休暇日数	●			●	給与明細書、賃金台帳、有給休暇管理簿、出勤簿
	欠勤日数	●			●	給与明細書、賃金台帳、出勤簿
	遅刻早退時間	●			●	給与明細書、賃金台帳、出勤簿
	変形労働時間制	●			●	労使協定書
	フレックスタイム制	●			●	労使協定書
	みなし労働時間制	●			●	労使協定書
支給項目	基本給		●	●	●	給与明細書、賃金台帳
	諸手当		●	●	●	給与明細書、賃金台帳
	残業代の計算対象者	●	●	●	●	給与明細書、賃金台帳
	月平均所定労働時間	●	●	●	●	年間休日カレンダーなど会社の休日がわかる資料
	割増賃金の割増率		●	●		
	通勤手当		●	●	●	通勤手当申請書
	定期代支給間隔		●	●	●	通勤手当申請書
	現物支給		●	●	●	定期券の場合は労働協約、住宅供与の場合は賃貸借契約書
	時給、日給計算対象者		●	●		
控除項目	社会保険の加入者			●	●	出勤簿、賃金台帳
	社会保険の加入先				●	健康保険証、社会保険料納入告知書、給与明細書
	社会保険の保険料				●	賃金台帳、給与明細書
	標準報酬月額				●	被保険者標準報酬決定通知書
	源泉所得税(甲欄・乙欄)				●	扶養控除等(異動)申告書
	住民税(天引き対象)				●	特別徴収税額決定(変更)通知書
	その他控除対象者		●	●	●	労使協定書

キーワード

給与体系・勤怠管理・支給項目・控除項目

Section 02 | 給与体系の把握

ここだけ Check!

- ✔ 役員には役員報酬が支給され、社員に対して支給される給与とは異なる。
- ✔ 月給制は、欠勤の有無に関係なく毎月固定的な金額を支給する制度。
- ✔ 日給月給制は、欠勤等によって休んだ分の賃金を控除する制度。

> 完全月給制と日給月給制は
> 違う制度なのだ。

役員に対する報酬が「役員報酬」、社員に対する報酬が「給与」

まずは給与体系の種類や対象者の人数を把握します。会社が働く人に対するお金の支払い方には役員報酬と給与の2種類があります。

代表取締役をはじめとした役員には給与ではなく役員報酬が支給され、社員に対して支給される給与とは異なる取り扱いをします。まれに、使用人兼務役員と呼ばれる役員の身分と社員の身分を両方持ち、役員報酬と給与のどちらもが支給される社員がいる場合もあります。

欠勤・遅刻・早退でも賃金が変わらない月給制、変わる日給月給制

給与体系の選択で間違いやすいのが月給制（完全月給制）と日給月給制です。月給制は、欠勤の有無に関係なく毎月固定的な金額を支給する制度です。一方、日給月給制は、欠勤・遅刻・早退によって休んだ日や休んだ時間分の賃金を控除することが可能な制度です。欠勤した日の給与を支払わない場合には日給月給制の扱いとなります。

時給制は1時間ごとに支払う時給単価に出勤時間を掛けて計算する制度、日給制は1日ごとに支払う日給単価に出勤日数を掛けて計算する制度です。

給与体系の違いは社員の区分にも関連して定められていることも多くあります。例えば、正社員は日給月給制、アルバイトやパートタイマーは時給制といった具合です。どの給与体系でどんな社員区分の人が何名いるかを把握しておきます。

● 基本情報シートの該当部分（給与体系）

給与体系ごとに人数を記入。

基本情報シート

【全体概要】			
給与体系	役員報酬	2 名	※3月決算
	月給	0 名	
	日給月給	3 名	
	日給	1 名	
	時給	2 名	
勤怠の締め日	毎月	末日	

取締役（役員）と同時に従業員の立場も持つ社員は
役員報酬以外に使用人としての給与が発生する。
ここでは使用人としての給与の支給体系の把握が大事。

● 給与体系の早見表

区分	一般的な給与体系の内容
役員	役員報酬。基本的に毎月固定額を支給。会社の期が変わる度に支給額の改定が検討される。
正社員 （管理監督者や執行役員）	完全月給制。役員同様に毎月固定額を支給。欠勤や遅刻早退をしても控除をしない。
正社員（上記以外）	日給月給制。月額固定給を支給するのは完全月給制と同じであるが、欠勤や遅刻早退に対する賃金控除を行う。
契約社員	日給月給制、時給制、日給制と契約内容によって幅広い支給形態がとられる。
パートタイマー・ アルバイト	時給制が多いが、日給制もある。毎月稼働した時間や日数に応じて給与を支給する。

― Column ―

年俸制

　年俸制とは1年単位で給与総額を合意し、毎年その年俸を更改していく給与の決定方法をいいます。

　支給は月給制と同様に、年俸額を分割して毎月1回以上支払う必要があります。

　一般的には月制の社員の給与支払日に合わせて、年俸を月で等分した額が支払われることが多いと言えます。

memo 〉 「日払い」は給与計算の締めを1日単位で行い、日ごとに支払う制度。1日単位で給与の単価が決められている点は日給制と同じだが、日給制は支払いが月1回の点が異なる。

Section 03 | 締め日、支払日、支払方法の把握

ここだけ Check!

✓ 勤怠集計の期間がいつからいつまでなのかという区切りが給与の締日。

✓ 締日と同じ月に支払う当月払い、締日の翌月に支払う翌月払い。

✓ 締日や支払日が1種類ではなく複数設けられている場合がある。

複数の締日や支払日がある会社は給与計算が面倒なのだ。

まずは支払日が「当月払い」か「翌月払い」かを確認しよう

締め日と支払日は給与計算の作業スケジュールの把握に必要な項目です。

締め日は毎月の勤怠集計の締め日を表し、前月の締め日の翌日から当月の締め日までの1か月間の残業時間や欠勤などを集計します。締日は末日、20日、15日、10日などがあります。支払日は締日で区切った期間の給与を支払う日の事です。締日と同じ月に支払う「当月払い」と、締日の翌月に支払う「翌月払い」があります。例えば、「末締め、翌月20日払い」は4月1日から4月30日までの給与を翌月の5月20日に支払います。給与計算の対象者の人数にもよりますが、締日から支払日までの日数が短いほど作業はタイトになります。

支払方法は多くの企業では銀行振込ですが、現金支給の場合もあるため確認します。

複数の締日や支払日がある会社は毎月複数回の計算が必要

締日や支払日が複数種類ある会社もあります。例えば、日給月給制の正社員は毎月20日締めの当月末払い、時給制のアルバイトは毎月末締めの翌月15日払いといった具合です。**複数の締日や支払日がある会社ではタイミングにもよりますが、給与計算業務が毎月2回発生することになります。**会社によっては締日が同じでも支払日が異なることもあるため、正社員やアルバイト、パートといった社員区分ごとに確認していきます。

● 基本情報シートの該当部分（締め日、支払日、支払方法）

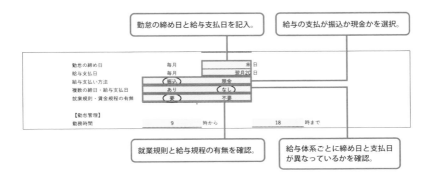

勤怠の締め日と給与支払日を記入。

給与の支払が振込か現金かを選択。

就業規則と給与規程の有無を確認。

給与体系ごとに締め日と支払日が異なっているかを確認。

● 当月払と翌月払のイメージ

● 当月払の例（15日締め、25日払）

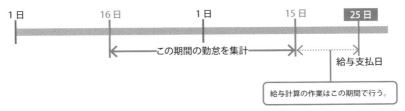

1日　16日　1日　15日　**25日**

この期間の勤怠を集計

給与支払日

給与計算の作業はこの期間で行う。

● 翌月払の例（20日締め、5日払）

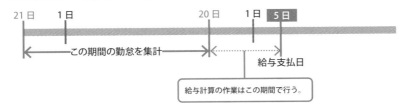

21日　1日　20日　1日　5日

この期間の勤怠を集計

給与支払日

給与計算の作業はこの期間で行う。

月給制では締日の前に支給日がある前払い方式もあるニャ。

memo ＞ 通常給与の支払日は毎月1回だが、アルバイトなどには週払いや日払いの給与支給も可能。週払いの給与とは、給与の締め日を1週間単位とし、毎週給与を計算し支給する。

Section 04 勤怠管理方法の把握

ここだけ Check!

- ✔ 始業時刻より以前と終業時刻より以降の労働時間は時間外労働。
- ✔ 1日の労働時間の限度時間は8時間であり、これが法定労働時間。
- ✔ 特殊な労働時間管理は就業規則や労使協定書で、集計ルールを確認。

始業時刻以前の労働時間も
時間外労働になるのだニャ。

労働時間の定め、不就業時間の控除を確認

　勤怠管理の部分ではまず、会社の始業時刻と終業時刻を確認します。**始業時刻以前と終業時刻以降に労働時間があれば時間外労働（残業）となります。**何時からが時間外労働の対象かを確認することが重要です。

　1日の労働時間の限度時間は8時間（これを「法定労働時間」と呼びます）ですが、8時間未満の7時間30分や7時間45分にしている会社もあります。この場合は8時間を超えるまでの時間外労働には割増賃金が発生しません。

　有給休暇の残日数は給与計算や給与明細書で管理をするかは会社によります。欠勤や遅刻早退といった不就業時間で賃金控除をしている場合は給与計算での確認項目となるため、控除の有無をそれぞれ確認します。

特殊な労働時間管理

　通常の労働時間管理とはルールが異なる、変形労働時間制、フレックスタイム制、みなし労働時間制といった特殊な取り扱いの制度があるかを確認します。これらの特殊な労働時間管理は、会社全体ではなくある一部の人のみに適用する場合もあるため、対象者の範囲も確認します。

　変形労働時間制などの取り扱いは、残業時間の計算方法が通常の計算方法とは違ってくるため勤怠項目の集計の方法が異なります。適用対象者がいる場合は、就業規則や労使協定書といった書類で労働時間の管理方法、時間外労働の集計ルールを確認しておきます。

基本情報シートの該当部分（勤怠管理）

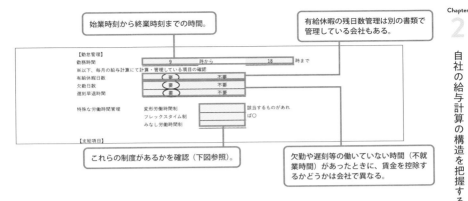

始業時刻から終業時刻までの時間。

有給休暇の残日数管理は別の書類で管理している会社もある。

【勤怠管理】
勤務時間　　　　　　　　　　9　時から　　　　18　時まで
※以下、毎月の給与計算にて計算・管理している項目の確認
有給休暇日数　　　　　要　／　不要
欠勤日数　　　　　　　要　／　不要
遅刻早退時間　　　　　要　／　不要

特殊な労働時間管理　　変形労働時間制　　　該当するものがあれ
　　　　　　　　　　　フレックスタイム制　ば○
　　　　　　　　　　　みなし労働時間制

【支給項目】

これらの制度があるかを確認（下図参照）。

欠勤や遅刻等の働いていない時間（不就業時間）があったときに、賃金を控除するかどうかは会社で異なる。

法定労働時間の考え方

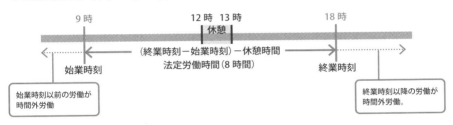

9時　　　12時 13時　　　18時
　　　　　休憩

（終業時刻−始業時刻）−休憩時間
法定労働時間（8時間）

始業時刻　　　　　　　　　　終業時刻

始業時刻以前の労働が時間外労働

終業時刻以降の労働が時間外労働。

特殊な労働時間管理の概要

変形労働時間制

通常の労働時間は1日8時間、1週40時間が限度とされ、これを超えれば時間外労働になります。変形労働時間制は1か月単位や1年単位といった期間においてトータルでの労働時間を調整することで、繁忙期等に1日8時間、1週40時間を超える勤務時間が発生しても時間外労働としての取り扱いにならない労働時間制度です。

フレックスタイム制

始業時刻と終業時刻を労働者の裁量に委ねる労働時間制度であり、労働時間は1か月などの一定期間での合計値で計算します。1か月単位のフレックスタイムでは、1か月の労働時間が法定労働時間を超えれば残業代が発生します。

みなし労働時間制

正確な労働時間の把握が困難な場合や労働者に仕事の裁量権を与えるような場合に、1日の労働時間を会社が定めた時間働いたとみなす労働時間制度です。社外で働き、実労働時間の把握が困難な場合に活用できる「事業場外労働に関するみなし労働時間制」と、一定の業務について、仕事の進め方、時間配分等を労働者の裁量に委ねる「裁量労働制」があります。

> memo　賃金にはノーワーク・ノーペイ（→ P.36）と呼ばれる原則があり、労働者が働いていない時間について使用者（会社）は賃金を支払う義務はない。

Section 05 | 支給項目の把握

ここだけ Check!

✓ 各手当が毎月固定額か、変動制で支給されるのかを確認。

✓ 各手当が割増賃金の基礎に含まれるかどうかを確認。

✓ 通勤手当は支給方法、支給間隔、毎月の支給限度額を確認。

割増賃金の計算に含めるかどうかが
重要なの二ャ。

諸手当は変動の有無と割増賃金の基礎かどうかを確認

基本給以外の諸手当は各会社で法律の定めに反しない限り任意に設定ができます。**各手当が毎月固定額か、または変動制で支給されるのかを就業規則で確認します。また、手当が割増賃金の基礎賃金（時間単価）に含まれるかを確認します**（右ページの表参照）。

なお、右ページの表の項目のうち①〜⑤の手当を労働者の個人的事情を考慮せずに一律に支給されている場合には、名称が該当するものも割増単価に含むことになります。

通勤手当は支給方法を確認

通勤手当は、会社の制度として支払われているかどうか、支払われている会社ではどのようなルールで支払われているかを確認します。確認するのは、支給は何か月ごとか、定期券を現物支給するのか、定期代を給与支払時に前払いで支給するのかなどとなります。支給の間隔や方法の違いにより実作業の内容が異なってきます（通勤手当は原則として前払いの処理となります）。

アルバイト等は、一般的には交通費を定期代ではなく日額にて支給するため、対象者の有無と人数を確認します。支給間隔が1か月ではない場合については、まとめて前払いにて支給する場合は問題ありません。

● 基本情報シートの該当部分（支給項目）

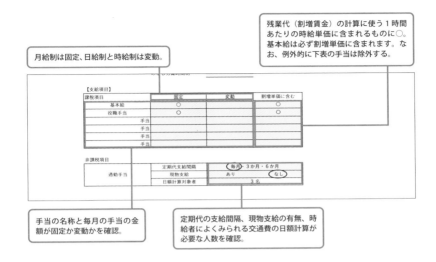

月給制は固定、日給制と時給制は変動。

残業代（割増賃金）の計算に使う1時間あたりの時給単価に含まれるものに○。基本給は必ず割増単価に含まれます。なお、例外的に下表の手当は除外する。

手当の名称と毎月の手当の金額が固定か変動かを確認。

定期代の支給間隔、現物支給の有無、時給者によくみられる交通費の日額計算が必要な人数を確認。

割増賃金の基礎賃金から除外できる手当	
①家族手当	②通勤手当
③別居手当	④子女教育手当
⑤住宅手当	⑥臨時に支払われた賃金
⑦1か月を超える期間ごとに支払われた賃金	

● 通勤手当の早見表

電車・バス	非課税限度額、または会社が定めた支給限度額の範囲内にて通勤定期代を支給。1か月ごと、3か月ごと、6か月ごとと会社によって支給間隔が違う。
車・バイク	会社までの通勤距離に応じたガソリン代を毎月に実際に出勤した実績に応じて支給することが多い。通勤距離に応じた非課税限度額が定められているため注意（→ P.156）。
自転車	通勤距離が2km以上を対象とする会社が多い。車・バイク同様の支給方法もあれば、固定額支給とする場合もある。車やバイク同様の非課税限度額の定めがある。会社によっては支給対象外となる。

memo ▷ 定期券の現物支給は、労働組合との労働協約を締結する必要があり、労働組合のない会社では定期券を現物で支給できない。

Section 06 | 残業代の計算方法の把握

ここだけ
Check!

✔ 残業代の支払対象外となる例外的な取り扱い者がいるかどうかを確認。

✔ 管理監督者やみなし労働の取り扱いは非常にグレーゾーン。

✔ 1日の所定労働時間が8時間の場合、年間休日の最低基準は105日。

残業代計算対象者を確認する

1か月平均所定労働時間がポイントになるのニャ。

　労働基準法では1日や1週での労働時間の限度時間として法定労働時間が定められており、これを超えた労働時間には割増賃金の支払いが必要です。まず、この割増賃金の支払対象外となる社員を確認します。対象外の社員の代表は、「監督若しくは管理の地位にある者（管理監督者）」で、ほかには「みなし労働の対象者」、農業や水産業の従事者なども対象外です。

労働時間等に関する規定の適用除外となる者
農業、水産業の事業に従事する者
事業の種類に関わらず監督もしくは管理の地位にある者または機密の事務を取り扱う者
監視または断続的労働に従事する者で、使用者が行政官庁の許可を受けた者
みなし労働の対象者

1か月平均所定労働時間、割増率を確認する

　残業代を正確に計算するための前提条件の1つとして1か月平均所定労働時間を正しく設定することがあげられます。計算の出発点として年間休日数を把握することになりますが、この年間休日数には休暇の日数は含まれません。就業規則で休日の内容を確認し正しい日数を把握します。

　なお、1日の所定労働時間が8時間の場合、年間休日の最低基準は105日となり、これは例えば土日のみ休みの完全週休二日制で設定された休日数となります。土日に加え、祝日も休日の場合は、年にもよりますが概ね年間休日は120日程度となります。

● 基本情報シートの該当部分（残業代の計算）

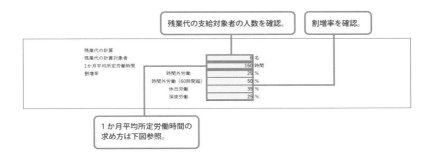

残業代の支給対象者の人数を確認。　割増率を確認。

```
残業代の計算
残業代の計算対象者                           6 名
1 か月平均所定労働時間              160 時間
割増率              時間外労働          25 ％
                    時間外労働（60時間超）  50 ％
                    休日労働          35 ％
                    深夜労働          25 ％
```

1 か月平均所定労働時間の
求め方は下図参照。

● 1 か月平均所定労働時間の求め方

「1 か月平均所定労働時間」とは、1 年間の 1 か月あたりの労働時間の平均です。

割増賃金の時間単価の計算では、割増賃金の対象額をその月の労働時間で割って時間単価を求める必要がありますが、31 日、30 日といった暦日数の違いにより、労働時間が月によって変動し、この値を使うと時間単価が毎月異なってしまいます。そこで、年間を通して同じ単価で割増賃金を計算するために月平均所定労働時間を使うことになっています。

【1 か月平均所定労働時間の出し方】

計算式：
月平均所定労働時間＝（365 日－年間休日数）× 1 日の所定労働時間÷ 12 か月

計算の手順：

① 会社の年間休日数を計算します。

② 365 日から会社の年間休日数を引いて年間労働日数を算出します。

③ 年間労働日数に 1 日の所定労働時間をかけて年間の所定労働時間を算出します。

④ 年間の所定労働時間を 12 か月で割った数値が月平均所定労働時間となります。

【例】年間休日 105 日、1 日の所定労働時間が 8 時間の会社の場合

（365 日－ 105 日）× 8 時間 =2080 時間 ⇒ 年間所定労働時間

2080 時間÷ 12 か月 =173 時間※ ⇒ 月平均所定労働時間　※小数点以下は切り捨て処理

● 割増賃金の法定基準

種類	支払基準	法定割増率
時間外手当	1 日 8 時間、1 週 40 時間の法定労働時間を超えた労働をさせたとき	25%以上
	時間外労働が 1 か月 60 時間を超えたとき	50%以上
休日手当	法定休日（週 1 日）に労働をさせたとき	35%以上
深夜手当	22 時から 5 時までの間に労働をさせたとき	25%以上

Section 07 | 控除項目の把握

ここだけ Check!

- ✓ 健康保険の加入先が協会けんぽか健康保険組合かを確認する。
- ✓ 源泉所得税は扶養控除等（異動）申告書を提出している者が甲欄。それ以外は乙欄。
- ✓ 住民税は、原則は給与天引きとなる特別徴収。

健康保険の加入先は
会社によって異なるのニャ。

社会保険の加入先、加入対象者を確認する

　社会保険は健康保険と厚生年金保険に分かれますが、会社として健康保険の加入先を確認します。中小企業の多くは全国健康保険協会（協会けんぽ）に加入していますが、各事業に応じた健康保険組合に加入している場合もあります。また、社会保険の一部特殊な例としては、個人クリニックが法人化をした場合などは国民健康保険組合（国保組合）に加入していることもあります。

　正社員の4分の3以上の日数を働くアルバイトやパートタイマーも原則として社会保険の適用対象者となります。パート・アルバイトが多い会社では、加入者と非加入者が混在している場合も多いため注意が必要です。

源泉所得税と住民税の控除方法、その他控除を確認する

　源泉所得税は、「給与所得者の扶養控除等（異動）申告書」（以下、「扶養控除等（異動）申告書」）を提出している人（甲欄）としていない人（乙欄）を区分し、乙欄の対象者を確認します。扶養控除等（異動）申告書は主となる1社にしか提出できません。そのため、アルバイトやパートなどで仕事を掛け持ちしている人は、源泉徴収が甲欄適用となるのは1社のみで、申告書を提出していない会社の源泉徴収は乙欄適用となります。

　住民税は、原則は給与天引き（特別徴収）ですが、アルバイトなどで2社以上で副業をしている人は、自分で納める（普通徴収）人もいるため確認します。

　その他控除の項目は会社によって異なるため、詳細を確認します。その他控除の項目例としては旅行積立や社宅費用、組合費などがあります。

基本情報シートの該当部分（控除項目）

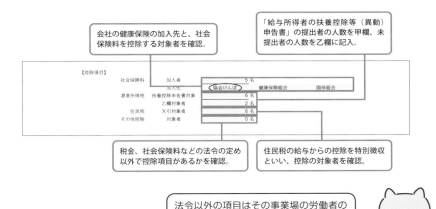

会社の健康保険の加入先と、社会保険料を控除する対象者を確認。

「給与所得者の扶養控除等（異動）申告書」の提出者の人数を甲欄、未提出者の人数を乙欄に記入。

税金、社会保険料などの法令の定め以外で控除項目があるかを確認。

住民税の給与からの控除を特別徴収といい、控除の対象者を確認。

法令以外の項目はその事業場の労働者の過半数で組織する労働組合か、
労働者の過半数代表者との
労使協定があれば控除ができるのだ。

社会保険の加入対象になるもの（原則ルール）

常時使用される者（正社員）

・事業所に常時使用される 70 歳未満の者は、国籍や性別、年金の受給の有無を問わず厚生年金保険の被保険者（健康保険は 75 歳未満の者）。

・「常時使用される」とは、雇用契約書の有無等とは関係なく、適用事業所で働き、労務の対償として給与や賃金を受ける使用関係が常用的であることをいいます。試用期間中でも給与が支払われる場合は、加入対象となります。

パートタイマー・アルバイト等

・1 週の所定労働時間および 1 月の所定労働日数がその会社で働く一般社員（正社員）の 4 分の 3 以上である者

・一般社員の所定労働時間および所定労働日数の 4 分の 3 未満の者であっても、下記の 5 つの要件をすべて満たす者は、被保険者になります。
　①週の所定労働時間が 20 時間以上あること
　②雇用期間が 2 か月超見込まれること
　③賃金の月額が 8.8 万円以上であること
　④学生でないこと
　⑤従業員数が常時 101 人以上の企業（特定適用事業所）に勤めていること（従業員数のカウント方法は厚生年金保険の適用対象者数）
　※ 2024 年 10 月以降は 51 人以上の企業に変更となります。

社会保険の強制適用事業所は、名称のように社会保険の加入が義務付けられた事業所のこと。具体的には法人の事業所と、農林漁業やサービス業などの業種を除いた社員が常時 5 人以上いる個人事業の事業所。

● 被保険者とならない者（例外的取り扱い）

　前ページの下図の被保険者（社会保険の加入対象者）となる者の条件に関わらず、次の者は被保険者とはされません。ただし、一定期間を超えて雇用される場合は、常時使用される者とみなされ、被保険者となります。

被保険者とならない者	被保険者となる基準・条件
日々雇い入れられる者	1か月を超えて引き続き使用されるようになった場合は、その日から被保険者となります。
2か月以内の期間を定めて使用される者	当初の雇用期間が2か月以内であっても、当該期間を超えて雇用されることが見込まれる場合は、契約当初から被保険者となります。
所在地が一定しない事業所に使用される者	なし（いかなる場合であっても被保険者とはならない）。
季節的業務（4か月以内）に使用される者	継続して4か月を超える予定で使用される場合は、当初から被保険者となります。
臨時的事業の事業所（6か月以内）に使用される者	継続して6か月を超える予定で使用される場合は、当初から被保険者となります。

● 給与所得者の扶養控除等（異動）申告書

　社員の源泉所得が甲欄か乙欄かはこの申告書が会社に提出されているかどうかで決まります（申告書の詳細は8章参照）。

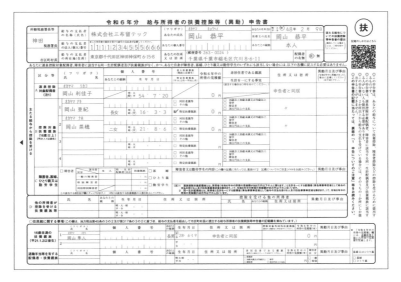

memo ▷ 強制適用事業所以外の事業所で、社員の半数以上が社会保険の適用事業所となることに同意し、事業主が申請して厚生労働大臣の認可を受けた事業所のことを任意適用事業所と呼ぶ。

●源泉所得税の甲欄と乙欄の違い

　月ごとに給与を支払う場合の源泉所得税の徴収方法は以下の甲欄と乙欄に分けられます。

甲欄

給与所得者の扶養控除等申告書を会社に提出している人。主たる給与を支払う場合の源泉徴収税額が徴収されます。
その会社1社のみから給与をもらっている場合、または、他社からも給与をもらっている場合でも、その者にとってのメインの会社として扶養控除申告書を提出している会社からもらう給与の場合は、甲欄の適用対象者となります。

乙欄

給与所得者の扶養控除等申告書を会社に提出していない人。従たる給与を支払う場合の源泉徴収税額が徴収されます。
2社以上から給与の支給があり、別の会社で「給与所得者の扶養控除等申告書」を提出している場合が対象となります。主にパート、アルバイトなど副業先の収入が乙欄に該当します。

●住民税の納付方法の違い

　月ごとに給与を支払う場合の住民税の徴収方法は以下の特別徴収と普通徴収に分けられます。

特別徴収

事業主（給与支払者）が従業員（納税義務者）に代わり、毎月給与から住民税を控除し、事業主が市区町村へ納付する方法。
給与の支給対象者は原則としてこの特別徴収による納付が義務付けられています。

普通徴収

市町村から個人宛てに交付された納付書を使用し、本人が直接自分で納付する方法。
役員含め給与の支給対象者が2人以下といった場合や他の事業所で特別徴収をしている場合など一部の例外的取り扱いの者のみ普通徴収の対象者となります。

— **Column** —

フリーランスも源泉徴収する？

　源泉徴収という制度は、給与の支給を受ける会社員に馴染み深い制度ですが、この源泉徴収は会社員だけではなく、フリーランスや個人事業主の方にも適用されます。

　具体的には、以下の項目に該当した場合に源泉徴収の対象となります。フリーランスや顧問税理士などの個人に報酬を支払う場合にも、源泉徴収を行う必要があります。

＜報酬・料金などの支払いを受ける者が個人の場合＞
① 原稿料や講演料など
② 弁護士、公認会計士、司法書士等の特定の資格を持つ人などに支払う報酬・料金
③ 社会保険診療報酬支払基金が支払う診療報酬
④ プロ野球、プロサッカー選手、モデルや外交員などに支払う報酬・料金
⑤ 芸能人や芸能プロダクションを営む個人に支払う報酬・料金
⑥ ホテル、旅館などの宴会等で接待等を行うコンパニオンなどに支払う報酬・料金
⑦プロスポーツ選手の契約金など一時に支払う契約金
⑧広告宣伝のための賞金や馬主に支払う競馬の賞金

＜報酬・料金などの支払いを受ける者が法人の場合＞
①馬主である法人に支払う競馬の賞金

Chapter

3

月次給与計算の手順①
入社・退職者の確認と対応法

Keyword

入社時の書類確認／社会保険への加入／
所得税・住民税の取扱い／途中入社の日割り計算／
退職時の手続き／退職時の社会保険料と雇用保険料の取扱い／
退職者の住民税の取扱い／退職者の源泉徴収票の発行

Section 01 | 入社した社員が いるときの対応法

> 迅速に必要な情報を回収することが重要なのニャ。

● 入社した社員の対応スケジュール

1 個人基礎情報の確認と登録

計算の開始まで

住所・氏名・生年月日のほか、入社した社員の情報を回収。

> P.76

2 給与額、通勤手当等の確認

計算の開始まで

入社した社員の給与情報を確認し設定・登録。

> P.76

3 社会保険、雇用保険の確認

計算の開始まで

健康保険・厚生年金保険・介護保険、雇用保険の適用対象を確認。

> P.78

4 所得税の適用を確認

計算の開始まで

扶養控除申告書の提出の有無にて確認。

> P.82

5 住民税の特別徴収と金額を確認

翌月の納付まで

入社の時期により特別徴収の対象の適用や金額を確認。

> P.82

　入社した社員がいるときの対応は、必要な情報や書類を本人から回収し、その情報を基に役所へ手続きを行い、その結果を給与計算に反映させるのが大まかな流れになります。担当者としては**入社日から迅速に必要な情報を回収することが重要であり、必要な情報の回収が遅れると後の手続きもすべて遅れることになります。**

　社会保険の手続きが遅れると健康保険証の発行も遅くなるため、極力早めに年金事務所（健康保険組合加入の会社は健康保険組合）へ手続きを実施します。逆に、雇用保険の手続きは社会保険ほど急ぐ必要はありません。

　住民税を個人納付（普通徴収）から給与天引き（特別徴収）に切り替える手続き

memo > 普通徴収、特別徴収については P.214 参照。

入社した社員への対応法の概要

- ☑ **対象者**　役員、社員、パート、アルバイト
- ☑ **作成する書類**　扶養控除申告書、特別徴収切替届出書、給与所得者異動届出
- ☑ **用意する書類**　雇用契約書、履歴書、年金手帳、マイナンバー資料など
- ☑ **提出先**　市区町村

● **入社した社員で取り扱いが変わる大きな要素**

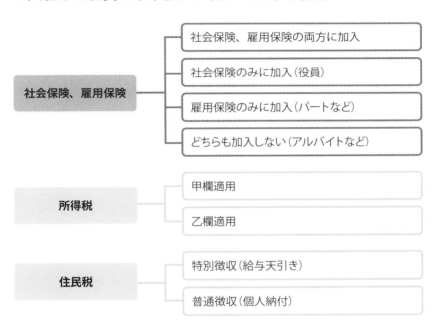

社会保険、雇用保険
- 社会保険、雇用保険の両方に加入
- 社会保険のみに加入（役員）
- 雇用保険のみに加入（パートなど）
- どちらも加入しない（アルバイトなど）

所得税
- 甲欄適用
- 乙欄適用

住民税
- 特別徴収（給与天引き）
- 普通徴収（個人納付）

は、普通徴収の納付期限が過ぎているときはできません。そのため、入社月によって取り扱い方法が違ってきます。普通徴収の納期限は第1期が6月末日、第2期が8月末日、第3期が10月末日、第4期が翌年1月末日となっています。普通徴収をしていた人が2月や3月に入社したときは次年度の住民税からが切り替えの時期となります。また、住民税の普通徴収から特別徴収への切り替え手続きは市区町村への届出書の提出から数週間かかるため、実際に給与天引きを開始するのは入社月の翌月以降にずれることもあります。

memo ＞ 社会保険、雇用保険の入社手続きについては P.310 参照。

Section 02 | 入社時の個人基礎情報の確認と登録

ここだけ
Check!

- ✓ 給与計算期間の途中に入社した場合、一般的には当月の給与は日割計算。
- ✓ 社会保険、雇用保険の加入対象者であるかを確認。
- ✓ 扶養控除等（異動）申告書を提出した人は源泉所得税の区分が甲欄となる。

入社時はたくさんの情報を回収し
登録する必要があるのニャ。

必要書類を回収し、基礎情報と支給項目を確認

　社員の入社時には必要な書類を提出してもらい、給与計算ソフトへ個人情報を入力したり、エクセルで情報を管理したりします。

　氏名や生年月日などの基礎情報および扶養家族の情報は、扶養控除等（異動）申告書の内容を確認しながら設定していきます。支給額の確認は基本給をはじめ、通勤手当を含めた諸手当の金額を雇用契約書や社員から提出してもらった通勤手当申請書により確認します。

　また、一般的な会社では給与計算期間の途中に入社したときは入社月の給与を日割計算で支給することになりますが、これは会社や入社する人の給与支給形態によっても変わるため、入社した人が日割計算の対象かを確認します。

社会保険料と税金など控除項目の計算の準備

　支給項目の確認の次に、控除項目を計算するための準備作業となります。健康保険、厚生年金保険、介護保険といった社会保険の加入対象者であるか、また、雇用保険の加入対象者であるかを確認します。社会保険、雇用保険の対象者になるかは主に勤務日数や労働時間によりますが、取締役（役員）は原則として雇用保険の対象外となるので注意が必要です。

　源泉所得税の控除方法も扶養控除等（異動）申告書が大きく関わります。扶養控除等（異動）申告書を提出している人は甲欄と呼ばれる区分となり、提出がない人については乙欄と呼ばれる区分で所得税を計算することになります。

● 入社した社員の主な確認事項

項目	用途
氏名、住所、生年月日などの基礎情報	社会保険、雇用保険の加入に必要
扶養家族の情報	健康保険の扶養家族の申請および所得税の計算における扶養人数の算出
扶養控除申告書の回収の有無	所得税の計算に必要
社会保険、雇用保険の加入有無	社会保険料、雇用保険料の計算に必要
基本給および通勤手当を含めた諸手当の金額	支給額の計算に必要
社会保険料の控除の有無	社会保険料の計算に必要
社会保険の標準報酬月額	社会保険料の計算に必要
入社日、日割り計算の有無	支給額の計算に必要
住民税の天引きの有無	住民税の計算に必要
法定項目以外の会社独自の控除項目の有無	財形や組合費、寮費といったものがあるかどうかを確認する。控除額の計算に必要

● 入社した社員から提出を受ける書類

履歴書
扶養控除等(異動)申告書
基礎年金番号通知書
雇用保険被保険者証(前職がある者)
マイナンバー確認書類
源泉徴収票(前職がある者)
給与振込先の届出書
通勤手当、通勤経路の届出書

マイナンバーをはじめとした個人情報は厳重に管理する必要があるのだ。

キーワード 入社時の提出書類の確認

Section 03 入社時の社会保険料と雇用保険料の取り扱い

ここだけ
Check!

☑ パートタイマーは、原則正社員の4分の3以上勤務で社会保険の加入義務。

☑ 勤務時間が週20～30時間未満のパートタイマーの社会保険の取扱いは要注意。

☑ 役員は労務の対償として報酬を受けている場合は原則社会保険加入対象。

正社員の4分の3以上の勤務者かどうかが
保険加入のポイントになる。

パートタイマー等の短時間労働者は社会保険の加入基準に注意

　正社員は、原則社会保険と雇用保険に加入となります。問題はパートタイマー等の取扱いです。**パートタイマーに代表される正社員以外の者は、正社員の4分の3以上勤務（1週間の所定労働時間及び1か月の所定労働日数）すると社会保険の加入義務があります**（→P.316）。

　また、正社員の4分の3未満の勤務者でも、右ページの通り企業規模や収入要件によって週20時間以上であれば加入対象者となります。法改正が段階的に実施されている部分で非常に複雑になっているため、週20時間以上の30時間未満のパートタイマーは特に注意が必要です。雇用保険は、役員を除く週20時間以上勤務し、31日以上の雇用見込がある者が加入対象者となります。なお、パートタイマー等の所定労働時間や所定労働日数は労働契約書（労働条件通知書）で定められた本来その者が働くべき労働時間、労働日数となります。

役員の社会保険は報酬の支払いがあれば原則加入対象

　役員として新しく入社した者がいた場合には、雇用保険は対象外となります。役員の社会保険は、社員と違い労働時間や労働日数によって加入対象が決まるわけではありません。役員は労務の対償として報酬を受けている場合は適用事業所に使用される者に該当するものとして原則として加入対象となります。逆にいえば、代表取締役であっても労務の対償として報酬を受けていない場合は加入対象とはなりません。

● 入社した社員の社会保険の加入確認フローチャート

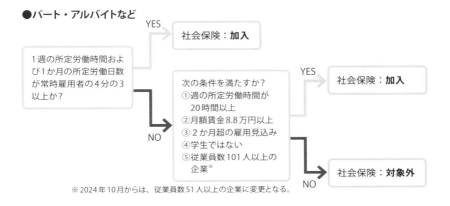

●パート・アルバイトなど

1週の所定労働時間および1か月の所定労働日数が常時雇用者の4分の3以上か？

→ YES → 社会保険：**加入**

→ NO → 次の条件を満たすか？
① 週の所定労働時間が20時間以上
② 月額賃金8.8万円以上
③ 2か月超の雇用見込み
④ 学生ではない
⑤ 従業員数101人以上の企業※

→ YES → 社会保険：**加入**

→ NO → 社会保険：**対象外**

※ 2024年10月からは、従業員数51人以上の企業に変更となる。

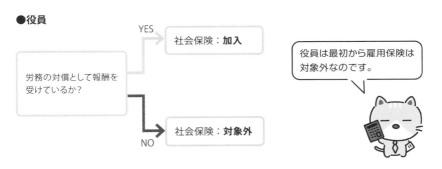

●役員

労務の対償として報酬を受けているか？

→ YES → 社会保険：**加入**

→ NO → 社会保険：**対象外**

役員は最初から雇用保険は対象外なのです。

● 非常勤役員の社会保険の取り扱い

　非常勤役員については労務の対償として報酬を受けているかどうか、以下の①～⑥を参考にして、個別の事案ごとに総合的に判断されます。加入判断に迷う場合は管轄の年金事務所に確認します。

①会社の事業所に定期的に出勤しているかどうか
②会社における職以外に多くの職を兼ねていないかどうか
③会社の役員会等に出席しているかどうか
④会社の役員への連絡調整または職員に対する指揮監督に従事しているかどうか
⑤会社の求めに応じて意見を述べる立場にとどまっていないかどうか
⑥会社などから支払いを受ける報酬が社会通念上労務の内容に相応したものであって実費弁償程度の水準にとどまっていないかどうか

memo ＞ 介護保険料は入社した社員が40歳以上65歳未満の場合、健康保険料と合わせて徴収する義務が生じる。

● 社会保険料と雇用保険料の控除の開始時期について

社会保険料	社会保険料は当月分を翌月に支給する給与から控除するため、会社の給与の締日と支給日によって控除を開始するタイミングが異なる（詳しくは189ページコラム参照）。 ●**例1：20日締め、当月末日払いで4/1に入社した場合** →4/30に支給する初回の給与からは控除せず、5/31に支給する給与から控除を開始する。 ●**例2：末日締め、翌月25日払いで4/1に入社した場合** →初回の給与が5/31支給となるため、5/31支給する給与から控除を開始する。
雇用保険料	会社の締日・支給日によらず入社月（雇用保険加入月）の初回の給与から控除を開始する。

社会保険は給与を
同月に支払う会社は
要注意なのだ。

Column

2022年1月1日から開始の雇用保険の
マルチジョブホルダー制度

　雇用保険の原則の加入基準は、78ページに記載の通り、1週間の所定労働時間が20時間以上かつ31日以上の雇用見込みがあることです。

　これに対して、「雇用保険マルチジョブホルダー制度」は、例外的な取扱いとして、複数の事業所で勤務する65歳以上の労働者が、そのうち2つの事業所での勤務を合計して以下の要件を満たす場合に、本人からハローワークに申出を行うことで、申出を行った日から特例的に雇用保険の被保険者（マルチ高年齢被保険者）となることができる新しい制度です。この制度は2022年1月1日よりスタートしました。

＜適用要件＞
・複数の事業所に雇用される65歳以上の労働者であること
・2つの事業所（1つの事業所における1週間の所定労働時間が5時間以上20時間未満）の労働時間を合計して1週間の所定労働時間が20時間以上であること
・2つの事業所のそれぞれの雇用見込みが31日以上であること

---

　memo　労災保険料はその全額を会社が負担するため、給与計算で社員から控除する必要はない。

--- **Column** ---

「特別徴収切替届出（依頼）書」の作成

　社員が入社したことで、82ページで解説する住民税を普通徴収から特別徴収へ切り替える場合には、入社した社員がその年の1月1日に居住していた市区町村に特別徴収切替（依頼）書を提出し給与天引きへと切り替えを行います。

　この切替（依頼）書を提出後、数週間の後に市区町村より会社へ特別徴収税額の決定・変更通知書が送付されてきます。税額通知書には何月分からいくらの税額を給与から控除するかが記載されていますので、通知書に記載された金額を給与計算へ反映することになります。

Section 04 | 入社時の所得税と住民税の取り扱い

ここだけ Check!

- ✓ 入社時普通徴収の人は特別徴収への切り替え申請書を市区町村へ提出。
- ✓ 特別徴収を前職から引き継ぐ人は給与所得者異動届出書を市区町村へ提出。
- ✓ 源泉所得税は甲欄と乙欄があり、扶養控除等（異動）申告書を提出する人は甲欄。

住民税の手続きは
複雑で面倒なのだ。

住民税は入社時の本人の状況により3つの対応法

　入社時の住民税の取り扱いは本人の状況により3つの対応法があります。

　前年の所得がない、もしくは前職で当年分の住民税を一括徴収している人は、翌年の6月から徴収が始まるため入社時に手続きは生じません。失業中で普通徴収により住民税を納めていた人、または前職退職時に普通徴収の切り替えをした人は、新しい会社で特別徴収への切替申請書を市区町村へ提出し、納付方法を特別徴収に切り替える必要があります。切り替えの手続きをすることで、後日に市区町村から会社宛に住民税の徴収開始月と金額が記載された特別徴収税額の決定・変更通知書が送付されてきます。最後が前職から特別徴収を引き継いで徴収を行う人で、この場合は前職に給与所得者異動届出書を記載してもらい、その届出書を新しい会社へ提出し新しい会社が必要事項を追記した上で市区町村へ提出することとなります。

扶養控除等（異動）申告書の提出の有無で甲欄か乙欄かが決まる

　一般的に月ごとに給与を支払う形態の場合、源泉所得税の徴収方法は源泉徴収税額表の月額表を用いて計算を行います。月額表には、甲欄と乙欄の2つの区分があり、扶養控除等（異動）申告書を提出する人は甲欄を適用します。一方、扶養控除等（異動）申告書の提出がない人（従たる給与についての扶養控除等（異動）申告書の提出があった人を含みます）は乙欄を適用します。なお、日払いや週払いで給与を支給する場合は日額表を使用して計算を行います。

入社時の住民税の取り扱い

入社時の本人の状況	会社での対応法

前年の所得がなく、住民税が非課税の人

前職で当年分の住民税を一括徴収した人

→ 翌年6月から住民税の徴収が始まる

→ 入社時には時に住民税の手続きは不要

失業中で普通徴収で住民税を納めていた人

前職退職時に普通徴収に切り替えをした人

→ ・特別徴収への切り替え手続き後、市区町村より「特別徴収額の決定・変更通知書」が送付される
・通知書に記載された時期より特別徴収を開始する

→ 「特別徴収への切替申請書」を普通徴収していた市区町村へ届け出る

前職から特別徴収を引き継ぎ徴収をする人

→ ・1か月以上の間を置かずに転職した場合に限定される
・特別徴収を引き継ぐため、入社月から前職同様に特別徴収を行う

→ 前職の会社に「給与所得者異動届出書」を記入してもらい、それを市区町村へ提出する。提出期限は退職月の翌月10日まで

所得税の甲欄と乙欄

区分	対象者の内容
源泉徴収税額表の月額表のうち、「甲欄」を適用する者	給与所得者の扶養控除等(異動)申告書を提出した者。主に1社だけで働く人や、兼業している人が主たる給与の支給を受ける会社ではこの区分が適用されます。
源泉徴収税額表の月額表のうち、「乙欄」を適用する者	給与所得者の扶養控除等(異動)申告書を提出しない者(「従たる給与についての扶養控除等申告書」の提出があった人を含みます)。兼業している人が副業先の給与の支給を受ける会社ではこの区分が適用されます。

Section
05 | 締日途中入社の日割り計算

ここだけ
Check! —
- ✔ 給与計算期間の途中入社は、日給月給制では一般的には日割り計算を行う。
- ✔ 日割り計算の主な方法は、割り算をする分母の違いで3つある。
- ✔ 日割りされる対象となる月給額の中身も会社がルールを決める。

> 締日途中入社の最初の給与は
> 日割り計算が一般的なのニャ。

日割り計算の計算式は就業規則で決められている

給与計算期間の途中に入社した社員の給与体系が日給月給制のときは、その月の給与の額を日割り計算で行うのが一般的です。日割り計算の算式は分母の日数の違いにより3種類あり、会社はいずれかの方法を継続的に使用します（右ページ図参照）。

具体例が示すように、会社の1か月の平均所定労働日数や日割り計算を実施する際の土日祝日の内容、入社する時期などの変動要素によって①〜③の計算方法には金額の差が生じます。会社の日割り計算のルールがどの方法なのかを就業規則で確認します。

月給額の対象となる給与も会社ごとにルールが異なる

右ページの計算の具体例では、わかりやすいように月給という表記をしていますが、この日割りされる対象となる月給額の中身も会社ごとにルールが異なります。基本給は一般的に日割り計算の対象となりますが、諸手当は日割り計算されるものが変わってきます。家族手当や住宅手当のような労働の対価と結びつきが弱い手当は中途入社であっても、日割りせずに満額支給するルールになっている会社もあります。

通勤手当は、入社月は定期券代を日割り計算せずに出勤日数に応じた日額を支給する会社もあるので支給ルールを確認しましょう。

● 日割り計算の計算式

1 月給÷1か月の平均所定労働日数×当月出勤日数

2 月給÷当月給与計算期間の所定労働日数×当月出勤日数

3 月給÷当月給与計算期間の暦日数×入社日以降の暦による当月在籍期間

● 日割り計算の具体的例

4月 April						
日	月	火	入社日	木	金	土
	1	2	3	4	5	6
7	8	9	10	11	12	13
14	15	16	17	18	19	20
21	22	23	24	25	26	27
28	29	30				

（日割り計算の具体例：上記カレンダーの通り4月の事例で条件は以下）

・月給：30万円、1か月の平均所定労働日数：21日、入社日：4月16日、土日祝日が休日、給与の計算期間は1日～末日とし、入社日以降欠勤はなし。

・当月給与計算期間の暦日数は30日、入社日以降の暦による当月在籍期間は15日。当月給与計算期間の所定労働日数は21日、当月出勤日数は10日。

①1か月の平均所定労働日数を利用する方式
　　30万円÷21日×10日＝142,857円（1円未満四捨五入処理）

②当月給与計算期間の所定労働日数を利用する方式
　　30万円÷21日×10日＝142,857円（1円未満四捨五入処理）

③当月給与計算期間の暦日数を利用する方式
　　30万円÷30日×15日＝150,000円

Section 06 | 退職する社員が いるときの対応法

退職者の社会保険料と
住民税は要注意なのニャ。

● 退職する社員への対応の流れ

1 給与額、通勤手当等の確認
計算の開始まで

退職する社員の給与を日割り計算するか確認。

> P.94

2 社会保険、雇用保険の確認
計算の開始まで

社会保険料、雇用保険料の徴収を確認。

> P.88

3 住民税の特別徴収額を確認
計算の開始まで

退職の時期により残額を一括徴収するかを確認。

> P.90

4 源泉徴収票を発行
給与明細書の支給時まで

退職者には給与明細と併せて源泉徴収票を発行。

> P.96

退職者が発生した月の給与計算ではいくつかの確認事項があります。

まず、退職する社員の給与の支給形態を確認します。支給形態が日給月給制である社員は退職日が給与計算期間の締日ではないときは、入社時と同様に日割り計算を実施し支給額を計算するのが一般的です。時給制や日給制のアルバイトやパートの場合は日割り計算の必要はありません。

控除項目で注意が必要なのは社会保険料と住民税です。社会保険料は退職日の翌日を喪失日とする特殊な考え方があるため、月の末日に退職するケースと末日以外で退職するケースで、最後の月の社会保険料を徴収するかどうかが変わります。

memo > 退職時に有給休暇を消化して辞める場合もあるため退職日は正確に把握する。

退職する社員への対応法の概要

- ☑ **対象者** 　役員、社員、パート、アルバイト
- ☑ **作成する書類** 　源泉徴収票、給与所得者異動届出書
- ☑ **用意する書類** 　就業規則（給与規程を含む）、特別徴収税額の決定・変更通知書など
- ☑ **提出先** 　市区町村

● 給与所得の源泉徴収票

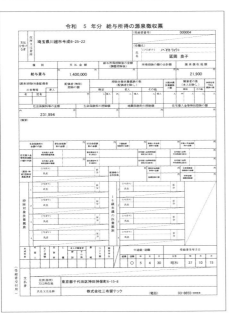

　住民税は、退職する月の最後の給与で退職月以降の当年度の住民税の残額を一括で徴収するかどうか、特別徴収を転職先で引き継ぐかを確認します（この時は転職先が決まっている必要があります）。なお、特別徴収の年度（6月から翌年5月）途中で1月1日以降に退職するときには、その年度の残額を一括で徴収するという原則のルールがあります。

　また、退職者には、給与明細と併せてその年に支払った給与に対する給与所得の源泉徴収票を発行する必要があります。この際、一部の例外を除き、原則として退職者に発行する源泉徴収票は年末調整をせずに発行をします。

Section 07 ｜ 退職時の社会保険料と雇用保険料の取り扱い

ここだけ
Check!

- ✓ 社会保険料は月単位で徴収し、退職日の翌日が資格喪失日となる。
- ✓ 社会保険料は月末で退職する場合に退職月の保険料まで発生する。
- ✓ 退職月の社会保険料は1か月分、2か月分、控除なしの3パターンがある。

退職者の社会保険料控除の
3パターンを理解しよう。

社会保険料は月単位で徴収、退職日の翌日が資格喪失日となる

　雇用保険料はシンプルで退職月の最終給与であっても通常の月どおり、雇用保険料を控除します。退職月の給与計算で間違いやすいのが、社会保険料（健康保険料・厚生年金保険料）の計算です。社会保険には、退職日の翌日を被保険者資格の喪失日とし、資格喪失日の属する月の前月までの保険料が発生するという独特のルールがあります。社会保険料は健康保険でも国民健康保険でも、すべて月を単位として保険料を徴収する決まりで、保険料の日割り計算はありません。そのため、計算の担当者は何月分までの保険料が発生するのかをまず押さえます。社会保険料は一般的には前月分を当月の給与で徴収するため、退職月の給与から控除する社会保険料は前月分の社会保険料となります。

社会保険料は月末で退職する場合に退職月の保険料まで発生する

　月末で退職する場合は、社会保険の資格喪失日が翌月の1日となり、退職をした月までの社会保険料が発生します。逆に、月末以外で退職する場合は、退職した月の前月分までの保険料が発生します。**退職月の社会保険料控除のパターンとしては、通常月と同様に1か月分を徴収する、通常とは違い2か月分徴収する、または控除しないという3つがあります。**この社会保険料の控除は会社の給与支給の形態が翌月払いか当月払いかによっても変わってきます。右ページの計算例3のように、当月払いの月末退職の場合にのみ、社会保険料を2か月分徴収するパターンとなります。

退職時の社会保険料と雇用保険料の取り扱い

● 社会保険料と雇用保険料の退職月の控除のルール

| 雇用保険料 | 退職日に関係なく、退職する最終月の給与からも控除する。 |

| 社会保険料 | ① 社会保険（健康保険・厚生年金保険）は退職日の翌日が被保険者資格の喪失日となる。 |
| | ② 被保険者資格の喪失日が属する月の前月までの社会保険料が発生する。 |

● 退職時の社会保険料の徴収パターン

○計算例1 （1か月分控除）：月末退職（翌月払い）　　3/31 退職
※末締め、翌月20日払いの会社の場合

社会保険料は喪失日の属する月の前月（3月）分までがかかる。給与が翌月払いであれば4月20日に払う給与より1か月分（3月分）の社会保険料を控除する。

○計算例2 （控除なし）：月末退職以外（翌月払い）　　3/20 退職
※末締め、翌月20日払いの会社の場合

社会保険料は喪失日の属する月の前月（2月）分までかかる。給与が翌月払いであれば3月分社会保険料はかからないため、4月20日に払う給与からは社会保険料を控除しない。

○計算例3 （2か月分控除）：月末退職（当月払い）　　3/31 退職
※末締め、**当月20日払いで社会保険料を翌月給与から控除する**会社の場合

社会保険料は喪失日の属する月の前月（3月）分までがかかる。給与が当月払いであれば、3月20日に支払う給与から2月分と3月分の2か月分の社会保険料を控除する。

---

memo ▷ 社会保険の資格喪失日（退職日の翌日）からは健康保険証が使えないため会社へ返却する（退職手続きは318ページ参照）。

Section 08 | 退職者の住民税の取り扱い

ここだけ Check!

☑ 退職者の住民税は、普通徴収切替、一括徴収、引き継ぎの3つの方法がある。

☑ 1月から5月に退職した人は、原則として一括徴収する義務がある。

☑ 退職者の住民税は、給与所得者異動届出書を市区町村に提出する。

給与所得者異動届出書を市区町村に提出する必要があるのニャ。

退職者の住民税は退職月により3つの選択肢がある

社員が退職した場合の住民税の取り扱い方法は、退職した月によって3つの選択肢があります。1つ目は普通徴収に切り替え残額を納付していく方法。2つ目は当年分の住民税残額を退職月の給与で一括徴収する方法、3つ目は転職先がすでに決まっている場合に転職先へ特別徴収を引き継いで住民税を控除する方法です。3つ目の転職先に特別徴収の引き継ぎをする対応はあくまでも例外的な方法で、前職の退職日から転職先への入社日までの期間が1か月以内であることが条件となります。

6月から12月に退職した人は退職月の住民税控除を普通徴収へ切り替える（通常どおり1か月分控除）か残額の一括徴収かを選択できますが、1月から5月に退職した人は、支給額が不足し一括徴収できないといった例外を除き、原則として一括徴収する義務があります。

給与所得者異動届出書の提出

退職した社員の住民税の控除、計算方法は3つありますが、いずれの選択をしても給与所得者異動届出書を市区町村に提出する必要があります。 普通徴収への切り替え、または一括徴収による対応をする場合は退職者が発生した会社が市区町村に提出します。特別徴収を転職先に引き継ぐ例外的な対応をする場合は、退職者が発生した会社（前職の会社）と転職先の会社双方が必要事項を記載する必要があるため、転職先の会社が市区町村に提出する流れとなります。

● 退職時の住民税の取り扱い

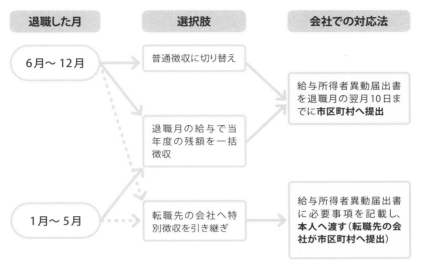

退職した月	選択肢	会社での対応法

6月〜12月 → 普通徴収に切り替え

退職月の給与で当年度の残額を一括徴収

→ 給与所得者異動届出書を退職月の翌月10日までに**市区町村へ提出**

1月〜5月 → 転職先の会社へ特別徴収を引き継ぎ

→ 給与所得者異動届出書に必要事項を記載し、**本人へ渡す（転職先の会社が市区町村へ提出）**

※次の会社に特別徴収の引き継ぎができるのは、前職の退職日から転職先への入社日までの期間が1か月以内であることが条件

● 転職先への特別徴収の引き継ぎの流れ

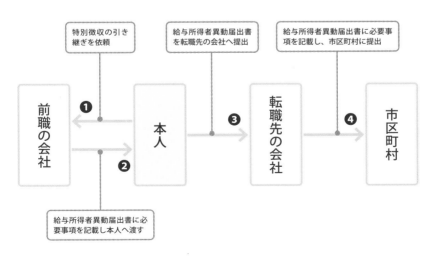

特別徴収の引き継ぎを依頼

給与所得者異動届出書を転職先の会社へ提出

給与所得者異動届出書に必要事項を記載し、市区町村に提出

前職の会社　❶　本人　❸　転職先の会社　❹　市区町村

❷

給与所得者異動届出書に必要事項を記載し本人へ渡す

memo ▷ 退職者が生じた場合は、市区町村へ納付する住民税の金額も変わるため過誤納付にならないよう納付書の金額に注意する。

住民税の年間税額を記載。

給 与 支 払 報 告　に係る給与所得者異動届出書
特 別 徴 収

◎異動があった場合は、翌月の10日までに必ず提出してください。

（宛先）　川越市長	給与支払義務者〔特別徴収義務者〕	所 在 地	〒101-005＊ 東京都千代田区神田神保町6-15-8		
		フリガナ	カブシキガイシャサンプルテック		
令和　　年　　月　　日提出		氏名又は名称	株式会社三布留テック		
		個人番号又は法人番号	1111234555666		

	フリガナ	ノベオカ　リョウコ		（ア）特別徴収税額（年税額）	（イ）徴収済額	（ウ）未徴収税額（ア）－（
給与所得者	氏 名	延岡 良子　　　［旧姓　　］				
	生年月日	昭和　37 年　10 月　15 日				
	個人番号	12345678＊＊＊＊		144,700	☐ 6 月から ☐ 5 月まで	☐ 月から ☐ 月まで
	受給者番号					
	1月1日現在の住所	埼玉県川越市今成6-25-22				
	異動後の住所	同上		円	144,700 円	0

1．特別徴収継続の場合

新しい勤務先	特別徴収義務者指定番号		新規　法人番号		担当者連絡先	所属	
	所 在 地	〒				氏名	
	フリガナ					電話	
	氏名又は名称						

2．一括徴収の場合

理由 右から番号を記入	☐	1．異動が令和5年12月31日までで、一括徴収の申出があったため。	徴収予定月日
		2．異動が令和6年1月1日以降で、特別徴収の継続の申出がないため。	月　　日

3．普通徴収の場合

理由 右から番号を記入	☐	1．異動が令和5年12月31日までで、一括徴収の申出がないため。 2．令和6年5月31日までに支払われるべき給与又は退職手当等の額が未徴収税額（ウ）以下であるため。 3．死亡による退職であるため。	※市町村記入

【提 出 先】〒350-8601　川越市元町1丁目3番地1　川越市役所 本庁舎2階 市民税課 市民税第

◎ご注意
1　黒のボールペン又は弁で記載してください。
2　「宛名番号」の欄には、特別徴収税額通知書に記載された宛名番号を記載してください。
3　転職、再就職等により異動後の転勤先で引き続き特別徴収を行う場合には、前勤務先で最上段の事項を記載し、新勤務先に送付
　　ただし、「給与所得者」の欄の「個人番号」は、前勤務先では記載せず、新勤務先で本人から番号の提供を受けて記載してください。
　　また、前勤務先が個人事業主の場合、「給与支払者」の欄の「個人番号」は、前勤務先では記載せず、新勤務先へ送付願います。
　　新勤務先では中段の「1．特別徴収継続の場合」の事項を記載し、一月一日現在の住所地（課税地）の市町村長に送付してください
4　一月一日から四月三十日までの間に退職した人に未徴収税額がある場合には、一括徴収することが義務付けられています。

memo ▷ 給与所得者異動届出書は市区町村のホームページからダウンロードできる他、特別徴収税額の決定通知書と併せて送付される特別徴収のしおりにも同封されている。

住民税の徴収済額、
未徴収額を記載。

異動事由を選択。

未徴収額がある場合
は徴収方法を選択。

| | 市町村使用欄 | | | 年度を記入してください | (| 年度) | ・ | 両年度 |

書

		特別徴収義務者指定番号		
田区神田神保町6-15-8		宛名番号		
シャサンプルテック		所属		
三布留テック		担当者連絡先	氏名	布留川 三郎
55666			電話	03-8655-****	内線 ( )

(イ)徴収済額	(ウ)未徴収税額(ア)-(イ)	異動年月日	異動の事由	異動後の未徴収税額の徴収方法
☐6 月から ☐5 月まで	☐ 月から ☐ 月まで	R5 年 4 月 30 日	1. 退職　　職員欠如 2. 転休職・長期 3. 死亡 4. 支払少額・不定期他 5. 合併・解散他 6. その他 7. 右から番号を記入	☐ 1. 特別徴収継続 2. 一括徴収 3. 普通徴収(本人納付) 右から番号を記入
144,700 円	0 円		事由・理由 [　　　　　]	

| | 号 | | |
| 担当者連絡先 | 所属 氏名 電話 | 内線 ( ) | 新しい勤務先では、月割額　　　　　　円を ☐ 月分(翌月10日納入期限分)から 徴収し、納入します。 受給者番号 (任意) 納入書の要否 (新規の場合のみ記載) ☐ 右から番号を記入 1. 必要 2. 不要 |

| 徴収予定月日 | 徴収予定額(上記(ウ)と同額) | | 左記の一括徴収した税額は、 ☐ 月分(翌月10日納入期限分)で 納入します。 |
| 月　　日 | 円 | | |

| 収税額(ウ)以下であるため。 | ※市町村記入欄 A D L A N | |

庁舎2階　市民税課　市民税第一・第二担当　TEL(049)224-5640(直通)/FAX(049)226-2540

最上段の事項を記載し、新勤務先に送付願います。
ら番号の提供を受けて記載してください。
記載せず、新勤務先へ送付願います。
(課税地)の市町村長に送付してください。
又することが義務付けられています。

異動後の未徴収税額の徴収方法について、下欄のうち、対応する番号の欄も必ず記入してください。

転職先に特別徴収を引き継ぐ場合に
転職先の会社が記載。

Section 09 | 締日途中退社の日割り計算と通勤手当の返金処理

- ✓ 給与計算期間の途中での退職者は入社と同様に日割り計算を実施する。
- ✓ 3か月、6か月分の定期代支給の場合、未使用分の返金の確認をする。
- ✓ 定期代の返金のルールは、会社の就業規則に定う。

> 通勤手当の返金処理がある会社は忘れずに実施しよう!

締日途中退社の日割計算は入社時と同様に考える

給与計算期間の途中で退職者が出た場合の取り扱いは基本的には途中入社のときと同様に日割り計算を実施します（→P.84）。もし、就業規則に入社時の日割り計算と退職時の日割り計算のルールが別に定められている場合は規則に従い計算しますが、一般的には入社時と退社時は同じ日割計算の取り扱いをします。ただし、通勤手当は、「有給休暇の消化で実際に会社に出勤がない場合は支給をしない」といったルールを定めている会社もあるため、就業規則のルールを確認しましょう。

数か月分まとめて支払う通勤手当の返金処理には注意

3か月や6か月など対象期間が1か月ではない通勤定期代を支給している会社で対象期間の中途で退職した場合は、退職日以降の未使用分を返金するルールを定めている会社もあり、就業規則を確認します。

定期代の返金処理のルールには、交通機関からの払い戻し金額で返金、月単位で月割した額の未使用分の月数を乗じてた額を返金、定期券の対象期間に対し退職日の翌日以降の未使用期間を日割計算した額を返金するなどの方法があります。なお、返金の計算処理は、最終の給与計算の支給額から差し引く方法もあれば、給与計算とは別途現金にて返金させる方法もあるため会社のルールを確認しましょう。

退職時の通勤手当の返金の取り扱いと計算例

※自社の就業規則の内容を確認し、返金処理の計算を行います。

（計算条件）
- 末締め、当月25日払い。5月20日に退職。
- 通勤定期券の対象期間は4/1～9/30。
- 4/25に4月～9月の6か月定期券代60,000円を支給済
- 交通機関からの払い戻しの金額は25,000円。

月	月の暦日数	解説
4月	30日	支給対象1か月目
5月	31日	支給対象2か月目。5/20に退職。5/21～5/31の暦日数は11日。
6月	30日	支給対象3か月目
7月	31日	支給対象4か月目
8月	31日	支給対象5か月目
9月	30日	支給対象6か月目
合計	183日	

未使用対象月

❶公共交通機関での払戻額を返金してもらうパターン

➡払戻額を本人より確認し、給与計算に反映します。

- 計算例では25,000円が返金額。

❷一定期間の定期代相当額を等分し、未使用月数を掛けた金額を返金してもらうパターン

➡例えば、6か月分の定期券相当額を支給している場合、その金額を6等分し、その金額に退職月の翌月以降の未使用対象月の月数を乗じて得た額を返金してもらいます。

（計算例）
- 6か月分定期券代60,000円÷6か月＝10,000円……1か月相当額
- 退職月の翌月以降の未使用対象月は6月～9月の4か月
- 10,000円×4か月＝40,000円……返金額

❸通勤定期券の額面期間を、退職日の翌日以降の残日数で日割りして返金してもらうパターン

➡定期券の内容と退職日から未使用分の残日数で日割金額を計算し、返金してもらいます。

（計算例）
- 通勤定期券の対象期間は4/1～9/30で183日、退職日までの使用対象期間の日数は50日。退職日の翌日以降の残日数は133日。
- 60,000円×133日÷183日＝43,606円（小数点以下切り捨て）……返金額

Section 10

退職者の
源泉徴収票の発行

ここだけ Check!

✓ 源泉徴収票には、大きく分けて給与所得と退職所得の源泉徴収票がある。

✓ 給与所得の源泉徴収票は退職日から1か月以内に交付する義務がある。

✓ 退職者には原則として年末調整をせずに、源泉徴収票を発行する。

退職日から1か月以内に
源泉徴収票は発行する義務があるのニャ。

退職者に対して会社は源泉徴収票の発行義務がある

源泉徴収票とは給与や賞与などを支払った支給額や支給時に源泉徴収した所得税額を証明する書類です。源泉徴収票を見ると、会社が各社員に対して給与をいくら払い、そこから所得税をいくら源泉徴収したのかがわかります。

社員の退職時には退職した年の1月から退職日までの支払いの確定した給与の総支給額、源泉所得税額、社会保険料の額などを記載した給与所得の源泉徴収票を退職日から1か月以内に退職した社員に発行する義務があります。

退職者には通常は年末調整を実施せずに源泉徴収票を発行する

年の中途で退職せずに在職したままの社員には、毎年12月に年末調整を実施した上で、その結果を反映した源泉徴収票を発行しますが、退職者は原則として年末調整をせずに、源泉徴収票を発行します。退職者は前職で発行された源泉徴収票を転職先に提出し、転職先にて年末調整を実施するか、またはその年に転職を実施しなかった場合は本人が改めて確定申告を行うことになります。なお、例外として死亡によって退職した人や12月に支給される給与等の支払を受けた後に退職した人などは退職時に年末調整を行う必要があります。

書類名 給与所得の源泉徴収票

［提出先］退職者　［提出期限］退職後1か月以内

会社が社員に対して退職した年の1月から退職月までに支払った給与の総支給額となり基本給、諸手当、残業代や賞与なども全て含みます。ただし、非課税となる支給項目は含まれない為、非課税通勤手当の支給額は除かれます。

退職した年の1月から退職月までに支払った所得税の額です。

令和　5　年分　給与所得の源泉徴収票

					（受給者番号）		000004	

支払を受ける者　住所又は居所　埼玉県川越市今成6-25-22

（役職名）

氏名　（フリガナ）ノベオカ リョウコ　延岡 良子

種別	支払金額	給与所得控除後の金額（調整控除後）	所得控除の額の合計額	源泉徴収税額
給与・賞与	内　1,400,000 円	円	円	内　21,900 円

（源泉）控除対象配偶者		配偶者（特別）控除の額	控除対象扶養親族の数（配偶者を除く。）						16歳未満扶養親族の数	障害者の数（本人を除く。）			非居住者である親族の数
の有無等	老人		特定		老人		その他			特別	内	その他	
有　従有		円	人　従人	内	人　従人		人　従人		人	人		人	人

社会保険料等の金額	生命保険料の控除額	地震保険料の控除額	住宅借入金等特別控除の額
内　231,994 円	円	円	円

（摘要）

生命保険料の金額の内訳	新生命保険料の金額		旧生命保険料の金額		介護医療保険料の金額		新個人年金保険料の金額		旧個人年金保険料の金額	

住宅借入金等特別控除の額の内訳	住宅借入金等特別控除適用数			居住開始年月日（1回目）		住宅借入金等特別控除区分（1回目）	住宅借入金等年末残高（1回目）	
	住宅借入金等特別控除可能額			居住開始年月日（2回目）		住宅借入金等特別控除区分（2回目）	住宅借入金等年末残高（2回目）	

（源泉・特別）控除対象配偶者	（フリガナ）氏名		区分		配偶者の合計所得		国民年金保険料等の金額	旧長期損害保険料の金額
					基礎控除の額		所得金額調整控除額	

控除対象扶養親族

	1	（フリガナ）氏名	区分		（フリガナ）氏名	区分
	2	（フリガナ）氏名	区分	16歳未満の扶養親族	（フリガナ）氏名	区分
	3	（フリガナ）氏名	区分		（フリガナ）氏名	区分
	4	（フリガナ）氏名	区分		（フリガナ）氏名	区分

未成年者	外国人	死亡退職	災害者	乙欄	本人が障害者		寡婦	ひとり親	勤労学生	中途就・退職					受給者生年月日			
					特別	その他				就職	退職	年	月	日	元号	年	月	日
											○	5	4	30	昭和	37	10	15

支払者　住所（居所）又は所在地　東京都千代田区神田神保町6-15-8

氏名又は名称　株式会社三布留テック　（電話）03-8655-＊＊＊＊

退職した年の1月から退職月までに支払った社会保険料の額です。

退職者が退職日の情報が記載されます。

memo ＞ 源泉徴収票には「給与所得の源泉徴収票」と「退職所得の源泉徴収票」がある。このうち退職所得の源泉徴収票は退職金の支給がある会社のみが発行の義務がある。

管轄の役所の確認法

給与計算では、19ページで解説した通り税務署や年金事務所、ハローワークや労働局といった役所へ必要な事務手続きをすることや、書類を提出することが必要になります。

これらの役所は、基本的に会社の所在地により窓口となる管轄が異なり、手続きや提出は管轄窓口で行う必要があります。

住民税に関わる市区町村だけは会社の所在地ではなく各社員の住所で関与先・窓口が決まります。

事務手続きをするための用紙なども管轄の役所や市区町村から送付されることも多く、給与計算担当者は、それぞれの役所の管轄がどこになるのかを下表の書類で確認し、不明な点があればすぐに確認できるよう連絡先や場所なども把握するようにしておきます。

区分	確認方法
年金事務所	年金事務所のホームページで確認できます。また、会社の保管書類としては、適用通知書、保険料納入告知書でも確認ができます。
健康保険の加入先（健康保険組合の加入の有無）	会社が健康保険組合に加入しているか協会けんぽに加入しているかは健康保険証で確認できます。協会けんぽの場合は、都道府県ごとの支部がありますので会社所在地により所属する支部も自動的に決まります。
ハローワーク	ハローワークのホームページで確認できます。また、会社の保管書類としては、過去の手続きを実施した資格取得等確認通知書や離職証明書でも確認ができます。
労働基準監督署	労働基準監督署や労働局のホームページで確認できます。また、会社の保管書類としては、過去の労災保険に関する手続きの控え書類でも確認できます。
都道府県労働局	都道府県ごとに設置されていますので、会社所在地により決定されます。所在地はホームページで確認できます。
税務署	国税庁のホームページで確認できます。また、会社の保管書類としては所得税徴収高計算書（所得税の納付書）等でも確認できます。
市区町村 ※住民税が関係する提出先	各社員がその年の1月1日時点で居住する市区町村が対象となります。市区町村から送付される特別徴収税額の決定通知書でも関係する市区町村がどこかを確認できます。

Chapter

4

月次給与計算の手順②
勤怠集計と支給項目の計算

Keyword

支給項目の計算／所定労働時間／基本給と諸手当／
欠勤・遅刻・早退の取扱い／残業と時間外労働／休日労働／
月給者の時間単価の計算／割増賃金の計算／勤怠の集計

Section 01 | 給与計算の事前準備と支給項目の計算の流れ

> 給与計算は支給日、締日から逆算して
> 実行する作業スケジュールを立てるのだ。

● 支給項目の計算ステップ

1　事前準備
勤怠の締日の前日まで

前月の支給・控除項目の
金額から変更がないかを
確認。

> P.110

2　当月の勤怠情報の収集
勤怠の締日からなるべく早く

勤怠管理方法によっては
集計は不要。

> P.112

**3　変動項目の計算に
必要な情報の収集**
勤怠の締日からなるべく早く

歩合給など、毎月支給額
が変わる項目の計算に必
要な情報を集める。

> P.113

4　固定支給項目の計上
給与振込の締日まで

毎月固定額で支給される
手当の金額を計上。

5　変動項目の計算
給与振込の締日まで

毎月支給額が異なる項目
の金額を計算して計上。

6　通勤手当の計算
給与振込の締日まで

通勤定期代や車通勤のガ
ソリン代などを計算して
計上。

> P.152

7　残業手当などの計算
給与振込の締日まで

勤怠情報を基に、残業手
当、皆勤手当、欠勤控除
などを計算して計上。

> P.126

8　総支給額の確定
給与振込の締日まで

支給に関する項目の合計
値の計算。

**控除項目の計算
第5章へ**

給与計算の概要

- ☑ **対象者**　　　役員、社員、パート、アルバイト
- ☑ **作成する書類**　給与支給控除一覧表、給与明細書
- ☑ **用意する書類**　出勤簿・タイムカード、社会保険料に関する資料、
　　　　　　　　　源泉所得税・住民税に関する資料など

　ここからは、毎月行う給与計算の作業について解説していきます。本章では準備と支給項目の計算、第5章では控除項目の計算方法を取り上げます。

　給与計算の実作業は勤怠の締日の直後に、その月の給与計算に必要な勤怠情報と変動項目の計算に必要な情報を収集することから始まります。

　給与計算の業務は決められた短い時間の中で間違いなく作業を行うことが求められます。その後の作業を無駄なく進めるために、勤怠の締日までに一通り、支給項目と控除項目の金額に変更がないかを確認しておくことをお勧めします。

　出勤簿やタイムカードなどの勤怠管理の方法は、大きくわけて手書き出勤簿による方法、タイムカードによる方法、エクセルなどの表計算ソフトによる方法、そして最近増えてきているクラウドを始めとした勤怠管理システムによる方法の4つがあります。何らかの勤怠システムが導入されていれば、そこから必要な情報はほぼ入手できますが、手書き出勤簿の場合は毎月の労働時間や労働日数などを集計する必要もでてきます（勤怠管理方法→P.115）。

　出勤簿のチェックが終わると、基本給や諸手当について金額の変更を確認・計算し、毎月の勤怠実績によって変動する欠勤や遅刻早退控除、時間外・休日・深夜といった割増賃金を計算します。割増賃金の計算までが完了すると、総支給額が算出されます。この総支給額が額面金額と呼ばれ、手取り額と区別されています。総支給額が算出された後は、控除項目の計算・確認となります。

　なお、給与計算ソフトを利用している場合は、毎月の全員の給与計算の結果として、給与支給控除一覧表が作成されます。

キーワード　支給項目の計算

ステータス	タスク
事前準備	❶基本給、役員報酬などの金額変更の確認 ❷業務に関係する固定的な手当の金額変更の確認 ❸業務に関係しない手当の金額変更の確認 ❹社会保険料、住民税などの変更の確認 ❺固定的な控除項目の変更の確認 　入退社した社員のリストアップ、情報収集
当月の勤怠情報などの収集	出勤簿の回収・確認 変動項目の計算に必要な情報入手
当月の差引支給額の確定	❻固定支給項目の計上 ❼変動項目の計算 ❽通勤手当の計算 ❾残業手当、皆精勤手当、欠勤・遅刻・早退控除の計算 ❿社会保険料の計算 ⓫雇用保険料の計算 ⓬税金の計算 ⓭控除の項目の計上

給与計算の事前準備と支給項目の計算の流れ

関係する項目

基本給、役員報酬など
役職手当、業務手当、（歩合計算ではない）営業手当など
住宅手当、家族手当など
健康保険、介護保険、厚生年金保険、雇用保険、住民税
各種積立金、財形貯蓄など

残業手当、皆精勤手当、欠勤・遅刻・早退控除
（歩合計算の）営業手当、（残業時の）食事代、通勤に使用するガソリン代など

基本給、役員報酬、役職手当、業務手当、（歩合で支給されない）営業手当、
住宅手当、家族手当など
（歩合計算の）営業手当、（残業時の）食事代など
通勤手当
残業手当、皆精勤手当、欠勤・遅刻・早退控除
健康保険、厚生年金保険、介護保険
雇用保険
所得税、住民税
各種積立金、財形貯蓄など

取締役は勤怠の集計は不要

出勤簿で集計した当月の勤怠の実績が勤怠項目へ反映

給与計算の事前準備と支給項目の計算の流れ

支給年月日　R5.5.19（令和5年4月分）

給与支給控除一覧表

NO	000001	000002	000003	000004	000005	000006	00000
氏　　　　名	布留川 三郎	宮江 花子	岡山 恭平	延岡 良子	伊藤 夢子	羽水 義雄	志本 丹次
出 勤 日 数			20.00	20.00	20.00	15.00	12.0
有 給 日 数							
欠 勤 日 数							
特 別 休 暇							
出 勤 時 間			160:00	160:00	160:00	120:00	72:0
残 業 時 間			8:00				
休 出 日 数							
休 出 時 間							
深 夜 割 増							
遅 早 回 数							
遅 早 時 間							
基 本 給	0	0	330,000	270,000	260,000	180,000	100,80
役 員 報 酬	640,000	50,000	0	0	0	0	
役 職 手 当	0	0	50,000	10,000	0	0	
有 給 手 当	0	0	0	0	0	0	
残 業 手 当	0	0	23,750	0	0	0	
休 日 出 勤	0	0	0	0	0	0	
深 夜 残 業	0	0	0	0	0	0	
遅 早 控 除	0	0	0	0	0	0	
欠 勤 控 除	0	0	0	0	0	0	
通 勤 課 税	0	0	0	0	0	0	
通 勤 非 課 税	10,000	4,500	15,400	18,450	8,300	5,400	5,04
課 税 計	640,000	50,000	403,750	280,000	260,000	180,000	100,80
非 課 税 計	10,000	4,500	15,400	18,450	8,300	5,400	5,04
総 支 給 額	650,000	54,500	419,150	298,450	268,300	185,400	105,84
健 康 保 険	32,500	0	20,500	15,000	13,000	11,000	9,50
介 護 保 険	5,915	0	3,731	2,730	0	0	
厚 生 年 金	59,475	0	37,515	27,450	23,790	20,130	17,38
雇 用 保 険	0	0	2,515	1,791	1,610	1,112	63
社 会 保 険 計	97,890	0	64,261	46,971	38,400	32,242	27,52
課 税 対 象 額	542,110	50,000	339,489	233,029	221,600	147,758	73,28
源 泉 所 得 税	23,820	1,531	5,110	4,380	5,560	2,920	
住 民 税	35,000	0	24,000	12,000	11,000	9,000	3,60
年 末 調 整							
控 除 計	58,820	1,531	29,110	16,380	16,560	11,920	3,60
控 除 合 計	156,710	1,531	93,371	63,351	54,960	44,162	31,12
差 引 支 給 額	493,290	52,969	325,779	235,099	213,340	141,238	74,72
銀 行 振 込 1	493,290	52,969	325,779	235,099	213,340	141,238	74,72
扶 養 人 数	2	乙欄	3	1	0	0	

この表は給与計算ソフトから出力されたものだけど、ソフトを使わないときもEXCELなどで同じような表を作っておくと便利なのだ。

控除一覧表　　　　　　　　　　　　　　　　　　　株式会社三布留テック

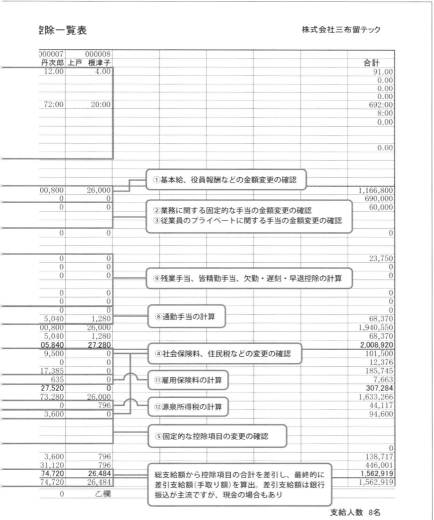

	000007	000008		合計
	丹次郎	上戸 根津子		
	12.00	4.00		91.00
				0.00
				0.00
				0.00
	72:00	20:00		692:00
				8:00
				0.00
				0.00
	00,800	26,000	①基本給、役員報酬などの金額変更の確認	1,166,800
	0	0		690,000
	0	0	②業務に関する固定的な手当の金額変更の確認	60,000
			③従業員のプライベートに関する手当の金額変更の確認	
	0	0		0
	0	0		23,750
	0	0		0
	0	0	⑨残業手当、皆勤手当、欠勤・遅刻・早退控除の計算	0
	0	0		0
	0	0		0
	0	0		0
	5,040	1,280	⑧通勤手当の計算	68,370
	00,800	26,000		1,940,550
	5,040	1,280		68,370
	05,840	27,280		2,008,920
	9,500	0	④社会保険料、住民税などの変更の確認	101,500
	0	0		12,376
	17,385	0	⑪雇用保険料の計算	185,745
	635	0		7,663
	27,520	0		307,284
	73,280	26,000	⑫源泉所得税の計算	1,633,266
	0	796		44,117
	3,600	0		94,600
			⑤固定的な控除項目の変更の確認	
				0
	3,600	796		138,717
	31,120	796		446,001
	74,720	26,484		1,562,919
	74,720	26,484		1,562,919
	0	乙欄		

総支給額から控除項目の合計を差引し、最終的に差引支給額（手取り額）を算出。差引支給額は銀行振込が主流ですが、現金の場合もあり

支給人数　8名

Section 02 | 所定労働日と所定休日、休日出勤

ここだけ Check!

- ✓ 所定労働日は、就業規則等で定められた労働契約上の労働義務のある日。
- ✓ 休日には労働基準法にて定める法定休日とそれ以外の法定外休日がある。
- ✓ 法定休日は就業規則で曜日を定める会社もあれば定めない会社もある。

法定休日と法定外休日の違いを
理解しておくのだ。

契約上労働義務のある日として定められた日が所定労働日

　所定労働日とは、労働契約書や就業規則で定められた労働契約上の労働義務のある日を意味し、暦日数から休日を除外した日を指します。右ページの正社員の事例では、土曜・日曜・祝日が休日の会社の場合、それ以外の19日がこの月の所定労働日となります。逆に、**労働契約書や就業規則で定められた休日を所定休日**といいます。

　所定労働日や所定休日は、正社員はおおむね会社として一律の定めになっていますが、アルバイトやパートタイマーなどの非正規社員に対しては、労働契約書で個別の労働条件を結ぶこともあります。なお、労働基準法で定められた休日に関する規定は「最低1週間に1日」となります。

所定休日に出勤した場合は時間外労働

　労働契約書や就業規則に定められた所定休日に出勤した場合は、時間外労働となります。休日には、**労働基準法で定められる1週間に1日の法定休日とそれ以外の法定外休日**があります。

　法定休日は、就業規則で曜日を定める会社もあれば、明確な曜日を定めていない会社もあります。法定休日を定めていない会社では、例えば土日が休みの会社で、どちらか一方の日が休めていればその日が法定休日となります。

　なお、休日出勤をした場合、法定休日に出勤するのと法定外休日に出勤するのでは割増率の取り扱いが変わります（→P.130）。

● カレンダーで見る所定労働日と休日

・正社員

正社員で所定休日は土曜、日曜、祝日。給与計算の締日は毎月末日。

20xx年5月						
日	月	火	水	木	金	土
			1 休日	2 休日	3 休日	4 休日
5 休日	6 休日	7 ❶	8 ❷	9 ❸	10 ❹	11 休日
12 休日	13 ❺	14 ❻	15 ❼	16 ❽	17 ❾	18 休日
19 休日	20 ❿	21 ⓫	22 ⓬	23 ⓭	24 ⓮	25 休日
26 休日	27 ⓯	28 ⓰	29 ⓱	30 ⓲	31 ⓳	

所定休日以外の働くべき所定労働日は
上記の5月カレンダーでいえば19日。

所定休日に出勤した場合に
時間外労働となります。

・アルバイト

休日は土曜、日曜、月曜、水曜、祝日の場合。

20xx年5月						
日	月	火	水	木	金	土
			1 休日	2 休日	3 休日	4 休日
5 休日	6 休日	7 ❶	8 休日	9 ❷	10 ❸	11 休日
12 休日	13 休日	14 ❹	15 休日	16 ❺	17 ❻	18 休日
19 休日	20 休日	21 ❼	22 休日	23 ❽	24 ❾	25 休日
26 休日	27 休日	28 ❿	29 休日	30 ⓫	31 ⓬	

所定休日以外の働くべき所定労働日は
上記の5月カレンダーでいえば12日。

memo ▷ 就業規則の定めに基づき休日を振り替える場合には、休日と労働日が入れ替わることになる。

Section 03 | 年間休日と 1か月平均所定労働時間

ここだけ Check!
- ✓ 1か月平均所定労働時間を計算するための出発点が年間休日日数。
- ✓ 年間休日には、年次有給休暇やその他任意の休暇の日数は含まれない。
- ✓ 1か月平均所定労働時間は通常173時間が限界値となる。

1か月平均所定労働時間は
給与計算でよく使う大事な項目なのだ。

年間休日日数は8時間勤務の週休二日制度では最低で105日

残業代や欠勤・遅刻早退控除の計算を正確に行うための下準備として、**1か月平均所定労働時間**を計算しておく必要があります。

1か月の平均所定労働日数は年間休日を使って算出しますが、間違いやすいのが休日と休暇の違いです。年間休日とはあくまでも休日を指していますので、会社で定める夏季休暇や年次有給休暇の計画的付与日などは社員にとって休みの日であっても、年間休日数には含まれません。就業規則には必ず休日に関する規定があるので、内容を確認して年間休日数を把握します。

休日の最低基準（法定休日）は1週間に1日で、1年は52週（365日÷7日＝52.14）あるため、年間の法定休日は52〜53日間になります。

会社の年間休日数を把握し、1か月平均所定労働時間を算出する

ただし、実際には法定休日の他にも週の労働時間の制限を受けるため、年間休日日数はもっと多くなります。1日の所定労働時間が8時間、週休二日制のときの年間休日数は105日となります（1週につき2日×52.14週）。

なお、1か月の平均所定労働時間を算出するにあたり1時間未満の端数が生じる場合は切り上げることはできません。端数処理をせずにそのまま計算するか、もしくは切り捨てとなります。1か月平均所定労働時間は1週40時間という法定労働時間の限度があるため173時間が限界値となります（特例措置対象事業場は190時間）。

● 1か月平均所定労働時間の求め方

1 会社の年間休日を就業規則などで確認して計算する
※ 1日の所定労働時間が8時間の会社で完全週休二日制の場合は105日。

2 暦日数から年間休日数を引いて年間所定労働日数を計算する

3 年間所定労働日数に1日の所定労働時間を掛けて年間の所定労働時間を求める

4 年間の所定労働時間を12か月で割って1か月平均所定労働時間を求める

● 1か月平均所定労働時間の計算例

（計算例1）
年間休日日数が125日、1日の所定労働時間が8時間の場合
　　365日－125日＝240日……**年間所定労働日数**
　　240日×8時間＝1,920時間……**年間所定労働時間**
　　1,920時間÷12か月＝160時間……**1か月平均所定労働時間**

（計算例2）
年間休日日数が120日、1日の所定労働時間が7時間の場合
　　365日－120日＝245日……**年間所定労働日数**
　　245日×7時間＝1,715時間……**年間所定労働時間**
　　1,715時間÷12か月＝142時間（小数点以下切り捨て）
　　　　　　　　　　　　　　……**1か月平均所定労働時間**

● 1か月平均所定労働時間の限界値

　　1週40時間の法定労働時間の制限のため、1か月平均所定労働時間には173時間の限界値があり、通常はこれ以上になることはありません。
　　40時間／週× 52週／年＝ 2,080時間／年
　　2,080時間÷ 12か月＝ 173時間（小数点以下切り捨て）

> **memo** 　法定労働時間が1週44時間である特例措置対象事業場の場合は190時間が限界値となる。
> 44時間/週× 52週/年＝ 2,288時間/年　2,288時間÷ 12か月＝ 190時間（小数点以下切り捨て）

Section 04 | 基本給と諸手当のチェック

ここだけ
Check!

- ☑ 月給者の基本給と役員報酬は代表的な給与の固定項目。
- ☑ 諸手当は役職手当などの固定項目と皆勤手当などの変動項目両方がある。
- ☑ 基本給や諸手当の支給基準や改定基準は給与規程にて定められる。

まずは自分の会社の給与体系を把握することが重要なのだ。

基本給および役員報酬は改定の時期に注意する

支給項目には毎月固定となる項目と、稼働実績などに応じて毎月変動する項目があります。

毎月固定となる項目には月給者の基本給および役員の報酬があります。これらの項目は、定期昇給や臨時の給与改定がない限り基本的には毎月同じ金額を支給します。基本給を改定する時期や昇給の仕組みは就業規則で確認します。また、役員の報酬は就業規則ではなく会社の決算期に応じて変更する時期が決まってくるため、上司に確認します（→P.58）。

月給者以外の時給者、日給者の基本給は毎月の稼働実績により支給額も変わる変動項目となります（→P.170）。

諸手当は固定項目と変動項目の両方がある

諸手当は役職手当、住宅手当、家族手当といった社員に引っ越し、出産、扶養異動等の異動事由がない限り基本的には支給額が変わらない固定項目と、出勤実績や販売実績などによって支給の有無や金額が変動する精皆勤手当や歩合給といった変動項目があります。

諸手当の支給基準は会社の就業規則で任意に定めることができるため、基本給同様に支給基準の内容を確認しておきます。家族が増えて家族手当の金額が増える場合などは、給与改定時の対応法を確認しておきましょう。

基本給と諸手当のチェック

● 基本給、諸手当のチェック方法

確認項目	チェックする資料の内容
基本給	就業規則で定められる昇給月には上司から昇給一覧表などの給与改定資料を参照し、各人の基本給を改定します。 一覧がなければ、各人の給与辞令などの書類にて確認する場合もあります。
役員報酬	決算月以降に支給額の変更がないか上司に確認します。
家族手当	変動する場合は扶養家族の増減を伴うため、扶養控除等（異動）申告書の変更後の内容をチェックするとともに、健康保険の扶養手続き書類も合わせてチェックします。支給額については、就業規則の内容をチェックします。
役職手当	給与辞令などの書類にて確認する場合もあれば、書類がなく上司からの口頭での連絡のみの場合もあります。支給額の内容は就業規則の内容をチェックします。
住宅手当	住宅手当の変更は、社員の引っ越しや持ち家の購入といったタイミングで発生するため、賃貸契約書などの書類にて内容を確認します。会社への提出書類が就業規則にて定められている場合もあります。
通勤手当	住宅手当同様に、社員が引っ越しをしたタイミングで発生しますので、新しい通勤経路における通勤手当申請書および新しいルートでの通勤手当費用の確認書類を合わせて確認します（→P.152）。
入社日、日割り計算の有無	支給額の計算に必要（→P.84）。
住民税の天引きの有無	住民税の計算に必要（→P.212）。
法定項目以外の会社独自の控除項目の有無	財形や組合費、寮費といったものがあるかどうかを確認する。控除額の計算に必要（→P.222）。

金額の変更や手当の支給に
変更があるかどうかは
実作業に入る前に確認しておくと
ミスが少なくなるのだ。

Section 05 | 出勤簿のチェック方法

ここだけ Check!
- ☑ 労働時間の計算は原則1分単位だが、労働者に有利な切り上げは可能。
- ☑ 1か月における時間外労働時間数の端数処理は可能。
- ☑ 有給休暇、欠勤、休日出勤の取扱いを申請書や就業規則と併せて確認。

労働時間の切り捨ては
認められないんだ。

労働時間の計算は「労働者の不利にならない」ことが原則

　1日の労働時間は原則1分単位で計算します。 ただし、事務処理の簡素化のために**15分未満や30分未満の労働時間を切り上げる端数処理**が認められており、例えば7分の時間外労働を15分や30分に切り上げて扱うことができます。端数処理は労働者の有利になることが前提で、時間外労働の賃金が払われないことになる15分や30分未満の労働時間の切り捨ては認められません。

　1日ごとの計算ができれば項目ごとに月合計の時間を算出します。なお、時間外労働の1か月間の時間数の合計が30分未満の場合を切り捨て、30分以上の場合を1時間に切り上げて処理することは、常に労働者の不利となるわけではないため、認められています。

有給休暇、欠勤、休日出勤なども確認

　時間計算以外での出勤簿の確認で間違いやすいのが、休んだ日や休日に出勤したときの取り扱いです。勤務日に休んだ場合は、有給休暇、その他の休暇、欠勤のいずれかによって給与計算への反映方法が変わるため、出勤簿だけではなく各種申請書や就業規則と併せて休んだ日の取り扱いを確認します。半日や時間単位で有給休暇の取得が認められている会社もあるため就業規則などを確認します。

　休日に出勤した場合も、振替休日をとっていて通常の出勤日として扱うのか、休日出勤、休日労働として扱うのかは計算に大きな違いがでるため注意します。

出勤簿のチェック項目一覧表

チェック項目	チェック方法
出勤日数	出勤簿で出勤した日数を合計します。所定労働時間の途中で早退した場合や、半日の有給休暇を取得した日を含めてカウントします。
総労働時間または所定内労働時間	時間外労働時間を含めた当月の労働時間の合計を出勤簿の日々の勤務時間を合計して確認します。会社によっては、時間外労働時間を含めずに表示する場合があり、その場合は項目名を「所定内労働時間」とすることが一般的です。
有給休暇日数	当月に取得した有給休暇の日数を出勤簿、および有給休暇の申請書によって照合し確認します。会社によっては、1日単位ではなく半日単位での有給消化もあるため会社の就業規則と合わせて確認します。
特別休暇日数	有給休暇以外の休暇を取得した日数を出勤簿および申請書によって確認します。特別休暇には会社ごとに夏季休暇、慶弔休暇、年末年始休暇などが就業規則に定められるため、就業規則で確認します。休暇への給与の支給の有無も会社ごとに異なります。
欠勤日数	所定労働日（当月に本来勤務するべき日）に休み、なおかつ有給休暇、特別休暇を使用しない場合は欠勤となります。日給月給制で欠勤控除を行う会社では、出勤簿で欠勤日の有無、日数を確認します。
遅刻早退回数・時間	始業時刻以降の出勤、終業時刻以前の退勤となる遅刻早退の回数、時間を出勤簿および申請書があれば申請書と併せて確認します。会社によっては、電車遅延の場合は遅延証明書があれば賃金控除の対象外とする場合もあるため、交通機関の遅延証明書の有無なども確認します。
時間外労働時間	会社で決められた始業時刻から終業時刻以外での労働時間は時間外労働となるので、出勤簿でその時間を確認します。1日の所定労働時間が8時間未満の場合は、法定内と法定外の時間外労働を分ける場合と分けない場合があるため、就業規則も併せて確認します。
休日労働時間	公休日（休日）に働いた時間を出勤簿で確認します。ただし、振替休日を取得している場合は平日勤務扱いとなるため、振替休日の申請や指示があるかどうかも確認します。また、法定休日の定めがあるかどうかを就業規則で確認します。
深夜労働時間	22時から翌日5時までの深夜時間に勤務した時間を出勤簿で確認します。

出勤実績によって変動する項目のチェック

支給項目の中には出勤状況によって支給額が変動するものがあります。

- **精皆勤手当は遅刻や欠勤に応じて支給の有無や金額が決まる。**
- **住宅手当なども会社によっては、出勤日数が一定日数以上でなければ支給されない場合もある。**

キーワード　労働時間の計算

memo　出勤簿は給与計算の根拠となるデータであり、出勤簿の内容チェックと集計は非常に重要。

●出勤簿のチェック項目一覧表

出勤簿のチェック方法

出勤簿（タイムシート）

株式会社三布留テック

氏名	岡山 恭平
対象期間	20XX年4月度
始業時間	9:00
終業時間	18:00
1日所定労働時間	8:00

労働時間の計算は原則1分単位で計算。

欠勤した日があれば確認。

		出勤	退勤	休憩	勤務時間	遅刻早退時間	残業時間	深夜労働時間	勤怠事由	備考
20XX年4月1日	月	9:00	22:00	1:00	12:00		4:00			
20XX年4月2日	火	9:00	18:24	1:00	8:24		0:24			
20XX年4月3日	水								欠勤	
20XX年4月4日	木	9:00	19:17	1:00	9:17		1:17			
20XX年4月5日	金	9:00	18:00	1:00	8:00					
20XX年4月6日	土								公休	
20XX年4月7日	日								公休	
20XX年4月8日	月	9:00	18:15	1:00	8:15		0:15			
20XX年4月9日	火	9:00	18:00	1:00	8:00					
20XX年4月10日	水								有給	
20XX年4月11日	木	9:00	18:00	1:00	8:00					
20XX年4月12日	金	9:00	18:05	1:00	8:05		0:05			
20XX年4月13日	土								公休	
20XX年4月14日	日								公休	
20XX年4月15日	月	9:00	18:00	1:00	8:00					
20XX年4月16日	火	9:00	18:00	1:00	8:00					
20XX年4月17日	水	9:00	18:39	1:00	8:39		0:39			
20XX年4月18日	木	9:00	18:00	1:00	8:00					
20XX年4月19日	金	9:00	18:00	1:00	8:00					
20XX年4月20日	土								公休	
20XX年4月21日	日								公休	
20XX年4月22日	月	9:00	20:12	1:00	10:12		2:12			
20XX年4月23日	火	9:00	21:22	1:00	11:22		3:22			
20XX年4月24日	水	9:00	18:00	1:00	8:00					
20XX年4月25日	木	10:00	18:00	1:00	7:00	1:00			遅刻	
20XX年4月26日	金	9:00	22:36	1:00	12:36		4:36	0:36		
20XX年4月27日	土								公休	
20XX年4月28日	日								公休	
20XX年4月29日	月								公休	
20XX年4月30日	火								公休	
合計		18			159:50	1:00	16:50	0:36		
					総労働時間	遅刻早退時間	残業時間	深夜労働時間		

有給休暇の取得日を確認。

遅刻や早退などの時間があれば確認。

22時以降の深夜勤務があれば確認。

日々の時間計算の確認後、各項目の月合計の計算を実施し確認。

● 勤怠管理の4つの方法

社員の労働時間を管理する方法としては主に以下の4つがあります。

手書き出勤簿

最もお金や機器がかからない方法ですが、何といっても労働時間や日数の集計といった事務作業に手間がかかります。そのため、端末の購入費や管理費は発生しないものの、勤怠集計担当者の毎月の人件費としてのコスト増加や、計算ミスのリスクがあります。また、手書きという性質上なりすましや記録の改ざんも簡単に行うことができてしまう面もあります。

タイムカード（タイムレコーダー）

昔ながらのタイムカードによる管理方法です。利用するタイムレコーダーの種類によって、日数や労働時間の集計機能の有無やパソコンへの接続が可能になるものもあります。タイムレコーダーの性能によっては集計も自動ででき、かつ、客観的な労働時間の記録となるため便利ですが営業所など拠点が多い会社では、場所ごとにレコーダーを設置する必要があることと、パソコン接続がない場合、タイムカードを管理者が回収する手間が発生します。

エクセル

手書き出勤簿同様に、導入に際して特に費用が発生しないため小規模企業で好まれる方法です。自社に合わせた項目を自社で簡単にカスタマイズすることができる利点や労働時間など自動集計する計算式を設定することで労働時間管理の手間も軽減できます。一方、手書き出勤簿同様になりすましや記録の改ざんも簡単に行うことができてしまう面もあります。

勤怠管理システム

クラウド型でのシステムが普及し始めたことで、費用が安価となり中小企業にも勤怠管理システムは導入がしやすくなっています。クラウド型のシステムはインターネット上のサーバーで勤怠データを管理するサービスのため、インターネットに繋がってさえいれば、遠隔地の各社員の勤怠情報をリアルタイムで管理することができます。システムの機能にもよりますが、年次有給休暇の日数管理機能なども付加されているものも多く、法改正対応もしやすい管理手法となります。

業務の流れをつかもう

Section

06 | 欠勤・遅刻・早退がある 場合の対応法

控除の有無や控除の計算方法も
会社によって違うんだ。

欠勤・遅刻・早退がある場合の対応法

● 遅刻・早退の処理に関するチェックリスト

	チェック項目	確認
事前確認	**遅刻・早退控除の対象者は誰か** 管理監督者、フレックスタイムなどに注意	
事前確認	**遅刻・早退控除の計算式の確認** 対象となる月給の内容（諸手当を含むか）、月給を割るときの1か月の時間数	
事前確認	**皆勤手当の支給要件の確認（皆勤手当がある会社のみ）** 遅刻・早退が皆勤手当の支給に影響するか	
計算時確認	**始業時刻よりも遅い時刻に出勤、終業時刻よりも早い時刻に退勤した日がないか** 出勤簿を確認	
計算時確認	**遅刻・早退した日の有給休暇の申請の確認漏れ・記載漏れがないか**	
計算時確認	**電車遅延や天災事変などの理由で遅刻・早退を控除の対象外とする規定があるか**	
計算時確認	**給与計算ソフトを使ったときに遅刻・早退控除の計算額は規定通りか**	

● 欠勤の処理に関するチェックリスト

	チェック項目	確認
事前に確認	**欠勤控除の対象者は誰か** 管理監督者、年俸制、フレックスタイムなどに注意	
事前に確認	**欠勤控除の計算式：** 対象となる月給の内容（諸手当を含むか）、月給を割るときの1か月の日数	
事前に確認	**皆勤手当の支給要件の確認（皆勤手当がある会社のみ）** 欠勤が皆勤手当の支給に影響するか	
計算時確認	**所定労働日にもかかわらず休んでいないか** 出勤簿を確認	
計算時確認	**休んだ日が振替休日になっていないか** 振替休日は欠勤にあたらない	
計算時確認	**給与計算ソフトを使ったときに欠勤控除の計算額は規定通りか**	

欠勤・遅刻・早退発生時の対応法の概要

☑ **対象者**　　　月給制、日給制の社員

☑ **用意する書類**　出勤簿（タイムシート）、有給休暇管理表、
　　　　　　　　就業規則（給与規程を含む）雇用契約書など

☑ **作成する書類**　給与明細書

欠勤・遅刻・早退控除の対象者を確認しておく

　勤怠の集計・確認をして欠勤や遅刻・早退が発生しているときには、その社員が控除の対象者かを確認し、控除対象であれば欠勤・遅刻・早退控除の計算を行います。

　労働契約には、ノーワーク・ノーペイ（→P.36）の基本原則はあるものの、管理監督者や年俸制の社員に対しては欠勤控除や遅刻早退控除をしないと定めている会社や、遅刻・早退控除は対象外の社員でも1日まるまる欠勤で休んだときに欠勤控除をする会社もあるため、ルールを就業規則で確認します。

欠勤日に振替休日や有給休暇の届けが出ていないかを確認する

　控除の対象者でも、振替休日や有給休暇の対象日であれば、控除の対象にはなりません。本人から出された振替休日や有給休暇の申請書が給与計算担当者に伝わっていないこともあるため、社内での情報伝達や共有に漏れがないように確認しておきます。

　控除対象者は、就業規則で定めた控除の計算式に基づき、控除額が計算されているかを確認します。

　最後に、皆勤手当が支給される会社では、欠勤や遅刻・早退が皆勤手当の不支給要件に該当しているかどうかを確認し、当月の皆勤手当の支給の有無を決定します。皆勤手当についても、支給要件は就業規則で確認します。

Section 06 -1 | 欠勤の取り扱い

ここだけ Check!

- ✔ 欠勤控除の計算方法は法律上のルールがなく、会社が自由に決められる。
- ✔ 欠勤控除のポイントは分子の月給額の内容と分母の1か月の日数。
- ✔ 欠勤控除単価の計算式の月給額の内容は会社が自由に決められる。

就業規則で欠勤控除の計算式を
確認しておこう。

欠勤控除単価を計算する際の1か月の日数の取り扱いについて

欠勤控除の計算方法には、特に法律上のルールがなく、就業規則に定めることでルールに基づいた控除が可能となります。通常は、**欠勤控除の1日あたりの単価を計算し、1日欠勤するごとに単価で控除**します。

欠勤控除単価を計算する際のポイントは分子の計算対象となる月給額の内容と分母の1か月の日数です。1か月の日数には、1か月平均の所定労働日数、その月の所定労働日数、その月の暦日数の3つがあります。一般的には、月によって欠勤控除単価が変動しない1か月平均の所定労働日数を利用しますが、欠勤日数によっては120ページのような矛盾を生じることもあるため注意が必要です。矛盾を生じた場合には、日割り計算をすることで矛盾を解消できますが、就業規則に規程がない場合は上司に取り扱いを確認します。

なお、欠勤控除の1円未満の端数処理は、切り捨てとします。これは、控除額を切り上げてしまうと、欠勤していない時間分まで控除することになり、ノーワーク・ノーペイの原則から外れてしまうためです。

対象となる月給に諸手当を含めるか

欠勤控除単価の計算式の分子となる月給額には基本給だけでも、諸手当を含めても構いません。当然基本給だけの方が控除される1日単価は低くなり社員に有利となります。逆に諸手当を含めれば含めるほど1日単価は高くなります。

● 欠勤控除の計算方法

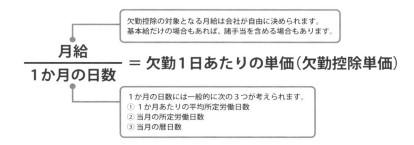

欠勤控除の対象となる月給は会社が自由に決められます。
基本給だけの場合もあれば、諸手当を含める場合もあります。

$$\frac{月給}{1か月の日数} = 欠勤1日あたりの単価（欠勤控除単価）$$

1か月の日数には一般的に次の3つが考えられます。
① 1か月あたりの平均所定労働日数
② 当月の所定労働日数
③ 当月の暦日数

● 1か月の日数のそれぞれの方法による違い・特徴

① 1か月あたりの平均所定労働日数

- 割増賃金の計算同様に1か月あたりの平均所定労働日数を用いる方法で最も一般的な計算法。1日欠勤した場合の単価が月によって変わらず一定となるため公平性もあります。
- デメリットとしては、平均値を利用しているため、当月所定労働日数によっては矛盾を生じるケースがある。

②当月の所定労働日数

- その月に応じた所定労働日数となり、月によって1日欠勤した場合の単価が変動するため、欠勤控除額の計算には注意を要します。
- 平均値ではなく実際のその月の所定労働日数を利用するため、矛盾は生じない。

③当月の暦日数

- ②同様にその月に応じた所定労働日数となり、月によって1日欠勤した場合の単価が変動するため、欠勤控除額の計算には注意を要します。
- 平均値ではなく実際のその月の暦日数を利用するため、矛盾は生じない。
- 土日を含めて計算するため、1日の欠勤控除単価が①や②よりも少なくなる。

1か月の日数の3種類での計算例

【条件】1か月の平均所定労働日数20日、当月の所定労働日数18日、
　　　　当月の暦日数30日、欠勤控除の対象月給額が28万円、1日欠勤した場合の欠勤控除額

① 1か月当たりの平均所定労働日数を利用する場合
　280,000円÷20日＝14,000円

② 当月の所定労働日数を利用する場合
　280,000円÷18日＝15,555円（1円未満切り捨て処理）

③ 当月の暦日数を利用する場合
　280,000円÷30日＝9,333円（1円未満切り捨て処理）

1か月あたりの平均所定労働日数を用いる際に矛盾を生じるケース①
全休しているにも関わらず給与が発生してしまう事例

【条件】1か月の平均所定労働日数20日、当月の所定労働日数18日、
　　　　当月欠勤日数18日（全日欠勤）、欠勤控除の対象月給額が28万円

280,000円÷20日＝14,000円……**欠勤控除単価**
14,000円×18日欠勤＝252,000円……**欠勤控除額**
280,000円-252,000円＝28,000円……**当月支給額**
※出勤日が1日もないのに、給与が発生。

1か月あたりの平均所定労働日数を用いる際に矛盾を生じるケース②
出勤しているにも関わらず給与がゼロになってしまう事例

【条件】1か月の平均所定労働日数20日、当月の所定労働日数22日、
　　　　当月欠勤日数20日（2日出勤）、欠勤控除の対象月給額が28万円

280,000円÷20日＝14,000円……**欠勤控除単価**
14,000円×20日欠勤＝280,000円……**欠勤控除額**
280,000円-280,000円＝0円……**当月支給額**
※2日出勤しているにも関わらず、給与がゼロになる。

矛盾を解消する方法
欠勤日数が一定以上の場合は、出勤日に応じた日割り計算を行う。
例）月給額÷1か月の平均所定労働日数×当月の出勤日数

【条件】上記矛盾を生じる例の2つ目と同じ条件
　　　　1か月の平均所定労働日数20日、当月の所定労働日数22日、
　　　　当月欠勤日数20日（2日出勤）、対象月給額が28万円

280,000円÷20日×2日出勤＝28,000円……**当月支給額**
※2日出勤した分が支給され矛盾が解消される。

欠勤の取り扱い

—— **Column** ——

労働時間の把握は事業主の義務

　以前からも厚生労働省のガイドラインにおいて、事業主には労働時間を把握することが定められていましたが、2019年4月1日から労働安全衛生法に労働時間の状況の把握義務が明記されました。

　使用者（会社）は、社員の労働日ごとの始業・終業時刻を確認し、適正に記録することが求められます。その方法として原則は使用者が、自らその場にいて確認するか、またはタイムカード、ICカード、パソコンの使用時間の記録により確認することが必要です。

　なお、やむを得ない場合は自己申告制で労働時間を把握することも認められます。

これも働き方改革の一環なのです。

Section 06 -2 遅刻早退の取り扱い

ここだけ
Check!

- ☑ 遅刻早退控除も欠勤同様のノーワーク・ノーペイに基づく不就労控除。
- ☑ 一般的には、割増賃金の計算と同じ1か月の平均所定労働時間を使う。
- ☑ 懲戒処分としての減給制裁と遅刻早退控除は違う。

遅刻や早退した分の給与を控除することは
認められているんだ。

1か月平均所定労働時間を使うのが一般的

遅刻早退控除も基本的な考え方は欠勤控除と同様です。**1時間あたりの遅刻早退控除単価を計算し、遅刻早退時間を掛けて算出された額を控除**します。

1か月の労働時間数は一般的には、割増賃金の計算と同じ1か月平均所定労働時間を利用しますが、当月の所定労働時間でも問題ありません。1か月平均所定労働時間を利用する場合は月による控除単価が一定ですが、当月の所定労働時間を利用する場合は月によって控除単価が変わることになります。就業規則の内容を確認します。また、遅刻早退控除も欠勤控除同様に1円未満の端数処理は、切り捨てとします。

懲戒処分としての減給と遅刻早退控除は違う

遅刻早退控除と間違いやすいのが、懲戒処分の一種である減給制裁です。減給は、労働基準法第91条で「1回の額が平均賃金の1日分の半額を超え、総額が賃金支払期における賃金の総額10分の1を超えてはならない」というルールがあります。ノーワーク・ノーペイでの遅刻早退控除を行う場合には、遅刻した時間分以上の控除を行うことはできません。一方、懲戒処分として減給を行う場合は、上記の基準を超えない限りにおいて、遅刻が例えば10分であったとしても10分に相当する賃金額以上の控除を行うことも可能です。なお、減給の制裁は就業規則の定めがなければ認められません。

● 遅刻早退控除の計算方法

遅刻早退控除の対象となる月給は会社が自由に決められます。基本給だけの場合もあれば、諸手当を含める場合もあります。

$$\frac{月給}{1か月労働時間数} = \frac{遅刻早退1時間あたりの単価}{(遅刻早退控除単価)}$$

1か月の労働時間数には一般的に次の2つが考えられます。
① 1か月平均所定労働時間
② 当月の所定労働時間

計算例

【条件】1か月平均所定労働時間160時間、当月の所定労働時間144時間、遅刻早退控除の対象月給額が28万円、当月の遅刻時間1時間30分

① **1か月平均所定労働時間を利用する場合**
280,000円÷160時間＝1,750円……**遅刻早退控除単価**
1,750円×1.5時間＝2,625円……**遅刻早退控除額**

② **当月の所定労働時間を利用する場合**
280,000円÷144時間＝1,944円（1円未満切り捨て処理）
……**遅刻早退控除単価**
1,944円×1.5時間＝2,916円……**遅刻早退控除額**

遅刻早退控除

- ノーワーク・ノーペイの原則に基づき、働いていない時間分の賃金を控除することです。
- 遅刻早退控除額の計算方法は就業規則の定めに従います。

ルールをしっかりと
就業規則で確認しておこう。

Section 06 -3 | 皆勤手当の取り扱い

ここだけ Check!
- ☑ 皆勤手当の支給要件は会社が就業規則で定めることができる。
- ☑ 皆勤手当の支給要件は一般的には無欠勤、かつ遅刻早退は一定回数以下。
- ☑ 有給休暇を取得した日は欠勤にはならないため、皆勤手当の支給対象。

皆勤手当の支給がある会社は
欠勤や遅刻のチェックが重要なのだ。

皆勤手当の支給要件は会社が就業規則で定めることができる

皆勤手当は所定労働日の皆勤を奨励することを目的とした、中小企業でも多く見かける手当です。皆勤手当の法的な定義はなく、会社が就業規則で定めた支給要件にそって支給します。一般的には無欠勤であること、遅刻や早退が一定回数以下であることが支給要件になってくるため、当月に欠勤や遅刻があれば、皆勤手当を支給するかどうかを給与計算担当者は確認し、計算に反映する必要があります。

支給要件に該当を判断する際に、遅刻早退の理由が交通機関の遅延や天災事変の取り扱いは会社の定めによります。また、有給休暇を取得した日は欠勤ではなく出勤扱いになるため、皆勤手当の支給対象となります。

有給休暇以外の休暇の取り扱いに注意する

有給休暇を取得した日は出勤と同様に扱うため、皆勤手当の支給には影響がありません。一方、生理休暇を始めとしたその他の休暇は多くの会社では無給の休暇です。そのため、給与計算では欠勤と同じように取り扱われ、生理休暇を1日取得した場合は1日欠勤した場合と同じ金額が控除されます。この場合の皆勤手当の取り扱いについても、就業規則を確認し給与計算に反映します。皆勤手当は割増賃金の計算の基礎賃金に含まれるため、皆勤手当の支給の有無で割増単価に影響がでることも注意が必要です。

● 皆勤手当の特徴と注意点

支給要件	一般的には当月の給与計算期間の所定労働日において無欠勤であった場合に支給される手当。皆勤手当には法的な定義はなく、支給要件は就業規則で決められているので事前に確認する。
遅刻や早退	無欠勤に加え、遅刻や早退がないこと、もしくは定められた回数以下であることが支給要件になっている場合もある。電車遅延や天災事変による場合は支給対象とする会社もあるので要確認。
有給休暇	有給休暇は出勤同様の扱いとなるため、取得しても基本的に皆勤手当の対象となる。
入社・退社	給与計算期間の途中に入社や退社をした場合に、皆勤手当が支給されるかどうかは会社の規定による。

精勤手当、精皆勤手当という名称のときもあるけど意味合いは皆勤手当と同じなのだ。

● 皆勤手当と欠勤・休暇の関係

欠勤	労働義務がある日（所定労働日）に労働者の一方的な都合によって生じる休み。一般的には欠勤した場合は皆勤手当は支給されない。
休暇	休暇は、労働者からの申請により、労働義務がある日にその義務を免除する日。有給休暇は出勤したのと同様の扱いで皆勤手当の支給対象。生理休暇などの有給休暇以外の無給の休暇の取得は、会社の規定で皆勤手当を支給する／しないを決定（欠勤同様に扱い、皆勤手当を不支給としても、ただちに違法ではない）。

有給休暇は出勤日として扱うため皆勤手当の支給対象なのだ

Section 07 | 残業時間がある場合の対応法

所定労働時間が1日8時間未満の場合は
法定内残業に注意するのだ。

● 残業代の処理に関するチェックリスト

	チェック項目	確認
事前確認	会社の所定労働時間と法定労働時間との差	
	法定内時間外労働の賃金には割増率が定められているか 　割増をせずに時間単価の1.0倍で計算する	
	時間外労働、深夜労働、法定休日労働の割増率	
	月60時間を超える時間外労働の割増率	
	割増単価を計算するための月給額の内容	
	割増単価を計算するための1か月平均所定労働時間	
勤怠集計時確認	所定時間外労働の時間数を集計・確認したか 　法定時間外労働がある場合は注意する	
	22時〜5時の深夜勤務の時間数を集計・確認したか	
	法定休日労働の時間数を集計・確認したか	
計算時確認	基本給をはじめ割増単価に影響のある賃金改定がないか	
	割増対象賃金を1か月平均所定労働時間で割った時間単価	
	時間単価に割増率を掛けた割増単価にそれぞれの時間数を掛けて割増賃金額を計算したか	

残業時間がある場合の対応法の概要

☑ **対象者**　月給制、日給制の社員

☑ **用意する書類**　出勤簿（タイムシート）、有給休暇管理表、
就業規則（給与規程を含む）雇用契約書など

☑ **作成する書類**　給与明細書

所定労働時間を超えた労働が残業

　所定労働時間を超える労働を時間外労働（残業）といいますが、時間外労働が発生した場合は、時間外労働に対応する賃金を通常の賃金に加算して支給します。労働基準法には、1日8時間、1週40時間という法定労働時間の限度が定められており、この時間を超えて労働させた場合は割増賃金の支払いが必要になります。

　会社で定められている所定労働時間は、法定労働時間よりも少ない場合もあります。このような会社では、所定労働時間を超えてはいるものの法定労働時間を超えない時間外労働が発生します。この法定内の時間外労働には割増賃金の支払義務はありません。

時間外労働は種類により割増率が異なる

　時間外労働には、法定内の時間外労働、法定外の時間外労働、深夜労働、法定休日労働など複数の種類があり、その種類ごとに割増率が定められています。多くの会社では、割増率は法律で定めた基準をそのまま適用していますが、法定基準を上回る基準を定める会社もあるため、就業規則で割増率を確認します。

　時間外労働手当の計算の手順としては、まず当月の勤怠集計を行い、それぞれの区分の勤務時間を集計します。その後、割増単価を計算し、割増単価にそれぞれの時間外労働の時間数を掛けて割増賃金額を計算します。

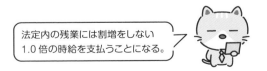

法定内の残業には割増をしない
1.0倍の時給を支払うことになる。

Section 07-1 | 時間外労働時間の集計

 ここだけ Check!

- ☑ 始業から終業までの時間から休憩を控除した時間が会社の所定労働時間。
- ☑ 法定内の時間外労働には割増賃金の支払い義務はない。
- ☑ 深夜割増は 22 時から午前 5 時で 2 割 5 分以上の割増賃金の支払が必要。

> 残業時間の集計は簡単に見えるけど
> 実は複雑なのだ。

法定内時間外労働と法定外時間外労働

労働基準法には、**1日8時間、1週40時間という法定労働時間の限度**が定められています。**この時間を超えて労働させた場合は2割5分以上の率で計算した割増賃金の支払いが必要**になります。就業規則などには始業時刻、終業時刻、休憩時間が定められていますが、始業から終業までの時間から休憩時間を控除した時間が会社の所定労働時間となります。会社の1日の所定労働時間は、右ページの事例②のように法定労働時間である8時間よりも少ない場合があります。このような会社では、終業時刻を超えて働いたときに所定労働時間は超えるものの法定労働時間を超えない時間外労働が発生します。このような時間外労働は**法定内時間外労働**と呼ばれ割増賃金の支払義務はありません。割増賃金の対象になるかは会社が任意に決めるため就業規則を確認します。

22時以降の労働は深夜労働として扱う

時間外労働が長くなり、**22時を超えて勤務をした場合は、その時間は深夜労働**となり、時間外労働に加えて深夜労働に対して割増賃金を支払うことになります。なお、**深夜割増の対象となる時間は22時から翌日の午前5時までで**、深夜労働には2割5分以上の率で計算した割増賃金の支払いが必要になります。

時間外労働の計算を正しく行うための最初のステップが1日ごとの時間外労働や深夜労働の時間を正しく集計することです。1日ごとの集計が正しくできれば、給与計算に使用する月の合計値も正しく集計ができます。

● 時間外労働時間の事例①

- 始業9：00〜終業18：00、休憩12：00〜13：00の1日所定労働時間8時間の会社で出勤9：00、退勤23：00の日の事例

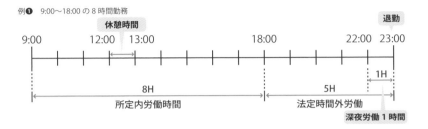

例❶　9:00〜18:00 の 8 時間勤務

1日の労働時間の計算値

- 労働時間：13時間　　・所定内労働8時間　　・法定時間外労働時間：5時間
- 深夜労働：1時間

● 時間外労働時間の事例②

- 始業9：00〜終業17：00、休憩12：00〜13：00の1日所定労働時間7時間の会社で出勤9：00、退勤21：00の日の事例

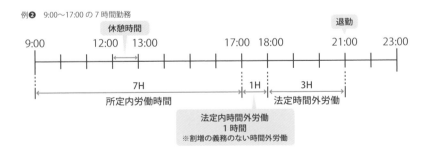

例❷　9:00〜17:00 の 7 時間勤務

1日の労働時間の計算値

- 労働時間：11時間　　・所定内労働7時間　　・**法定内**時間外労働：1時間
- 法定時間外労働時間：3時間

memo ▷ フレックスタイム制など特殊な労働時間制の場合は、時間外労働の集計方法も変わるため注意を要する（→ P.160、P.164、P.168）。

休日労働と振替出勤、代休

Section **07**-2

ここだけ
Check!

- ☑ 法定休日は労働基準法にて規定される週に1日または4週に4回の休日。
- ☑ 法定休日は、就業規則で指定しても指定しなくてもどちらでもよい。
- ☑ 振替休日および代休はどちらも就業規則の規定が必要になる。

> 法定休日と法定外休日は似ているようでも
> 処理は結構違う。

所定休日には法定休日と法定外休日がある

　休日労働の割増賃金計算でまず理解しておくべきポイントが法定休日と法定外休日の違いです。**法定休日は労働基準法にて規定される週に1日または4週に4回の休日、法定外休日は文字通り法定休日以外の休日**です。一般的に就業規則などで決められた週の休日（所定休日、→P.106）は2日なので、2日のうち1日が法定休日で、もう1日が法定外休日となります。

　法定休日は、就業規則で日曜日などと曜日を指定するほかに、定めを設けないこともできます。法定休日の定めがない会社で、土日が休日の場合は、土日のどちらか一方で休日が確保されていればその日が法定休日となります。よって、休日に労働をしても割増率が25％の場合と35％の場合があります。

振替休日と代休の違いのポイントは事前の休日指定の有無

　押さえておきたいもう1つのポイントは振替休日と代休の違いで、多くの給与計算で間違いが起こりやすい部分です。

　振替休日は休日労働をする前に振り替える休日を指定します。**代休は休日労働をした後に、代償措置として休暇を与える日を決めます**。代休は、休日労働後に休みを検討できるメリットはありますが、休日労働に対して割増賃金を支払う必要があります。なお、振替休日でも、週をまたいだ休日の振替には割増賃金が発生します。振替休日および代休はどちらも就業規則の規定が必要になるため内容を確認します。

● 法定休日と法定外休日の扱いの違い

・土日が所定休日、日曜が法定休日の会社
・割増率は時間外労働25%、法定休日労働35%とする

①日曜日と土曜日ともに休日出勤した場合

日曜	月曜	火曜	水曜	木曜	金曜	土曜
法定休日	労働日	労働日	労働日	労働日	労働日	所定休日
法定休日労働 6時間	出勤 8時間	出勤 8時間	出勤 8時間	出勤 8時間	出勤 8時間	時間外労働 5時間

35% 割増　　　　　　　　　　　　　　　　　　　　25% 割増

②土曜のみに休日出勤した場合

日曜	月曜	火曜	水曜	木曜	金曜	土曜
法定休日	労働日	労働日	労働日	労働日	労働日	所定休日
休み	出勤 8時間	出勤 8時間	出勤 8時間	出勤 8時間	出勤 8時間	時間外労働 8時間

25% 割増

● 振替休日と代休の違い

振替休日	あらかじめ休日と定められていた日を労働日とし、そのかわりに他の労働日を休日とするもの。 【実施要件】 ・就業規則での規定が必要 ・休日労働実施前に、事前に振替休日を指定することが必要 【割増賃金】 ・振替が同一週であれば割増賃金は発生しない
代休	休日労働が行われた場合に、その代償として以後の特定の労働日に事後的に休暇を付与するもの。代休を付与した日の賃金は無給でも可。会社が任意で決めることができる。 【実施要件】 ・就業規則での規定が必要 ・休日労働の実施後に代休付与日を指定する 【割増賃金】 ・割増分25%または35%の賃金の支払い義務が生じる ・事後に休暇を付与しているため、休日労働分の割増賃金を支払う必要がある

代休取得の場合は、割増賃金の支払い漏れが起こりやすいため注意します。

●所定休日に労働が発生した場合の3つの取り扱い方法

土日が休日、法定休日は定めていない、曜日の始まりは日曜とする。

①所定休日労働

日曜	月曜	火曜	水曜	木曜	金曜	土曜	
所定休日	労働日	労働日	労働日	労働日	労働日	所定休日	週労働時間
休み	出勤 8時間	出勤 8時間	出勤 8時間	出勤 8時間	出勤 8時間	所定休日労働 8時間	48時間

3つのパターンで最も単純で、所定休日である土曜日に労働した8時間をすべて割増率1.25倍の時間外労働として取り扱い、割増賃金を支払うことになります。

②-1 振替休日：同一週での振替

事前に休日(土曜)と労働日(水曜)を振替

日曜	月曜	火曜	水曜	木曜	金曜	土曜	
所定休日	労働日	労働日	振替休日	労働日	労働日	労働日	週労働時間
休み	出勤 8時間	出勤 8時間	休み	出勤 8時間	出勤 8時間	出勤 8時間	40時間

事前に土曜日の休日と同じ週の水曜日の労働日を入れ替えているため、土曜日に勤務した8時間は平日と同様に取り扱い、割増賃金は発生しません（土曜日に8時間を超える労働が発生した場合は、通常の勤務日同様に超過した時間は時間外労働となります）。

②-2 振替休日：週をまたぐ振替

日曜	月曜	火曜	水曜	木曜	金曜	土曜	
所定休日	労働日	労働日	労働日	労働日	労働日	労働日	週労働時間
休み	出勤 8時間	出勤 8時間	出勤 8時間	出勤 8時間	出勤 8時間	出勤 8時間	48時間

事前に休日(土曜)と労働日(水曜)を振替

【翌週】

日曜	月曜	火曜	水曜	木曜	金曜	土曜	
所定休日	労働日	労働日	振替休日	労働日	労働日	労働日	週労働時間
休み	出勤 8時間	出勤 8時間	休み	出勤 8時間	出勤 8時間	休み	32時間

　②-1と違い、振替休日が週をまたぐ場合は、休日労働をした週の労働時間が週の法定労働時間（40時間）を超えてしまいます。そのため、土曜日の8時間分が時間外労働となり、125％分の賃金支払い義務が生じます。

　なお、翌週の水曜へ休日を振り替えた分は、100％部分を1日分マイナスすることができます。結果として125％ -100％＝25％となり、時間外労働の割増25％分を支払う必要があります。

③代休

一旦休日労働が発生　　　　　　　　休日労働の発生後、事後に休みを付与

日曜	月曜	火曜	水曜	木曜	金曜	土曜	
所定休日	労働日	労働日	労働日	代休日 [休暇]	労働日	所定休日	
所定休日労働 8時間	出勤 8時間	出勤 8時間	出勤 8時間	休み	出勤 8時間	休み	週労働時間 40時間

　代休は休日労働をしたあとに、事後的に代償措置として労働義務を免除する休暇を付与するものです。よって、日曜日の8時間分は当然に時間外労働としてカウントされます（法定休日でなければ125％の賃金支払義務）。

　一方、木曜に付与した代休1日分は賃金控除が可能なので、100％部分を1日マイナスすることになり、結果として125％ -100％＝25％となり、② -2同様に時間外労働の割増25％分を支払うことになります。

> 同じ振替休日でも、
> 振替時期によって
> 支払賃金が異なってくるので
> 注意なのだ。

Section 07 -3 | 月給者の時間単価の計算

ここだけ
Check!

✓ 一律固定額の家族手当や住宅手当は割増賃金の基礎から除外できない。

✓ 年間休日数には夏季休暇や年末年始休暇、年次有給休暇は含まれない。

✓ 1か月の平均所定労働時間の端数は切り上げることはできない。

「手当がどこまで基礎賃金に入るか」、それが問題だ。

割増賃金の基礎となる賃金を理解する

割増賃金の時間単価を正しく計算するためには、計算の基礎となる賃金の範囲、除外できる手当の内容を理解する必要があります。

これらの基礎賃金からは、家族手当、通勤手当、住宅手当などが除外できますが、注意しなければならないのは家族手当や住宅手当という名称でもすべてが除外できるわけではないことです。あくまでも個人的事情に基づいて算定される手当である必要があり、例えば社員全員に一律固定額を支給するような手当は名称が家族手当、住宅手当であっても除外できません。住宅手当は、家族手当や通勤手当に比べ一律で支給する会社もあるため、支給方法によって割増賃金の基礎賃金に含めるか除外するかを判断し計算をします。

月給者の時給単価を計算するときの端数処理

月給者の時給単価の計算式は右ページ上図のとおり、割増賃金の基礎賃金となる月給を1か月平均所定労働時間で割って求めます。この計算で使用する1か月平均所定労働時間の1時間未満の端数は切り上げることはできず、切り捨てもしくはそのまま使用し計算します。

また、1時間あたりの基礎賃金額を計算する際に円未満の端数が生じた場合は、50銭未満の端数を切り捨て、50銭以上1円未満の端数を1円に切り上げる四捨五入処理か、もしくは切り上げることは認められていますが切り捨てはできません。

● 月給者の時給単価の計算式

月給÷1か月平均所定労働時間
＝1時間あたりの基礎賃金（時給単価）

「1か月平均所定労働時間」の計算方法は P.109 参照。

（時給単価の計算例）
・基本給が 220,000 円、役職手当が 30,000 円、1 か月平均所定労働時間が 160 時間の場合
　250,000 円÷ 160 時間＝ 1,563 円（小数点以下四捨五入）

● 月給から除外できる手当

　上記の計算式で使う月給の金額には、基本給以外の諸手当を含みますが、以下の
手当は除外できます（例外は「特に判断を間違いやすい手当」を参照）。

①家族手当　　　⑤住宅手当

②通勤手当　　　⑥臨時に支払われる手当

③別居手当　　　⑦1か月を超える期間ごとに支払われる手当

④子女教育手当

● 特に判断を間違いやすい諸手当

住宅手当	【除外できる】	・賃借や購入・管理などの費用に応じて算定されるもの。 ・賃貸居住者の家賃の一定割合、持家居住者のローン月額の一定割合を支給するもの。
	【除外できない】	・社員全員に一律で定額で支給するものや賃貸住宅居住者に2万円、持家居住者に1万円といった住宅の形態ごとに定額で支給するもの。
家族手当	【除外できる】	・扶養家族の人数に応じて計算されるもの。
	【除外できない】	・扶養家族の有無や扶養家族の人数に関係なく一律に支給するもの。
通勤手当	【除外できる】	・一般的な交通機関の定期代など、通勤距離や実際に通勤に要する費用に応じて計算される手当。
	【除外できない】	・実際の通勤距離や通勤費用に関わらず、1日あたりの定額、1か月あたりの定額を社員全員に一律で支給するようなもの。

memo ＞ 毎月の勤務実績により支給される皆勤手当や精皆勤手当は割増賃金の計算基礎から除外することができない。

●月給者の時給単価の計算例

①割増賃金の基礎賃金の計算

給与の内訳は以下の通りとする。

基本給	270,000
役職手当	10,000
家族手当	10,000
住宅手当	20,000
通勤手当	18,450
支給合計	328,450

※家族手当は扶養人数に応じて支給
※住宅手当は社員に一律同額を支給

割増賃金の基礎賃金から除外となる諸手当は上記の事例では家族手当と通勤手当が該当するため、支給合計より控除する（→P.135）。

328,450 － 10,000 － 18,450 ＝ 300,000円……割増賃金の基礎賃金額

②1か月平均所定労働時間の計算

・休日は土日祝日、その他会社指定日を合わせ年間で125日とする。
・閏年ではなく年間の暦日数は365日とする。
・1日の所定労働時間は8時間とする。

365日 － 125日 ＝ 240日……年間総労働日数
240日 ÷ 12か月 × 8時間 ＝ 160時間…… 1か月平均所定労働時間

③割増賃金の時間単価の計算

300,000円 ÷ 160時間 ＝ 1,875円……割増賃金の時間単価

─── **Column** ───

減給制裁

　減給の制裁は懲戒処分の１つです。就業規則などに減給制裁の規程を定めることで実行することが可能です。逆にいえば就業規則などに定めがなければ減給処分はできません。

　減給の制裁では、１回の金額が平均賃金の１日分の半額、総額が１賃金支払期の10分の１を超えてはいけません。この基準を超える減給の制裁は認められません。

　減給限度額 ＝ 平均賃金 × 1／2

　３回遅刻をしたら半日分の給与を減給するというルールは減給制裁としては認められます。

減給制裁の注意点

① 遅刻で減給の制裁（懲戒処分）を行うためには、就業規則に遅刻が減給処分事由に該当する規定があることが必要です。

② １回の問題行動（遅刻）に対して懲戒処分として減給を行えるのは１回だけになります。

③ 減給処分が処分理由となる問題行動（遅刻）の内容と比較して重すぎる場合は、不当な懲戒処分として法律上無効になる可能性があります。

Section
07
-4

割増賃金の計算

ここだけ
Check!

- ✓ 割増賃金は時間外労働、深夜労働、休日労働の区分ごとに計算を行う。
- ✓ 深夜労働は時間単価に 0.25 を掛けたあと深夜労働時間を掛けて計算する。
- ✓ 割増賃金の端数処理は四捨五入および切り上げ処理は認められる。

深夜労働は他の割増賃金と
セットになるから注意が必要なんだ。

時間外労働、深夜労働、法定休日労働をそれぞれ計算

　時間外労働は通常の時間外労働、深夜労働、法定休日労働に区分されており、割増賃金の計算はそれぞれの区分ごとに計算を行います。計算方法は、割増賃金の時間単価にそれぞれの割増率を掛けて割増単価を算出し、それに労働時間数を掛けて計算します。**時間外労働は時間単価に1.25を掛けたあと、時間外労働時間数を掛けて計算**します。**法定休日労働は時間単価に1.35を掛けたあと、法定休日労働時間数を掛けて計算**します。**深夜労働は、所定内の賃金や時間外手当にさらにプラスして支払われます。** 時間単価に乗じる割増率は1.25ではなく0.25を掛けたあと、深夜労働時間数を掛けて計算します。

割増区分が複合すると割増賃金も加算される

　時間外労働や法定休日労働に深夜労働が重なると、割増賃金も重なることになります。この際、時間外労働と深夜労働を1.25と0.25でそれぞれわけて計算する方法と合算して深夜残業として1.5で計算する方法がありますが、どちらの方法も認められています。また、法定休日労働には時間外労働の概念がないため、法定休日に8時間を超えて働いても時間外労働と法定休日労働の割増率が加算されることはなく、割増率は35%のままとなります。なお、法定休日労働が深夜に及んだ場合には、法定休日労働の割増率35%に深夜労働の25%の割増が加算されることになります。割増賃金の端数処理は四捨五入および切り上げ処理は認められますが、切り捨ては認められません。

● 月給者の割増賃金の計算の手順

① 年間休日数から1か月平均所定労働時間を算出する（→P.109）

② 割増賃金の基礎賃金額を算出する（割増基礎賃金から除外される手当を差し引く）

③ 1時間あたりの基礎賃金（時給単価）算出する

④ 時給単価に割増率を乗じて割増賃金単価を算出する

⑤ 割増賃金単価に、その給与計算期間における時間外労働時間、法定休日労働時間、深夜勤務時間をそれぞれ掛けて割増賃金を算出する

● 割増賃金の割増率

時間外労働	法定労働時間を超えた労働をさせたとき	割増率 25%
時間外労働（月60時間超）	時間外労働が月60時間を超えたとき	割増率 50%
深夜労働	22時から5時までの間に労働させたとき	割増率 25%
法定休日労働	法定休日（週1日）に労働させたとき	割増率 35%

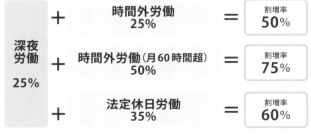

深夜労働 25%	＋ 時間外労働 25%	＝ 割増率 50%	
	＋ 時間外労働（月60時間超） 50%	＝ 割増率 75%	深夜労働と時間外労働、休日労働が重なると、割増率もセットになる
	＋ 法定休日労働 35%	＝ 割増率 60%	

memo ＞ 月60時間超の時間外労働に対する割増率50%は、中小企業は2023年4月1日より適用。

●所定休日に労働が発生した場合の3つの取り扱い方法

基本的な計算式は次の通り。

割増賃金の時間単価×割増率×該当する区分の労働時間数

計算例の条件は次の通り。

● 時間単価　　　1,875円

● 割増率

法定時間外労働	25%
深夜労働	25%
法定休日労働	35%

● 1か月の勤怠集計値

法定時間外労働 ※20時間のうち、5時間が深夜労働	20時間
法定休日労働	8時間

（計算例①）深夜割増を個別に計算する場合
法定時間外労働	1,875円×1.25×20時間＝46,875円
深夜労働	1,875円×0.25×5時間＝2,344円
	（端数切り上げ処理）
法定休日労働	1,875円×1.35×8時間＝20,250円
当月割増賃金合計	46,875円＋2,344円＋20,250円＝**69,469円**

（計算例②）法定時間外労働と深夜労働を合わせて計算する場合
法定時間外労働	1,875円×1.25×15時間＝35,157円
	（端数切り上げ処理）
深夜労働	1,875円×1.5×5時間＝14,063円
	（端数切り上げ処理）
法定休日労働	1,875円×1.35×8時間＝20,250円
当月割増賃金合計	35,157円＋14,063円＋20,250円＝**69,470円**

①と②では計算方法の違い、端数処理の方法によって1円単位の差は生じますが法的にはどちらの計算方法でも問題ありません。

memo　記載の割増率は法定基準となる最低値であり、これ以上の率で支給することで法定基準を満たすことになる。

歩合給制の割増賃金計算方法

給与が歩合給制の場合は、通常の固定給の割増賃金の計算方法とは異なり、歩合給の額を総労働時間で割って1時間あたりの賃金を計算します。

（計算例）
- ある月の歩合給の合計が180,000円
- その月に法定時間外労働18時間を含めて180時間労働

180,000円 ÷ 180時間 ＝ 1,000円……**1時間あたりの歩合給**

1,000円 × 0.25 ＝ 250円……**1時間あたりの歩合給の割増賃金**

250円 × 18時間 ＝ 4,500円……**歩合給の割増賃金額**

割増賃金計算の端数処理のルール

1時間あたりの賃金額および割増賃金額に円未満の端数が生じた場合の端数処理は、四捨五入と切り上げは認められますが、切り捨ては社員にとって必ず不利になるので認められません。

四捨五入	切り上げ	切り捨て
○	○	✕

Column

管理監督者、年俸制、歩合給などの取り扱いは要注意

割増賃金の計算では、管理監督者、年俸制、歩合給といった点も注意が必要です。部長やマネージャーといった役職者を管理監督者として扱う場合は、時間外労働と法定休日労働が対象外となり、深夜割増のみが対象となります。

年俸制の場合は、その者が管理監督者などの適用除外者に該当しない限りは、年俸制であっても通常の労働者同様に割増賃金の対象となります。歩合給が支給される場合は、歩合給の額を総労働時間で割って計算するという通常の割増賃金とは違う計算方法になります（上図参照）。

memo ＞ 歩合給の割増賃金計算では、割増率が125%でなく25%になる。

Section 08 | 年次有給休暇を取得した場合の対応法

有給休暇取得のルールは会社によって
違うので就業規則も確認しておこう。

●有給休暇の処理に関するチェックリスト

	チェック項目	確認
勤怠集計	有給休暇の取得日は確認したか	
	取得日の単位は1日、半日、時間単位か	
	社員各自がその月に取得した有給休暇の合計日数、合計時間を集計したか	
給与計算	有給休暇を取得した社員の給与体系（月給者、日給者、時給者）を確認したか	
	月給者の場合、有給休暇を取得した日・時間の控除や加算がないことを確認したか	
	日給者と時給者の場合、有給休暇の取得者の時給単価と1日の所定労働時間を確認したか	
	日給者と時給者の場合、有給休暇を取得した日・時間分の賃金を別途計算し、実出勤日数に応じた賃金に加算して有休手当を支給しているか	
	給与明細書に有給休暇の残日数を表示する場合は、前月の残日数から当月の消化日などを反映し残日数が正しく表示されているか	
有給休暇管理簿の整備	当月の給与計算期間に取得した有給休暇の取得日を記録し、当年の有給休暇取得日数を更新したか	
	当月に新たに有給休暇が付与される者がいないか確認し、該当者がいる場合は残日数を更新したか	
	当年の有給休暇が付与される者がいる場合は、時効によって消滅する分がないかを確認し、残日数を更新したか	

※有給休暇を取得した場合の賃金の取り扱いが、一般的な通常の労働日の賃金である場合を想定

有給休暇の処理は月給制の社員よりも、
時給者のほうが面倒なのだ。

memo > 有給休暇の管理簿には労働者ごとに取得時季、取得日数および基準日を記載することが求められている。

年次有給休暇を取得した場合の対応法の概要

☑ **対象者**　　　雇用形態に関わらずすべての社員

☑ **用意する書類**　出勤簿（タイムシート）、就業規則（給与規程を含む）、
　　　　　　　　　雇用契約書など

☑ **作成する書類**　給与明細書、有給休暇管理簿

社員だけでなく契約社員やアルバイトにも年次有給休暇はある

　年次有給休暇は労働基準法で規定される労働者の権利であり、雇用形態に関わらず契約社員やアルバイトなどであっても所定労働日数に応じた日数が付与されます。

　入社日から6か月以上継続して勤務し、全労働日の8割以上出勤していることが付与の条件となります。8割以上出勤率を確認する際の出勤日とは、所定休日を除く、労働をした日です。所定休日に休日出勤していても、全労働日には含まれないため、出勤日としてカウントはされません。

原則は1日単位だが、会社によっては半日単位もあり

　有給休暇の取得単位は原則としては1日ごとですが、会社によっては取得単位が半日の場合もあります。また、労使協定を結ぶことで時間単位により有給休暇を付与する場合もあります。

　有給休暇を取得した場合の賃金の取り扱いは、①通常の労働日の賃金、②平均賃金、③健康保険法に定める標準報酬日額の3つのうちのいずれかとなります。どの方法で支払うかは、就業規則等で明確にしておく必要があり、その都度支払方法を変更する取り扱いは認められません。

　年10日以上の年次有給休暇が付与される社員には、年5日の年次有給休暇を確実に取得させること、また、年次有給休暇の管理簿を整備しておくことが義務化されました。

> **memo** 　有給休暇取得日の賃金は一般的には通常の労働日の賃金とする会社が多い。平均賃金や健康保険の
> 標準報酬日額を利用する会社は稀。

Section 08 -1 有給休暇取得日の処理① 1日単位の取り扱い

ここだけ Check!

- ✓ 有給休暇取得日の賃金は一般的には「通常の労働日の賃金」を支給する。
- ✓ 日給者の「通常の労働日の賃金」はその日給額。
- ✓ 時給者の「通常の労働日の賃金」は時給額に所定労働時間数を掛けた金額。

賃金の支給方法で有給休暇の計算方法も
変わってくるのだ。

有給休暇取得日には「通常の労働日の賃金」を支給するのが一般的

有給休暇取得日の賃金の計算方法は「通常の労働日の賃金」「平均賃金」「健康保険法に定める標準報酬日額」の3つの方法から選択ができます。最も簡単かつ一般的な方法が**通常の労働日の賃金**を支給する方法です。まず、どの方法を会社が採用しているかを就業規則で確認します。

支給形態で支給する賃金を求める作業が大きく異なる

右ページ下図では、「通常の労働日の賃金」を使った例を解説します（その他の方法についてはP.146を参照）。

月給者は特に簡単で、有給休暇取得日を出勤したものと扱えばよいため、特別に計算をする必要もなく月給額をそのまま支給することで足ります。

日給者は日給額、時給者は時給金額に有給休暇を取得した日の所定労働時間数を掛けた金額をそれぞれ通常の労働日の賃金とします。日給者や時給者の場合は別途計算をして、実出勤日の賃金に有給休暇取得日の賃金を加算して給与を支給します。アルバイトやパートタイマーに多く見られる時給者は、人ごとに1日の所定労働時間が変わる場合も多いため、1日有給休暇を取得した場合にいくらになるのかを把握し、正しい計算をするよう注意が必要です。

なお、日ごとに勤務シフトが変わる場合には、有給休暇を取得した日に働くはずだった労働時間×時給額が支給額となります。そのため、シフト上勤務時間が長い日に有給休暇を取得すればそれだけ賃金は多くなります。

● 有給休暇取得時の賃金の取り扱い方法

通常の労働日の賃金		就業規則などで取り扱い方法を規定する
平均賃金		
健康保険法に定める標準報酬日額		労使協定の締結が必要

標準報酬日額を利用する方法は、例外的な方法で労使協定の締結が必要。また健康保険に加入していないアルバイトやパートタイマーは計算できない欠点もあるのだ。

● 「通常の労働日の賃金」の1日単価

月給制

【1日の支給額】月給額をその月の所定労働日数で割った金額。
➡ 通常の出勤をしたものとして取り扱えばいいため、月給額をそのまま支給

日給制

【1日の支給額】日給額をそのまま。
（計算例）
日給単価が 10,000 円、当月に有給休暇を 2 日取得したケース
➡ 10,000 円 × 2 日＝ 20,000 円……**実出勤日の賃金に加算して支給**

時給制

【1日の支給額】時給金額に有給休暇を取得した日の所定労働時間数を掛けた金額。
（計算例）
時給単価が 1,200 円、1 日の所定労働時間が 5 時間、当月に有給休暇を 2 日取得したケース
➡ 1,200 円 × 5 時間 × 2 日＝ 12,000 円……**実出勤日の賃金に加算して支給**

●平均賃金で計算する場合の有給休暇の１日単価

基本的な計算式は次の通り。

平均賃金＝直前３か月の賃金総額÷直前３か月の暦日数

●「直前３か月」の期間

算定事由の発生した日は含まず、その前日から遡って暦日の３か月。賃金締切日がある場合は、直前の賃金締切日から遡って３か月となります。有給休暇の賃金の計算では、前月以前３か月分となります。

●賃金総額の対象となる賃金

基本給をはじめ、通勤手当を含めた諸手当、歩合給、年次有給休暇の賃金、割増賃金を含みます。ただし、次の賃金は算定対象から除外されます。

① 臨時に支払われた賃金（結婚手当、私傷病手当、退職金など）

② ３か月を超える期間ごとに支払われる賃金（賞与など）

③ 法令または労働協約で定められていない現物給与

> （計算例）
> **直前３か月の賃金総額：** 315,000 円、317,800 円、326,400 円
> **直前３か月の暦日数：** 30 日、31 日、31 日
> 315,000 円＋ 317,800 円＋ 326,400 円＝ 959,200 円
> 959,200 円÷ 92 日＝ 10,426.08…**平均賃金の端数処理は銭の単位まで求め、銭未満の端数は切り捨て。**

実際の支給額は１円未満を四捨五入または切り上げ処理します。上記の計算例では 10,426 円（四捨五入）または 10,427 円（切り上げ）。

memo ＞ 入社３か月未満の労働者の平均賃金を算定しなければならないときは、入社後の期間とその期間中の賃金とで平均賃金を算出する。

● 健康保険法の標準報酬日額で計算する場合の有給休暇の1日単価

基本的な計算式は次の通り。

標準報酬日額＝標準報酬月額÷30

標準報酬月額とは報酬月額の区分（等級）ごとに設定されている金額です。

（計算例）
・標準報酬月額が320,000円の場合
320,000円÷30 ≒ 10,670円……**端数処理は1円の位を四捨五入**

--- Column ---

年次有給休暇の取得状況

　厚生労働省から毎年発表される統計調査資料に就労条件総合調査があります。この調査の令和5年調査結果によると、令和4年の年次有給休暇の取得率は62.1%、年次有給休暇を付与された日数が平均17.6日、そのうち取得した日数が平均10.9日となっています。政府は有給休暇の取得率70%の目標を掲げていますが、現実とはまだ大きな開きがあります。

　こういった状況を踏まえ、働き方改革関連法にて2019年4月から企業に対し、年5日以上の有給休暇の取得義務が義務付けられるようになりました。有給休暇の取得率は会社規模や業種によっても消化率が大きく異なり、有給休暇がとりやすい会社ととりにくい会社があるのも事実です。働き方改革を進める上でも、会社の有給休暇の取得率を上げていくというのは、わかりやすい指標の1つと言えます。

Section 08 -2 | 有給休暇取得日の処理② 半日単位・時間単位の取り扱い

ここだけ Check!

- ✓ 半日単位の有給休暇は、半日の定義・区分を確認しておく。
- ✓ 半休取得時の時間外労働には割増賃金の支給方法に注意する。
- ✓ 時間単位年休は年5日分を時間単位で付与できる。

半休と時間単位有給の取得日に
時間外労働を行うと計算が複雑になるんだ。

半日単位の有給休暇は時間の区分と時間外労働に注意する

　有給休暇は1日単位で取得することが原則ですが、半日単位（半休）で与えることも可能です。**半休を取得した場合は、年次有給休暇は0.5日消化**されます。

　半日単位の有給休暇を運用するには、半日の定義・区分などの運用ルールを把握しておく必要があります。半日の区分は、「午前と午後で区分する」「1日の所定労働時間を前半、後半で2等分する」などの方法があります（右ページ上図参照）。この区分は半休を取得した日の時間外労働の割増賃金の扱いに関わってきます（右ページ下図参照）。

　午前に半休を取得した社員が午後途中から出社し、通常の終業時刻を超えて所定時間外労働が発生したとします。割増賃金は実際の労働時間を基に計算するため、実際の労働時間が8時間を超えない限り、割増賃金を支払う必要はありません。つまり、その日の労働時間が8時間未満の法定内時間外労働の割増率は1.0、8時間を超える時間外労働の割増率は1.25で計算します。

時間単位年休の導入には労使協定が必要

　会社によっては時間単位の有給休暇制度もあります。時間単位年休は労使協定を締結することで、年間最大で5日間分を時間単位で付与することが可能になります。時間単位での有給休暇の賃金の取り扱いは労使協定で定めますが、一般的には所定労働時間労働した場合に支払われる通常の賃金の1時間当たりの額に、取得した時間単位年休の時間数を掛けた額を支給します。

● 半日単位の有給休暇のルールの確認

半休の代表的な定義を同一の条件で比較してみます。

　　条件：始業時刻 10：00、終業時刻 19：00、休憩時間 12：00 ～ 13：00
　　　　　1 日所定労働時間 8 時間

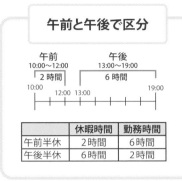

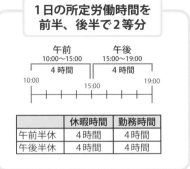

左側はわかりやすいけど、同じ半休でも
午前と午後では休暇時間が大きく異なることがあり
公平性に欠けることがあるのだ。

● 半日有給取得時に時間外労働が発生した場合の計算例

・始業時刻 10：00、終業時刻 19：00、休憩時間 12：00 ～ 13：00、
　1 日所定労働時間が 8 時間
・前半半休は 10：00 ～ 15：00 が半日休暇となり、その日の所定勤務時間は
　15：00 ～ 19：00 だったが 21：00 まで時間外労働を行った

(計算例) 割増賃金の基礎賃金額 300,000 円、1 か月あたりの平均所定
労働時間 160 時間の月給者
　　300,000 円 ÷ 160 時間 ＝ 1,875 円…**割増賃金の時間単価**
　　1,875 円 × 2 時間 ＝ 3,750 円…**上記半休時の時間外労働の加算支給額**

- 時間単位年休を導入するには、使用者と事業場の労働者の過半数を代表する労働組合または労働者の過半数代表者との間で労使協定を結ぶ必要があります。
- 時間単位年休の労使協定では、次の事項を定めることが必要です。

① 対象労働者の範囲
② 時間単位年休の日数（年5日以内）
③ 時間単位年休1日の時間数。1日の年次有給休暇が何時間分の時間単位年休に相当するか。1時間に満たない端数は1時間単位に繰り上げます。
④ 1時間以外の時間を単位とする場合はその時間数。2時間単位、4時間単位等の整数の時間単位にする必要があります。1時間に満たない30分単位などで与えることはできません。

有給休暇取得日の処理②　半日単位・時間単位の取り扱い

時間単位の年次有給休暇に関する協定書

○○株式会社(以下「会社」という。)と○○株式会社従業員代表□□□□は、時間単位の年次有給休暇に関し、次のとおり協定する。

(対象者)

第1条 時間単位の年次有給休暇(以下「時間単位年休」という。)は、すべての従業員を対象とする。

(日数の上限)

第2条 時間単位年休を取得することができる日数は、1年につき5日以内とする。この5日には前年の時間単位年休の繰越し分を含めることとする。

(1日分の年次有給休暇に相当する時間単位年休)

第3条 時間単位年休を取得する場合は、1日の年次有給休暇に相当する時間数は、8時間とする。

(時間単位年休の取得単位)

第4条 時間単位年休を取得する場合は、1時間単位で取得するものとする。

(時間単位年休の取得手続)

第5条 時間単位年休の請求は、遅くとも前労働日の終業時刻までに「時間単位年休取得届」に必要事項を記載して、所属部門長に届け出るものとする。

(時間単位年休に支払われる賃金額)

第6条 時間単位年休に支払われる賃金額は、所定労働時間労働した場合に支払われる通常の賃金の1時間当たりの額に、取得した時間単位年休の時間数を乗じた額とする。

(その他)

第7条 上記以外の事項については、就業規則に定める年次有給休暇に関する規定事項と同様とする。

(協定の効力)

第8条 本協定は、20xx年●●月●●日より効力を発する。

20XX年○○月○○日

○○株式会社　代表取締役　○○○○　㊞

○○株式会社　社員代表　　＊＊＊＊　㊞

Section 09 | 通勤手当の計算・確認方法

通勤手当は非課税限度額の範囲を把握しておくことがキモなのだ。

● 通勤手当の計算・確認方法の流れ

	チェック項目	確認
支給基準の確認	定期代の支給間隔 「毎月」「隔月」「3か月ごと」「6か月ごと」のいずれかを確認する	
	定期代の支給限度額は非課税限度額（月額15万円）か それ以外の金額が定められているときは、上限金額か無制限かを確認する	
	車、バイク、自転車通勤の場合の通勤手当の支給基準	
	（入社者がいるとき）新規入社者の通勤手当支給額 会社で定めた支給限度額を超えているか	
支給額、給与計算時の確認	（定期代が隔月支給のとき）当月に支給するべき対象者がいないか	
	（定期代が毎月支給のとき）当月に支給額が変更する者がいないか	
	（時給者や日給者がいるとき）出勤日数に応じた交通費が支給されているか	
	支給する通勤手当はすべて非課税でよいか 課税対象とするべき通勤手当を確認する	
	（入社員がいるとき）支給額は合っているか 計算期間の中途で入社したときに必要があれば日割り計算や日払いなどの計算を行う	
	（退職者がいるとき）支給額は合っているか 計算期間の中途で退社するときは必要があれば日割り計算や日払いなどの計算を行う。	
	（退職者がいるとき）隔月支給以上で将来の分の定期代を支給済みのとき、定期代の返金処理が必要か	

通勤手当の計算・確認方法

非課税限度額と会社の支給限度額の2つの基準があるので注意

memo ▷ マイカー通勤者にガソリン代として通勤手当を支給する場合、支給額の計算式が定められていることが多いため就業規則で確認する。

通勤手当の計算・確認方法の概要

☑ **対象者** 通勤手当を支給するすべての社員、役員

☑ **用意する書類** 出勤簿（タイムシート）、就業規則（給与規程を含む）、雇用契約書など

☑ **作成する書類** 給与明細書

法律で義務付けられていないが多くの会社で支払われる手当

通勤手当は、法律で支給が義務付けられているわけではありませんが、最も一般的な手当として大半の会社で支給されています。

支給のルールは会社が自由に定めることができますが、交通機関を利用する場合の定期代を支給するのが一般的です。定期代の支給間隔は、毎月1か月分を支給する会社もあれば、3か月や6か月ごとに支給する会社もあります。

通勤が自家用車であることが普通である地域では、車通勤についての通勤手当を通勤距離に応じて支給することもあります。

ポイントは支給限度額と非課税限度額

注意する点は会社ごとに決められた支給限度額と法律で定められた非課税限度額になります。支給限度額は、通勤にかかる実費がその限度額以上であったとしても、限度額までしか支給できないため、計算担当者は支給額に間違いがないように注意します。

非課税限度額は所得税法で定められています。非課税限度額以上の金額を支給する場合は、所得税の課税対象となり、超過分が課税されます。

交通機関の定期代の場合は、非課税限度額は現在月額15万円なので超えることはあまり想定されませんが、車通勤や自転車通勤の場合は、課税対象分を間違って非課税通勤費で支給しないように注意する必要があります。

業務を **くわしく** 知ろう

通勤手当と非課税限度額

ここだけ
Check!

✅ 通勤手当は通勤手段に応じて一定額が非課税になる非課税限度額がある。

✅ 電車やバスなどの交通機関を利用する場合の非課税限度額は月額15万円。

✅ 新幹線の運賃は非課税に含まれるが、グリーン車の料金は含まれない。

通勤手当の非課税限度額と
自社の支給限度額が違う場合は、要注意。

電車やバスの交通機関の非課税限度額は月15万円

通勤手当の計算のポイントは、通勤手段に応じて一定額が源泉所得税の対象外（非課税）になる点です。**通勤手段ごとに決められている非課税限度額の範囲内であれば全額を非課税で支給**します。支給額が非課税限度額を超えるときは、非課税限度額と同額を非課税通勤手当として支給し、非課税限度額を超えた部分を課税通勤手当として支給します。そして課税通勤手当が源泉徴収の対象となります。

電車やバスなどの交通機関の非課税限度額は月額15万円のため、課税対象となる部分が発生するケースはまれですが、グリーン車の料金は非課税にならない点に要注意です。通勤手当としてグリーン車の料金を支給するときは、グリーン車の料金を別途に課税通勤手当として計算します。

時給や日給のパートタイマーやアルバイトの通勤手当は、月単位に通勤費用を合算し、月の合計額が非課税限度額の範囲内かで課税・非課税を判断します。

会社で定める月額の支給限度額も確認する

就業規則で通勤手当の支給額の上限（支給限度額）を決めている会社もあります。非課税限度額を支給限度額としていればそれほど気になりませんが、非課税限度額よりも低い金額を上限にしていることもあるので、新入社員や転居で通勤手当が変更になる社員がいるときには、会社の支給限度額の範囲内かどうかを確認します。

通勤手当と非課税限度額

● 通勤手当の非課税限度額

① 電車やバスの交通機関だけを利用して通勤している場合

最も経済的かつ合理的な経路および方法で通勤した場合の通勤定期券などの金額につき1か月当たり15万円。

※新幹線の運賃は含まれますが、グリーン車料金は含まれません。

② マイカーなどで通勤している人の場合

片道の通勤距離に応じた以下の区分による金額。

片道の通勤距離	1か月当たりの 非課税限度額
2キロメートル未満	全額課税
2キロメートル以上10キロメートル未満	4,200円
10キロメートル以上15キロメートル未満	7,100円
15キロメートル以上25キロメートル未満	12,900円
25キロメートル以上35キロメートル未満	18,700円
35キロメートル以上45キロメートル未満	24,400円
45キロメートル以上55キロメートル未満	28,000円
55キロメートル以上	31,600円

③ 電車やバスなどの交通機関＋マイカーや自転車などを併用して通勤する場合

以下の①交通機関の費用と②マイカーなどでの1か月非課税限度額を合計した金額。

※ただし、1か月当たり15万円が上限。

①電車やバスなどの交通機関を利用する場合の1か月間の通勤定期券などの金額

②マイカーや自転車などを使って通勤する片道の距離で決まっている1か月当たりの非課税となる限度額

● 課税対象となる事例

新幹線グリーン車で役員が通勤し、月額が以下のケース

新幹線運賃：47,000円	グリーン車料金：45,000円
非課税通勤手当	課税通勤手当

> memo

通勤手当の支給ルールは会社で自由に決めることができるため、非課税限度額よりも低い金額を支給限度額とすることも可能。

Section

09 -2 マイカー通勤、自転車通勤の取り扱い

☑ マイカーや自転車通勤は、片道通勤距離2キロメートル未満は全額課税対象。

☑ マイカー通勤者の通勤手当は一般的には通勤距離などで計算式を設定。

☑ 通勤手当として駐車場代を支給する場合は全額課税対象。

> 2km 未満の自転車での通勤手当は
> 課税対象となるから注意するのだ。

マイカーの通勤手当は計算式で求める

マイカーや自転車通勤は、**片道通勤距離に応じた非課税限度額が定められており、2キロメートル未満は全額課税対象**となります（→P.155）。

一般的なマイカー通勤者の通勤手当は右ページのような計算式を設定し、その計算式に応じた金額を支給します。計算式中の燃費やガソリン単価は就業規則の定めによりますが、設定・修正する場合には燃費は「国土交通省から発表される燃費データなど」、ガソリン単価は「会社が契約しているガソリンスタンドの価格、公表されるガソリンの一般小売価格など」を参考にします。

会社に駐車場がなく、近隣の月極駐車場を利用するようなときの駐車場代は会社が負担する義務はありませんが、通勤手当の一部として駐車場代を支給するときは、その分は全額課税となります。

通勤途中に有料道路を使用する場合、通勤距離に応じた非課税限度額に有料道路利用料金を上乗せした金額が非課税限度額として認められます。

自転車通勤は2キロメートル未満は全額課税

自転車通勤も、マイカー同様の通勤距離に応じた非課税限度額の範囲内で非課税として取り扱うことができます。マイカーと違い自転車の場合は2キロメートル未満の近距離通勤者も考えられるため、課税範囲に注意します。

自宅から最寄駅まで自転車を利用していて、最寄駅の駐輪場代を支給する場合は、自宅から最寄駅までの距離が2キロメートル以上のときは非課税限度額内が非課税、2キロメートル未満は全額課税となります。

● マイカー通勤者の通勤手当の計算事例

自宅から会社までの 往復通勤距離	✕	当月 出勤日数	÷	燃費	✕	ガソリン単価
				10km／Lなど		130円／Lなど

（計算例）

（計算例）
- 片道通勤距離 11km、当月出勤日数 20日、燃費 10km/L、
  ガソリン単価 130円/L

往復通勤距離		当月出勤日数		燃費		ガソリン単価	当月通勤手当
22km	✕	20日	÷10km/L	✕	130円/L	=	5,720円

● 自宅最寄駅の駐輪場代を通勤手当で支給する場合の取り扱い

自宅から最寄駅までの 片道距離	**2km 未満**	**全額課税**
	2km 以上	マイカーなどで通勤する場合の 区分に応じた金額が非課税

● 非課税通勤手当に含まれるもの、含まれないもの

	非課税通勤手当に含まれる	非課税通勤手当に含まれない
交通機関	交通機関の通勤定期券代 新幹線運賃	グリーン車料金
マイカー・ 自転車通勤	高速道路利用料金	駐車場代 片道2km未満の駐輪場代

※含まれるものについては、非課税限度額の範囲内に限り含めることができる。

157

Section 09 -3 | 定期代の支給

ここだけ
Check! —
- ☑ 定期代の支給間隔は会社によって毎月、3か月ごと、6か月ごともある。
- ☑ 定期代の隔月支給形式での注意点は、後払い方式は認められない。
- ☑ 定期代が隔月支給の場合は前払定期代の返金処理が必要なこともある。

> 定期代の支給が毎月ではない場合は
> 支給漏れに注意するんだ。

数か月おきのスパンでは支払い忘れに注意

通勤手当で定期代の実費を支給する会社では、支給する間隔が会社により異なります。毎月、3か月ごと、6か月ごとなどのスパンで支給する形式があり、就業規則で確認します。

毎月の支給は引っ越しなどで定期代が変わらないかぎり毎月定額を支払うので簡単ですが、数か月おきの支給では支給漏れがないように注意します。

加えて数か月おきの支給では、労働者の不利益にはならないように必ず前払いにします。例えば、4月から6月の3か月分を4月に支払うことは5月分と6月分が前払いとなりますが、4月から6月の3か月分を6月に支払うことは賃金の毎月一回払いのルール（→P.42）に違反することになり認められません。

支給間隔が毎月の会社には、1か月分の定期代を支給する会社もあれば、6か月定期代を6等分した金額を支給する会社もあります。就業規則で支給基準を確認します。

定期券を現物で支給したときの処理

通勤定期券を現物で支給している場合でも、通勤手当は社会保険や雇用保険の計算対象となるため定期代相当額を支給項目に計上し、併せて控除項目にも同じ額を計上し支給額が変わらないような処理を行います。

定期代の支給

● 定期券代の支給月の違い

毎月1か月の定期代を支給

4月	5月	6月	7月	8月	9月	10月

▲支給月　▲支給月　▲支給月　▲支給月　▲支給月　▲支給月　▲支給月

3か月ごとに定期代を支給

　　　3か月分　　　　　　　　3か月分

4月	5月	6月	7月	8月	9月	10月

▲支給月　　　　　　▲支給月　　　　　　▲支給月

6か月ごとに定期代を支給

　　　　　　　6か月分

4月	5月	6月	7月	8月	9月	10月

▲支給月　　　　　　　　　　　　　　　▲支給月

Column

通勤手当と旅費交通費の違い

　通勤手当と似ているものに旅費交通費があります。

　通勤手当とは、通勤に対して支払われる手当に対し、旅費交通費は外回りや出張など業務上必要な移動にかかる経費となります。

　そのため、通勤手当を旅費交通費で処理するのは不適切です。出張の際の移動交通費などを通勤手当に含めるのも不適切です。

> **memo** 定期券で現物支給するには、労働組合と労働協約を締結する必要がある。労働協約が必要なため、労働者の過半数代表者との労使協定では不可。

Section 10 -1 | 1か月および1年単位の変形労働時間制

ここだけ Check!

- ✓ 変形労働時間制とは期間平均として1週の労働時間が40時間以下。
- ✓ 変形労働時間制は労使協定や就業規則を作成し監督署に届出を行う
- ✓ 1か月単位に比べ、1年単位の変形労働時間制は制限条件が多くある。

> 忙しい時と暇な時がはっきり分かれている会社で使われる仕組みです。

休日カレンダーや勤務シフト表の設定で行う特殊な時間管理の方法

労働基準法では、1日8時間、1週40時間という労働時間の制限がありますが、変形労働時間制はこの枠組みを一定の条件の下で拡大し、繁忙期の所定労働時間を長くする代わりに、閑散期の所定労働時間を短くし、一定期間における平均値が法律で定める1週40時間以下であれば特定の日や週が法定労働時間を超えても時間外労働とは扱わないという労働時間の制度になります。

一定期間の単位としては、1か月単位や1年単位がよく利用されます。1か月単位は労使協定または就業規則にルールを規定し労働基準監督署に届け出れば導入できます。1年単位はルールを必ず労使協定で規定し労働基準監督署に届け出ることが導入の条件です。1か月単位に比べ1年単位の変形労働時間制には制限条件（右ページ、→P.163）が多く運用が難しい制度です。

1か月単位の変形労働時間での時間外労働の考え方

1か月単位、1年単位の変形労働時間制はどちらの制度も、1日8時間、1週40時間を超えた時期や日があっても、法定時間外労働とは取り扱わない制度です。そのため、時間外労働の集計方法が独特のものとなります。

162ページの1か月単位の事例では、通常の労働時間制度であれば、2週目の土曜日と4週目の土曜日は週40時間を超えた労働となるため、時間外労働となりますが、変形労働時間制では時間外労働とはならず所定内労働となります。結果として、時間外労働として集計される時間が減ることになります。

● 変形労働時間制の概要

	1か月単位	1年単位
できること	1か月内の週単位にある特定の週の労働時間や労働日数を増やす／減らすことができる	繁忙期や閑散期など年内で特定の時期の労働時間や労働日数を増やす／減らすことができる
労働時間の上限	1か月を平均して週40時間	1年を平均して週40時間
労働時間の調整の範囲	月内のある時期に1日8時間、1週40時間を超えることが可能	年間の特定の日または週に1日8時間、週40時間を超えて労働させることが可能
備考		労働時間の設定に細かい制約があり、運用が難しい

● 時間外労働の取り扱い

1か月の変形労働時間制を採用しているときには、下記のような流れで時間外労働時間を計上する。

①1日単位の時間外労働の計算
- ・その日に指定した労働時間を超えた労働時間を時間外労働とする
- ・その日に指定した労働時間が8時間未満のときは8時間を超えた労働時間を時間外労働とする

②1週間単位の時間外労働の計算
- ・40時間を超える労働時間を指定した週は、その時間を超えた労働時間を時間外労働とする
- ・40時間を未満の労働時間を指定した週は、40時間を超えた労働時間を時間外労働とする

すでに①で計上した分の時間外労働の時間は計上しない。

③1か月単位の時間外労働の計算
1か月の法定労働時間の上限を超えた労働時間を法定労働時間として計上する。すでに①と②で計上した分の時間外労働の時間は計上しない。

●1か月の暦日数による労働時間の上限

暦日数	28日	29日	30日	31日
労働時間の上限	160時間	165.7時間	171.4時間	177.1時間

memo ▷ 常時使用する労働者が10人未満の商業や接客娯楽業などの特例措置対象事業場の場合は、上記の週40時間を週44時間に読み替えることになる。

● 1か月単位の変形労働時間制の事例

20XX年5月
・1日所定労働時間は8時間、休日は以下カレンダー通りの1か月単位の変形労働時間制
・休日数は月合計で9日

・所定労働時間

日	月	火	水	木	金	土	所定労働時間
			1 休日	2 休日	3 休日	4 休日	0時間
5 休日	6 8時間	7 8時間	8 8時間	9 8時間	10 8時間	11 8時間	**48時間**
12 休日	13 8時間	14 8時間	15 8時間	16 8時間	17 8時間	18 休日	40時間
19 休日	20 8時間	21 8時間	22 8時間	23 8時間	24 8時間	25 8時間	**48時間**
26 休日	27 8時間	28 8時間	29 8時間	30 8時間	31 8時間		40時間

暦日数 31 日の上限時間は 177.1 時間のため、月合計 176 時間は法定基準の範囲内となり適法となります。

月合計　176時間

・実際の労働時間

日	月	火	水	木	金	土	実際の労働時間
			1 休日	2 休日	3 休日	4 休日	0時間
5 休日	6 **9時間**	7 8時間	8 8時間	9 8時間	10 8時間	11 **9時間**	50時間
12 休日	13 **9時間**	14 8時間	15 8時間	16 8時間	17 **10時間**	18 休日	43時間
19 休日	20 8時間	21 8時間	22 **9時間**	23 8時間	24 8時間	25 8時間	49時間
26 休日	27 **10時間**	28 8時間	29 8時間	30 8時間	31 8時間		42時間

月合計　184時間

時間外労働のカウント

- 第2週目……6日の1時間、11日の1時間で**2時間**
- 第3週目……13日の1時間、17日の2時間で**3時間**
- 第4週目……22日の**1時間**
- 第5週目……27日の**2時間**

➡月合計の法定時間外労働時間数　**8時間**

1年単位の変形労働時間制の注意事項と制約条件

- 1年間の労働時間の上限は2,085時間

- 連続労働日は原則として6日が上限。繁忙期である特定期間を設定する場合は、その期間は最長12日。

- 労働時間は1日10時間、1週52時間が上限。

- 1週間の労働時間が48時間を超える週は連続3週間以内。

- 1年間での労働日数は280日が上限。

- 対象期間を初日から3か月ごとに区切った各期間に週に48時間を超える週は3回が上限。

- 時間外労働の取扱いは、おおむね1か月単位の変形労働時間制と同じ考え方で計算。

Column

変形労働時間制で週休3日制の正社員

　日本の正社員の働き方は週5日間働く週休2日制が主流です。これは、労働基準法の1日に8時間、1週間に40時間を超えて労働させてはならないというルールに基づいています。

　このルールについてトータルの労働時間は変えずに変形労働時間制を活用することで、週休3日の正社員制度を導入する企業が大企業を中心にでてきています。仕組みとしては、従来8時間であった1日の所定労働時間を10時間に変更し、代わりに週の休みを1日増やすというものです。こうすると、1日10時間×週4日勤務し、週の所定労働時間は従来通りの40時間となります。休みは増えても、週所定労働時間は40時間のままのため給与水準も変えない、という特徴があります。

　ワークライフバランス、人材不足、働き方改革が叫ばれる昨今、採用面でもこの週休3日制の正社員はPRにもなります。一方、休みが増えることで取引先が週休2日制の場合は、取引先との接点が減り機会損失を招くリスクも考えられます。また、社内でも働き方の違う部署があると情報共有が不足することでのデメリットも懸念されます。会社に合う、合わないは別として、週休3日制の正社員は、働き方が多様化してきた今の時代を表す一つの制度といえます。

Section 10-2 | フレックスタイム制

ここだけ Check!

✓ フレックスタイム制は、社員が出勤・退勤時刻を自分で決定できる制度。

✓ フレックスタイム制は、コアタイムのみ勤務する義務が生じる。

✓ 時間外労働、欠勤等の控除は清算期間における合計労働時間で判断する。

> 出勤時刻と退社時刻を
> 自分で管理する制度です。

時間外労働は清算期間における合計労働時間で判断

フレックスタイム制とは、**一定期間についてあらかじめ定めた総労働時間の範囲内で社員が出勤および退勤時刻を自分で決定して働く事ができる制度**です。導入する場合は、就業規則でフレックスタイム制について規定するとともに労使協定を締結する必要があります。フレックスタイム制では必ず勤務しなければならないコアタイムと出勤、退勤が自由に決定できるフレキシブルタイムがありますが、これらの時間帯を定めるかどうかも任意です。

労働時間の清算期間は一般的には1か月となりますが、最大3か月とすることも可能です。フレックスタイム制は自由度の高い制度ですが、使用者が労働時間の管理をしなくてもよいわけではなく、実際の労働時間を把握して、清算期間ごとに賃金清算を行う必要があります。

時間外労働、欠勤等の控除は清算期間における合計労働時間で判断

フレックスタイムでは、1日8時間、1週40時間という法定労働時間を超えて労働しても、ただちに時間外労働とはなりません。また、1日の標準の労働時間に達しない時間も欠勤や遅刻早退控除となるわけでもありません。あくまでも、清算期間（1か月や3か月）における実際の労働時間の合計が、定められた労働時間の総枠を超えた場合には、超過した時間分の賃金を追加して支払う必要があり、逆に不足した場合は不足した時間分を賃金から控除することが可能になります。

フレックスタイム制

● フレックスタイム制の導入要件

1) 就業規則等への規定

就業規則その他準ずるものにより、始業および終業の時刻を労働者の
決定に委ねる旨を規定する。

2) 労使協定で以下の事項を規定

① 対象となる労働者の範囲
② 清算期間
③ 清算期間における総労働時間（清算期間における所定労働時間）
④ 標準となる1日の労働時間
⑤ コアタイム（※任意）
⑥ フレキシブルタイム（※任意）

● 通常の労働時間制度とフレックスタイムの違い

● 通常の労働時間制度

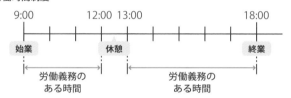

● フレックスタイム制の例

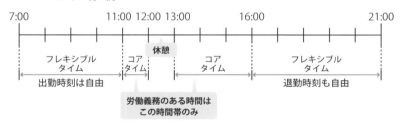

清算期間が1か月の場合の暦日数ごとの総労働時間の上限

清算期間の上限時間＝1週の法定労働時間40時間×対象期間の暦日数÷7

暦日数	28日	29日	30日	31日
労働時間の上限	160時間	165.7時間	171.4時間	177.1時間

※ 1か月単位の変形労働時間制と上限は同じになります。

●フレックスタイム制での時間外労働時間の事例

- コアタイムは11：00〜16：00
- フレキシブルタイムは7：00〜11：00および16：00〜21：00
- 休憩時間は12：00から13：00の1時間
- 清算期間は1か月、清算期間での総労働時間は当月の所定労働日×8時間

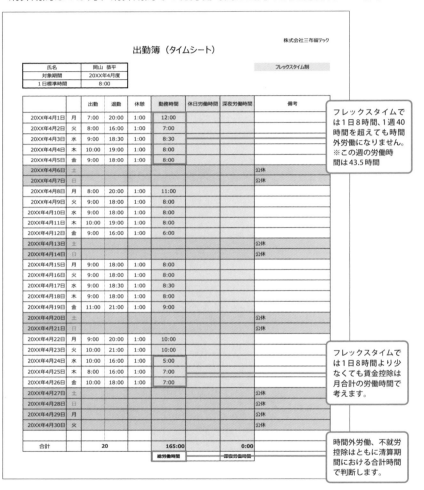

出勤簿（タイムシート）

株式会社三布留テック

氏名	岡山 恭平
対象期間	20XX年4月度
1日標準時間	8:00

フレックスタイム制

		出勤	退勤	休憩	勤務時間	休日労働時間	深夜労働時間	備考
20XX年4月1日	月	7:00	20:00	1:00	12:00			
20XX年4月2日	火	8:00	16:00	1:00	7:00			
20XX年4月3日	水	9:00	18:30	1:00	8:30			
20XX年4月4日	木	10:00	19:00	1:00	8:00			
20XX年4月5日	金	9:00	18:00	1:00	8:00			
20XX年4月6日	土							公休
20XX年4月7日	日							公休
20XX年4月8日	月	8:00	20:00	1:00	11:00			
20XX年4月9日	火	9:00	18:00	1:00	8:00			
20XX年4月10日	水	9:00	18:00	1:00	8:00			
20XX年4月11日	木	10:00	19:00	1:00	8:00			
20XX年4月12日	金	9:00	16:00	1:00	6:00			
20XX年4月13日	土							公休
20XX年4月14日	日							公休
20XX年4月15日	月	9:00	18:00	1:00	8:00			
20XX年4月16日	火	9:00	18:00	1:00	8:00			
20XX年4月17日	水	9:00	18:30	1:00	8:30			
20XX年4月18日	木	9:00	18:00	1:00	8:00			
20XX年4月19日	金	11:00	21:00	1:00	9:00			
20XX年4月20日	土							公休
20XX年4月21日	日							公休
20XX年4月22日	月	9:00	20:00	1:00	10:00			
20XX年4月23日	火	10:00	21:00	1:00	10:00			
20XX年4月24日	水	10:00	16:00	1:00	5:00			
20XX年4月25日	木	8:00	16:00	1:00	7:00			
20XX年4月26日	金	10:00	18:00	1:00	7:00			
20XX年4月27日	土							公休
20XX年4月28日	日							公休
20XX年4月29日	月							公休
20XX年4月30日	火							公休
合計		20			165:00		0:00	
					総労働時間		深夜労働時間	

フレックスタイムでは1日8時間、1週40時間を超えても時間外労働になりません。
※この週の労働時間は43.5時間

フレックスタイムでは1日8時間より少なくても賃金控除は月合計の労働時間で考えます。

時間外労働、不就労控除はともに清算期間における合計時間で判断します。

（計算例）
- 当月の総労働時間は20日（当月所定労働日）×8時間＝160時間
- 実際の労働時間165時間－160時間＝5時間……**当月の時間外労働時間**

memo > コアタイムとフレキシブルタイムを定めない場合には、休憩時間の一斉付与の問題が生じる場合もあるため注意が必要。

─── **Column** ───

フレックスタイムのメリットとデメリット

　働き方改革を進める上での対応策の1つと言われているのがフレックスタイム制です。

　フレックスタイム制は、1980年代後半から1990年代にかけて以前拡大した時期がありました。厚生労働省の就労条件総合調査によると、従業員1000人以上の大企業では、平成8年にピークとなる38.8%の企業が導入していました。しかし、その後の導入は進まず減少傾向へ進み、平成24年に30%を割る25.9%となり、27年には21.7%まで導入率が落ち、結果として一旦導入してはみたものの廃止する会社も増えたという実態もあります。

　フレックスタイムのメリットは、朝の通勤ラッシュを避けることができる、労働者の個人裁量に任せて効率的な働き方をする、個人のプライベートに配慮した働き方ができるといったことがあります。

　一方、廃止する企業が多かった理由としては、社員の勤務時間がバラバラになりチームとしてのまとまりを欠くというコミュニケーション上のデメリットがあることや、勤怠管理が煩雑になるということでした。この点、勤怠管理の煩雑さについては、IT化を推進すれば、ある程度自動化することができ解決できます。コミュニケーションの問題も昔にはなかったツールやサービスをうまく取り入れることで以前より改善することが期待できます。果たして、これからフレックスタイム制は広がっていくでしょうか。

Section
10
-3

みなし労働時間制

ここだけ
Check!

- ✓ みなし労働時間制は、予め決めた時間分働いたとみなす労働時間制度。
- ✓ みなし労働時間制には、事業場外みなし労働と2つの裁量労働制がある。
- ✓ みなし労働時間制は休日、深夜、休憩に関しては対象外。

みなし労働時間制の導入には
それぞれ要件があるため注意しよう。

あらかじめ設定した時間を働いたとみなす制度

みなし労働時間制は、**実際に働いた時間に関わらず、あらかじめ決めた時間分、働いたとみなす労働時間制度です**。みなし労働時間制には、会社の外で働く労働者に適用する事業場外みなし労働と一定の業務に限定して適用することが可能な専門業務型と企画業務型という2つがあります。

事業場外みなし労働は、営業職の外回りや出張中の社員などに適用され、一般的には所定労働時間働いたものとみなす会社が多いです。ただし、事業場外みなし労働の注意点として、事業場外の業務を遂行するために、通常所定労働時間を超えて労働することが必要である場合には、その業務の遂行に通常必要とされる時間が労働時間として算定されることです。裁量労働制は導入の要件や適用できる業務が限定されているため、事業場外みなしに比べれば導入している会社は少ないと言えます。

事業場外みなし労働で一部を社内で労働した場合は注意

事業場外みなし労働での注意点は、社外での労働と会社内での労働が混在する場合です。1日のうち一部を社内で労働した場合は、社内での労働時間数と、事業場外みなし労働時間制により算定される時間の合計時間がその日の労働時間になり、その時間が所定労働時間より多ければ、超過時間は時間外労働になります。なお、みなし労働時間制は休日労働・深夜労働は対象外で、法定休日や深夜の労働は通常通り割増賃金の支払いが必要です。

● みなし労働時間制の種類

事業場外みなし労働時間制

- 会社外で働く営業職や出張中の社員など、実際の労働時間について算定困難である者に適用可。
- 所定労働時間分働いたとみなす場合➡就業規則に規定
- 通常その業務を遂行するのにかかる時間働いたとみなす場合➡労使協定が必要
- 労働時間の算定が可能な場合は適用不可。

専門業務型裁量労働制

- あらかじめ定めた「みなし時間」によって労働時間を算定する管理制度。
- 裁量労働制の「みなし時間」が適用されるのは、所定労働日の労働時間。休日労働と深夜労働については割増賃金が発生。
- 適用対象者、研究開発など20種の業務に限定。
- 導入には労使協定を締結し、労働基準監督署長に届出を行うことが必要。
- 2024年4月より、本人の同意が必要。

●専門業務型裁量労働制の対象業務

①新商品または新技術の研究開発等の業務	⑪金融工学等の知識を用いて行う金融商品の開発業務
②情報処理システムの分析または設計の業務	⑫大学教授・研究の業務
③記事の取材または編集の業務	⑬公認会計士の業務
④デザイナーの業務	⑭弁護士の業務
⑤プロデューサーまたはディレクターの業務	⑮建築士の業務
⑥コピーライターの業務	⑯不動産鑑定士の業務
⑦システムコンサルタントの業務	⑰弁理士の業務
⑧インテリアコーディネーターの業務	⑱税理士の業務
⑨ゲーム用ソフトウエアの創作の業務	⑲中小企業診断士の業務
⑩証券アナリストの業務	⑳M&Aアドバイザーの業務

企画業務型裁量労働制

- 専門業務型と同様、あらかじめ定めた「みなし時間」によって労働時間を算定。
- 対象となる業務は企画、立案、調査、分析を行う業務に就いている労働者。
- 導入には労使委員会の設置、委員会での決議、労働基準監督署への届出、労働者本人からの同意など複雑な手順と要件がある。

Section 11 | 時給者、日給者の計算方法

時給者、日給者は毎月給与が変動するからチェック項目が多いんだ。

● 時給者、日給者の計算・確認方法の流れ

	チェック項目	確認
事前確認	当月の時給や日給に変更がある者がいないか	
	当月給与計算期間内での入社者がいないか (いる場合)基本給や通勤手当など必要な情報を確認する	
	当月給与計算期間内での退職者がいないか (いる場合)退職日など必要な情報を確認する	
勤怠集計	所定内労働の時間を計算、集計したか	
	所定外労働かつ法定内の時間外労働がないか確認、集計したか	
	法定外の時間外労働がないか確認、集計したか	
	深夜労働がないか確認、集計したか	
	法定休日労働がないか確認、集計したか	
	有給休暇の取得がないか確認、集計したか	
給与計算	所定内労働分の基本給を計算、確認したか	
	所定外労働かつ法定内の時間外労働の計算はルール通りに計算されているか ※給与規定によって、割増する場合としない場合がある	
	法定外の労働外労働分の残業代は割増率を掛けて計算されているか	
	深夜労働、法定休日労働がある場合、割増賃金は適切に計算されているか	
	有給休暇の取得があるとき、ルール通りに有休取得分の賃金が加算されているか ※有給休暇取得時の計算は会社によって3パターンある	
	通勤手当の支給は、ルール通りに計算されているか ※日額×出勤日数か定期代の支給かルールを確認する	

時給者、日給者の計算・確認方法の概要

☐ **対象者**　　時給、日給にて給与を支給する全ての社員

☐ **用意する書類**　出勤簿（タイムシート）、就業規則（給与規程を含む）、雇用契約書など

☐ **作成する書類**　給与明細書

月給制に比べて確認事項が多い時給制と日給制

　アルバイトやパートタイマーの給与体系は、一般的には時給制が多く、まれに日給制の場合もあります。月給制と比べ、時給制や日給制は毎月の出勤日数や出勤時間によって賃金が変動するため、給与計算においても確認事項が多くなります。

　時給や日給は月給制の定期昇給のように昇給の時期が年間のスケジュールとして定められているというよりも、契約の更新時期にイレギュラーに実施されることも多いため、当月に時給や日給に変更がないかも注意しておく必要があります。

残業や有給休暇の処理などに注意する

　勤怠集計と支給額の計算段階では、所定外労働と法定外労働をきちんと理解することがポイントです。所定外労働はその労働者の契約時間以外の労働です。これに対し法定外労働は1日8時間、1週40時間の法定労働時間の枠外の労働です。

　アルバイトやパートの場合、所定外労働であっても法定外にはならない法定内の時間外労働が多く発生します。この法定内時間外労働は会社によって割増の有無は任意事項なので、就業規則で支給額のルールを確認します。

　有給休暇の計算では、月給制は出勤しているものとして扱えばよかったところ、時給制や日給制では有給休暇取得日の賃金を都度計算する必要があります。

> 時給者の法定内残業を1.0倍の時給で支給するか
> 1.25倍の割増賃金で支給するかは会社が決めることができるのだ。

Section 11-1 時給者、日給者の勤怠の集計

ここだけ
Check!

✓ 所定外労働時間と法定外労働時間の違いを理解した上で集計する。

✓ 1日8時間を超えない法定内残業は割増をする義務はなく会社の自由。

✓ 法定内残業で割増をしない場合は、その労働者の時給単価を支払う。

時給者、日給者は雇用契約書で個人ごとの
所定労働時間を確認しておこう。

所定労働時間が人によって異なる点に注意

　時給者や日給者も月給者と同様に、所定労働時間、所定外労働時間、法定内労働時間、法定外労働時間を考慮して集計を行います（→P.174 〜 175）。

　多くの場合、**日給者や時給者の労働者には個々に始業時刻と終業時刻が定められており、そこから1日の勤務時間が決まります。これが所定労働時間になり、所定労働時間を超えて行った労働が所定外労働時間となります。**

　所定外労働時間のうち、法定労働時間の8時間を超えた分は法定外労働時間となり、この部分の賃金には割増率が適用されます。法定労働時間を超えない8時間までの所定外労働時間（法定内労働時間）には、割増賃金を支払う決まりはなく、割増賃金を支払うか、割増をせずに時給単価をそのまま支払うかは会社が決めることができるため、就業規則を確認しておきます。

法定内労働への割増率の適用の有無で集計方法が変わる

　法定内労働時間の賃金を割増しない会社では、法定内労働時間を所定労働時間と合わせて集計し通常の時給で計算します。1日8時間を超えた法定外労働時間は別項目として集計し、割増賃金で計算します。

　法定内労働時間の賃金を割増する会社では、所定外労働時間と法定外労働時間を合わせて集計し割増賃金で計算します。それとは別に所定内労働時間を集計して通常の時給単価で計算します。

● 時給者の勤怠集計例

下記の図の条件は次のとおりとなります。

条件：始業時刻 9：00、終業時刻 15：00、休憩時間 12：00 ～ 13：00

1 日所定労働時間 5 時間

ある日に 9:00 に出社して、20:00 まで残業を行った。

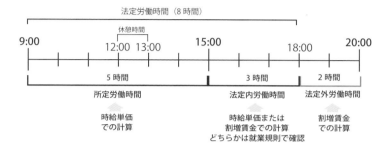

● 日給者・時給者の労働時間の考え方

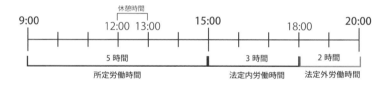

（計算例）法定内労働時間の賃金を割増しない会社の計算式

- （所定労働時間＋法定内労働時間）×時給単価
- 法定外労働時間×時給単価×割増率

（計算例）法定内労働時間の賃金を割増する会社の計算式

- 所定労働時間×時給単価
- （法定内労働時間＋法定外労働時間）×時給単価×割増率

memo ▷ 雇用契約書がなく所定労働時間が不明なときは、改めて所定労働時間を明確にする。

●時給者の勤怠集計例

始業9：00、終業16：00、休憩1時間、1日所定労働6時間、週3日勤務。法定内時間
外労働は割増をせず通常時給を支給

1日8時間を超えているため、法定時間外労働としてカウント。	所定外労働ではあるが、1日8時間を超えていないため、法定時間外労働にはならない。

出勤簿（タイムシート）

株式会社三布留テック

氏名		
対象期間	20XX年4月度	
1日所定労働時間	6:00	

始業時間	9:00
終業時間	16:00
休憩時間	12：00〜13：00

時給制

		出勤	退勤	休憩	労働時間	法定外労働時間	休日労働時間	深夜労働時間	備考
20XX年4月1日	月	9：00	20：00	1:00	10:00	2:00			
20XX年4月2日	火	9：00	16：00	1:00	6:00				
20XX年4月3日	水	9：00	17：00	1:00	7:00				
20XX年4月4日	木								
20XX年4月5日	金								
20XX年4月6日	土								公休
20XX年4月7日	日								公休
20XX年4月8日	月	9：00	16：00	1:00	6:00				
20XX年4月9日	火	9：00	17：00	1:00	7:00				
20XX年4月10日	水	9：00	17：30	1:00	7:30				
20XX年4月11日	木								
20XX年4月12日	金								
20XX年4月13日	土								公休
20XX年4月14日	日								公休
20XX年4月15日	月	9：00	16：00	1:00	6:00				
20XX年4月16日	火	9：00	16：00	1:00	6:00				
20XX年4月17日	水	9：00	16：30	1:00	6:30				
20XX年4月18日	木								
20XX年4月19日	金								
20XX年4月20日	土								公休
20XX年4月21日	日								公休
20XX年4月22日	月	9：00	19：00	1:00	9:00	1:00			
20XX年4月23日	火								有給休暇
20XX年4月24日	水	9：00	16：00	1:00	6:00				
20XX年4月25日	木								
20XX年4月26日	金								
20XX年4月27日	土								公休
20XX年4月28日	日								公休
20XX年4月29日	月								公休
20XX年4月30日	火								公休
合計		11			77:00	3:00			
					総労働時間	法定外労働時間	休日労働時間	深夜労働時間	

1日8時間を超えているため、法定時間外労働としてカウント。

●日給者の勤怠集計例

始業9：00、終業17：00、休憩1時間、1日所定労働7時間、週5日勤務。法定内時間外労働も割増をして支給

> 1日8時間を超えていない法定内時間外労働だが、残業時間として集計。

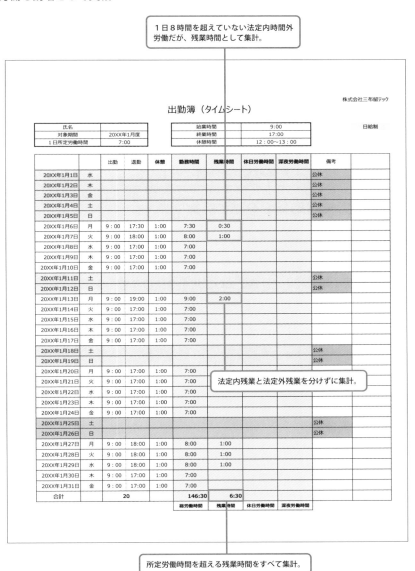

株式会社三布留テック

出勤簿（タイムシート）

氏名			始業時間		9：00			日給制
対象期間		20XX年1月度	終業時間		17：00			
1日所定労働時間		7：00	休憩時間		12：00～13：00			

		出勤	退勤	休憩	勤務時間	残業時間	休日労働時間	深夜労働時間	備考	
20XX年1月1日	水								公休	
20XX年1月2日	木								公休	
20XX年1月3日	金								公休	
20XX年1月4日	土								公休	
20XX年1月5日	日								公休	
20XX年1月6日	月	9：00	17：30	1：00	7：30	0：30				
20XX年1月7日	火	9：00	18：00	1：00	8：00	1：00				
20XX年1月8日	水	9：00	17：00	1：00	7：00					
20XX年1月9日	木	9：00	17：00	1：00	7：00					
20XX年1月10日	金	9：00	17：00	1：00	7：00					
20XX年1月11日	土								公休	
20XX年1月12日	日								公休	
20XX年1月13日	月	9：00	19：00	1：00	9：00	2：00				
20XX年1月14日	火	9：00	17：00	1：00	7：00					
20XX年1月15日	水	9：00	17：00	1：00	7：00					
20XX年1月16日	木	9：00	17：00	1：00	7：00					
20XX年1月17日	金	9：00	17：00	1：00	7：00					
20XX年1月18日	土								公休	
20XX年1月19日	日								公休	
20XX年1月20日	月	9：00	17：00	1：00	7：00					
20XX年1月21日	火	9：00	17：00	1：00	7：00					
20XX年1月22日	水	9：00	17：00	1：00	7：00					
20XX年1月23日	木	9：00	17：00	1：00	7：00					
20XX年1月24日	金	9：00	17：00	1：00	7：00					
20XX年1月25日	土								公休	
20XX年1月26日	日								公休	
20XX年1月27日	月	9：00	18：00	1：00	8：00	1：00				
20XX年1月28日	火	9：00	18：00	1：00	8：00	1：00				
20XX年1月29日	水	9：00	18：00	1：00	8：00	1：00				
20XX年1月30日	木	9：00	17：00	1：00	7：00					
20XX年1月31日	金	9：00	17：00	1：00	7：00					
合計		20			146：30	6：30				
					総労働時間	残業時間	休日労働時間	深夜労働時間		

> 法定内残業と法定外残業を分けずに集計。

> 所定労働時間を超える残業時間をすべて集計。

Section 11-2 | 支給額計算のポイントと注意点

ここだけ Check!

✓ 時給者と日給者の時間外労働は通常時給と割増時給の区分に注意する。

✓ 日給者は日給単価を1日の所定労働時間で割って時給単価を算出する。

✓ 時給者と日給者の有給休暇は取得日ごとに有給休暇分の賃金を計算する。

所定外労働と法定外労働に対する
割増賃金の有無がポイントなんだ。

通常時給と割増時給を分けて計算

　時給者、日給者の計算では前セクションで解説した所定外労働、法定外労働に対する割増賃金の有無がポイントになります。右ページの事例のように法定内の時間外労働には割増をつけない会社の場合、1日8時間までは通常時給にて計算をします。1日8時間を超える法定時間外労働分については25％の割増を掛けた割増単価にて時間外労働賃金を計算します。

　日給者は、その労働者の日給単価を1日の所定労働時間で割って時給単価を算出します。日給者も時給者同様に所定外労働と法定外労働に注意し、法定外の時間外労働には割増時給にて計算を実施します。

通勤手当と有給休暇の計算

　時給者と日給者の通勤手当は、所定労働日数が少ないときは一般的には日額の通勤費に実際の出勤日数を掛けて支給します。通勤定期代との兼ね合いは予定される出勤日数で対応する会社が大半で、安価になる場合は定期代を支給する会社が多いといえます。時給者であるアルバイト等は就業規則で細かい点まで規定していないことも多く、雇用契約書なども確認します。

　また、有給休暇を取得した日の賃金として通常の労働日の賃金を支給する場合の支給額は、日給制は日給額、時給制は時給金額に有給休暇を取得した日の所定労働時間数を掛けた金額となります。したがって、取得日ごとに有給休暇分の賃金を計算した上で支給額に加算します。

● 所定外労働時間と法定外労働時間の図解事例

174ページの時給者勤怠集計例の4月1日の勤務を図解すると以下のようになります。

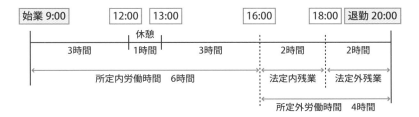

（計算例）　※上記1日の賃金額計算

時給単価1,400円、法定内時間外労働は割増をせずに時給単価を支給
- 法定外時間外労働の割増率は25%
　　通常時給分：1,400円×8時間＝11,200円
　　割増時給分（法定外時間外労働）　1,400円×1.25×2時間＝3,500円
　　11,200円＋3,500円＝14,700円

● 時給者の有給休暇の計算事例

- 174ページの時給者勤怠集計例の4月23日に有給休暇を1日取得したケース
- 有給休暇取得時の賃金の取り扱いは通常の賃金を支給
- 1日所定労働時間は6時間、時給単価は1,400円
　　1,400円（時給単価）×6時間（有休取得時の1日所定労働時間）＝8,400円

● 1か月の計算事例

174ページの時給者勤怠集計例の集計を基に計算
- 月労働時間は77時間（うち、3時間の法定外時間外労働が含まれる）
- 有給休暇は1日取得
- 交通費は1日日額420円を実際の出勤日数分支給
　　1,400円×（77時間 -3時間）＝103,600円……**通常時給分**
　　1,400円×1.25×3時間＝5,250円……**法定外労働時間分**
　　1,400円×6時間＝8,400円……**有給休暇取得分**
　　103,600円＋5,250円＋8,400円＝117,250円
　　通勤手当：420円×11日＝4,620円

● 日給者の賃金計算例

始業9：00、終業18：00、休憩1時間の1日所定労働8時間
日給12,000円、9：00 〜 20：00まで勤務した日のケース

| 始業 9:00 | | 12:00 | 13:00 | | 18:00 | 退勤 20:00 |

休憩

| 3時間 | 1時間 | 5時間 | 2時間 |

| 所定内労働時間　8時間 | 法定外残業 |

（計算例）　※上記1日の賃金額計算

12,000円÷8時間＝1,500円……**割増基礎賃金（時給単価）**
1,500円×1.25×2時間＝3,750円……**法定外残業2時間分**
12,000円＋3,750円＝15,750円……**通常日給＋残業分**

時給者と日給者の
有給休暇取得分の給与は
月給者と違い
支給漏れや計算間違いが
起こりやすいため注意しよう。

月次給与計算の手順③
控除項目、差引支給額の計算

Keyword

社会保険料の計算／健康保険料、介護保険料、
厚生年金保険料の計算／月額変更対象者の取扱い／
雇用保険料の計算／40歳、65歳、70歳、75歳の手続き／
介護休業・育児休業の取扱い

Section 01 | 社会保険と税金に関する処理の流れ

> 控除の内容は社会保険料と税金が中心になるんだ。

● 社会保険と税金に関する計算のステップ

1 社会保険料の確認・修正
振込期限日までに

各社員の標準報酬月額と保険料率を確認。

> P.186

2 雇用保険料の計算
振込期限日までに

雇用保険の加入対象者を確認。

> P.192

3 所得税の計算
振込期限日までに

扶養控除等（異動）申告書の内容を確認。

> P.200

4 住民税の計算
振込期限日までに

特別徴収税額の決定通知書を確認。

> P.212

5 福利厚生などの控除項目の計上
振込期限日までに

会社独自の控除項目の内容を確認。

> P.222

> 金額が定額だったり、変動額だったりするので注意しよう。

memo > 会社独自の福利厚生などの控除項目の内容は、賃金控除に関する労使協定を確認する（法定項目以外を控除するには労使協定が必要なため）。

☐ **対象者**　社員区分を問わず社会保険に加入しているすべての社員、役員

☐ **用意する書類**　標準報酬月額表、給与改定資料、月額変更届、年齢確認資料、産休・育休資料、雇用契約書など

☐ **作成する書類**　給与明細書

控除は社会保険料と税金の処理がメイン

　第4章では支給項目に関する処理を解説しましたが、この章では控除項目に関する処理を解説します。具体的には社会保険料と税金の天引きに関する処理がメインとなります（天引きした社会保険料と税金は会社がまとめて納付します。詳しくは第6章参照）。

　これらの処理は支給項目の処理とは違って、就業規則で規定されるものではなく、法律で決められたルールに従って処理を行う必要があります。

給与計算よりも前に手続きが必要になるケースに注意

　給与から天引きする社会保険料や税額は、支給額や扶養親族の人数などで異なってきますが、社会保険は事前にこれらの変更に関する届出が必要になります。もちろん、これらの届出は毎月の給与計算に取り掛かる前に行われていることが望ましく、事前に確認しておくことをお勧めします。

年に1回更新される保険料や税金のタイミングを忘れずに

　毎月の支給額に応じて税額の計算を行う源泉所得税と、保険料の計算を行う雇用保険以外の、社会保険（健康保険、厚生年金保険、介護保険）と住民税は原則として上記のような変動がない限り年に一度保険料と税額の見直しが行われます。年に一度の見直しのタイミングを見逃さないように注意します。

---

memo ▷　社会保険料は固定給に大幅な変動があった場合は、改定となることもある（随時改定、190ページ参照）。

Section 02 社会保険料の計算

社会保険料は年齢の到達によっても
取り扱いが変わるのニャ。

● 社会保険料（健康保険・介護保険・厚生年金保険）に関するチェックリスト

チェック項目	確認
当月入社で社会保険の加入者がいるか （いる場合）今月から社会保険料の徴収対象かを確認し、給与額から標準報酬月額、保険料を算出し、社会保険料を等級に基づき計算したか	
当月退職で社会保険の加入者がいるか （いる場合）退職日が月末かどうかで社会保険料を控除するかどうかを確認し、社会保険料を退職日に基づき計算したか	
4か月前に給与改定が実施され当月から月額変更届の対象となる加入者はいるか （いる場合）社会保険料を新しい等級に基づき計算したか	
当月に産休や育休中の社員がいないか （いる場合）社会保険料の対象外になっているかを確認したか（また、復帰するときは保険料の対象とすることに変更したか）	
当月に介護休業、私傷病休職による休業中の社員がいるか （いる場合）社会保険料を等級に基づき計算したか（会社によっては本人負担分を会社が負担する場合もある）	
当月に40歳に到達した社員はいないか （いる場合）介護保険料の徴収対象とし、保険料を等級に基づき計算したか	
当月に65歳に到達した社員はいないか （いる場合）介護保険料の徴収対象外としたか	
当月に70歳に到達した社員はいないか （いる場合）厚生年金保険料の徴収対象外としたか	
当月に75歳に到達した社員はいないか （いる場合）健康保険料の徴収対象外としたか（75歳以上で健康保険、介護保険の保険料の給与控除がなくなります）	
当月に健康保険、介護保険、厚生年金保険の保険料率の改正はないか （ある場合）新しい保険料率で保険料を徴収しているか	

基本的に社会保険は
事前準備で確認が可能なのだ。

社会保険料の計算方法の概要

☑ **対象者**　　　役員、社員、パート、アルバイト

☑ **用意する書類**　出勤簿・タイムカード、社会保険料に関する資料、など

☑ **作成する書類**　給与支給控除一覧表、給与明細書

　社会保険料の計算は、非常に重要、かつ複雑な計算方法のため、苦手とする人も多くいます。健康保険料、介護保険料、厚生年金保険料は、給与額を一定の範囲ごとに区分した標準報酬月額と呼ばれる等級に基づき決定されます。標準報酬月額は入社後の給与額で等級設定がなされた後は、給与改定などがない限り基本的には1年を通して一定となります。社会保険料の計算では、標準報酬月額を変更すべきタイミングを理解した上で、そのタイミングで漏れなく変更することが必要になります。雇用保険料は、当月の給与総支給額に保険料率を掛けて算出します。

　社会保険料には40歳、65歳、70歳、75歳と年齢の到達によって社会保険料の取り扱いが変わるタイミングがあります。このほか、社会保険料は産休、育休などの休業期間による取り扱いも理解しておく必要があります。これら年齢到達要件や休業中のイレギュラーな取り扱いまでを給与計算担当者が理解することで、保険料の徴収を過不足なく実施することができます。

●雇用保険料に関するチェックリスト

チェック項目	確認
当月入社する社員は雇用保険の加入対象者か 　（いる場合）給与総支給額×保険料率で控除しているか	
出張日当や慶弔見舞金など臨時に支給される場合、雇用保険料算出の基礎賃金は合っているか	
社員から役員に就任し、雇用保険を脱退した者はいるか 　（いる場合）雇用保険料の徴収対象外にしているか（使用人兼務役員の場合は継続して加入の場 　　合もあるため注意）	
使用人兼務役員がいる場合、雇用保険料の算定基礎賃金から役員報酬が引かれているか	
当月、雇用保険の保険料率の改正はないか 　（ある場合）新しい保険料率での保険料を徴収したか	

---

memo ＞ 雇用保険に関し2020年4月1日からは従来免除対象となっていた64歳以上の加入者も保険料の徴収対象となり、上限年齢はない。

Section 02 -1 | 社会保険料の計算の仕組み

ここだけ Check!

- ✓ 月額給与を一定の区切りで区分した月額が標準報酬月額。
- ✓ 社会保険料は、標準報酬月額に保険料率を掛けることで決定される。
- ✓ 健康保険と厚生年金保険の標準報酬月額は別で上限・下限は異なる金額。

基本となる標準報酬月額の仕組みを
まず理解するのだ。

保険料の計算の元になる標準報酬月額

給与計算時に控除する**健康保険料・厚生年金保険料は、月額の給与の額から求められる標準報酬月額に、健康保険料と厚生年金保険料の保険料率を掛けることにより求められます**（→P.187）。

標準報酬月額は右ページの上図のような表を使って求めます。健康保険の標準報酬月額は5万8000円から139万円までの50等級に分かれ、厚生年金保険の標準報酬月額は8万8000円から65万円までの32等級に分かれています。

標準報酬月額は最低でも1年に一度改定を行う

標準報酬月額が決定されるタイミングは3つあります。1つ目は社会保険加入時（資格取得時）、2つ目は年に1度の定時決定で毎年1回、4月から6月に支給される月額給与の平均値によって標準報酬月額を更新します（→P.330）。3つ目が昇給や降給など給与改定時の随時改定で、給与月額が大幅に変動した場合に、標準報酬月額を改定（→P.324）します。

標準報酬月額は定時決定で毎年9月に4月から6月までの給与の額を基に毎年更新されるため、毎月の給与計算のときには原則として9月から翌年の8月までの社会保険料は同じ金額になります。

総支給額には、基本給のほか役職手当や
通勤手当、残業手当などの手当を含めるのだ。

● 標準報酬月額

標準報酬			報酬月額	
等級		月額		
健康保険	厚生年金保険		円以上 ~	円未満
1		58,000	~	63,000
2		68,000	63,000 ~	73,000
3		78,000	73,000 ~	83,000
4	1	88,000	83,000 ~	93,000
5	2	98,000	93,000 ~	101,000
6	3	104,000	101,000 ~	107,000
7	4	110,000	107,000 ~	114,000
8	5	118,000	114,000 ~	122,000
9	6	126,000	122,000 ~	130,000
10	7	134,000	130,000 ~	138,000
11	8	142,000	138,000 ~	146,000
12	9	150,000	146,000 ~	155,000
13	10	160,000	155,000 ~	165,000
14	11	170,000	165,000 ~	175,000
15	12	180,000	175,000 ~	185,000
16	13	190,000	185,000 ~	195,000
17	14	200,000	195,000 ~	210,000
18	15	220,000	210,000 ~	230,000
19	16	240,000	230,000 ~	250,000
20	17	260,000	250,000 ~	270,000
21	18	280,000	270,000 ~	290,000
22	19	300,000	290,000 ~	310,000
23	20	320,000	310,000 ~	330,000
24	21	340,000	330,000 ~	350,000
25	22	360,000	350,000 ~	370,000

標準報酬			報酬月額	
等級		月額		
健康保険	厚生年金保険		円以上 ~	円未満
26	23	380,000	370,000 ~	395,000
27	24	410,000	395,000 ~	425,000
28	25	440,000	425,000 ~	455,000
29	26	470,000	455,000 ~	485,000
30	27	500,000	485,000 ~	515,000
31	28	530,000	515,000 ~	545,000
32	29	560,000	545,000 ~	575,000
33	30	590,000	575,000 ~	605,000
34	31	620,000	605,000 ~	635,000
35	32	650,000	635,000 ~	665,000
36		680,000	665,000 ~	695,000
37		710,000	695,000 ~	730,000
38		750,000	730,000 ~	770,000
39		790,000	770,000 ~	810,000
40		830,000	810,000 ~	855,000
41		880,000	855,000 ~	905,000
42		930,000	905,000 ~	955,000
43		980,000	955,000 ~	1,005,000
44		1,030,000	1,005,000 ~	1,055,000
45		1,090,000	1,055,000 ~	1,115,000
46		1,150,000	1,115,000 ~	1,175,000
47		1,210,000	1,175,000 ~	1,235,000
48		1,270,000	1,235,000 ~	1,295,000
49		1,330,000	1,295,000 ~	1,355,000
50		1,390,000	1,355,000 ~	

報酬月額が 255,000 円のとき、標準報酬月額は 260,000 円で、健康保険の等級は 20、厚生年金保険の等級は 17 になる。

Column

手っ取り早く現時点での標準報酬月額を確認するには

　現時点での標準報酬月額を確認する書類が「被保険者標準報酬決定通知書」です。年金事務所や健康保険組合から発行されるこの書類には、該当者の氏名、標準報酬月額、適用年月などが記載されているので、記載された適用年月の時期から社会保険料を給与計算で控除します。

健康保険・厚生年金保険被保険者標準報酬決定通知書							
事業所整理記号 事業所番号							
被保険者整理番号	被保険者氏名	※1 適用年月	決定後の標準報酬月額		※1 生年月日	※2 種別	
			(健保)	(厚年)			
1	＊＊＊＊＊＊	R5. 9	＊＊ 千円	＊＊ 千円		第一種	

> memo 「被保険者標準報酬決定通知書」は①入社（資格取得）時、②定時決定時、③随時改定時の３つのタイミングでそれぞれ発行される。

Section 02 -2 健康保険料、介護保険料、厚生年金保険料の計算

ここだけ
Check!

✓ 社会保険料は標準報酬月額に保険料率を乗じた金額を労使で折半し負担。

✓ 本人負担分の端数は、50銭以下の場合は切り捨て、50銭超は切り上げ。

✓ 一般的には当月分の社会保険料は翌月の給与から控除する。

> 社会保険料は標準報酬月額に保険料率を掛けた金額を折半して負担するのだ。

社会保険料は会社と本人で半分ずつ負担する

社会保険料は標準報酬月額に健康保険、介護保険、厚生年金保険それぞれの保険料率を掛けて算出され、会社と労働者本人で折半します。労働者の本人負担分を算出する際の端数は、事業主と労働者の間で特約がない限り、50銭以下の場合は切り捨て、50銭を超える場合は切り上げて1円となります。

介護保険は40歳以上の健康保険の加入者が介護保険の加入者となり、介護保険料を納めることになります。そのため、40～64歳の加入者の介護保険料は健康保険料に上乗せして徴収されます。

なお、厚生年金保険に加入する会社は子ども・子育て拠出金を負担しますが、これは全額会社負担となります。

健康保険料は健康保険組合と協会けんぽで取り扱いが違う

健康保険は大きく分けて、**中小企業が多く加入する全国健康保険協会（協会けんぽ）と大企業が単独で運営、あるいは同業種の企業が共同して設立した健康保険組合**の2つがあります。

協会けんぽの場合は、都道府県ごとに支部があり保険料率が決められているため、会社が加入する支部の保険料率を確認します。一方、健康保険組合の場合は、組合ごとに保険料率が定められています。健康保険の保険料率は変更する場合があるため、会社の健康保険の加入先を把握した上で、保険料率が変わる場合は適切に対応する必要があります。

● 社会保険料の計算式と給与計算での控除額

$$\boxed{標準報酬月額} \times \boxed{保険料率} = \boxed{保険料}$$

折半

$\boxed{本人負担}$　　$\boxed{会社負担}$

給与から控除

● 社会保険料の計算事例

❶標準報酬月額を算出する

・基本給260,000円、通勤手当1か月8,300円の社員が6/1に入社、40歳以上

18	15	220,000	210,000	～	230,000
19	16	240,000	230,000	～	250,000
20	17	260,000	250,000	～	270,000
21	18	280,000	270,000	～	290,000
22	19	300,000	290,000	～	310,000
23	20	320,000	310,000	～	330,000
24	21	340,000	330,000	～	350,000
25	22	360,000	350,000	～	370,000

260,000 ＋ 8,300 ＝ 268,300 円の標準報酬月額は 260,000 円。

❷標準報酬月額に保険料率を乗じて保険料を算出する

保険料率は以下とする（協会けんぽ　東京支部　令和 6 年 3 月分からの場合）。

健康保険	9.98%（折半では4.99%）
介護保険	1.6%（折半では0.8%）
厚生年金保険	18.3%（折半では9.15%）

（計算例）
算出した標準報酬月額 260,000 円に保険料率を乗じる。

	会社・本人負担合計	折半額（控除額）
健康保険	25,948円	12,947円
介護保険	4,160円	2,080円
厚生年金保険	47,580円	23,790円

memo ＞ 事業主と被保険者の間で特約がある場合には、特約に基づき端数処理をすることができる。

●健康保険・厚生年金保険の保険料額表（協会けんぽ・東京都）

　協会けんぽや健康保険組合が公開している「健康保険・厚生年金保険の保険料額表」を使うと、報酬月額から標準報酬月額、等級、各保険料（折半額を含む）などを簡単に調べることができる。

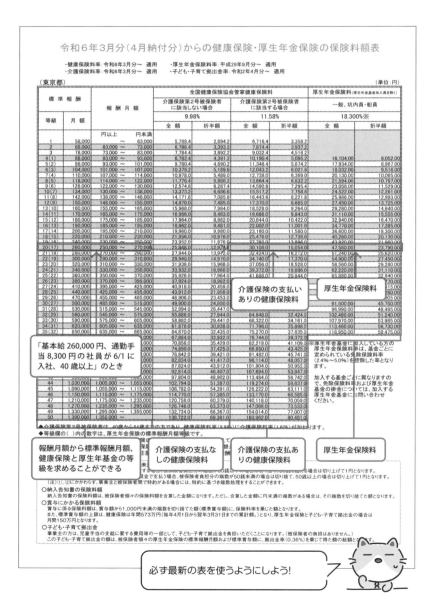

必ず最新の表を使うようにしよう！

memo　協会けんぽの場合は、都道府県別の支部に加入しているため、加入先の最新の保険料額表を参照する。

新入社員の社会保険の控除を始めるタイミング

　新入社員の給与計算で最初に社会保険料を控除するタイミングには注意が必要です。

　給与を翌月支給する会社では、入社した人は最初に支払う給与から社会保険料の控除が開始されます。一方、給与を当月支給する会社では、入社した人は最初に支払う給与からは社会保険料を控除せず、翌月に支給される給与から控除が開始されます。

・給与は末締め、翌月20日払いの会社で6/1に入社した場合

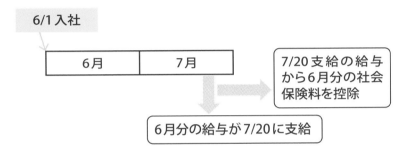

・給与は末締め、当月末日払い、社会保険料は翌月控除する会社で6/1に入社した場合

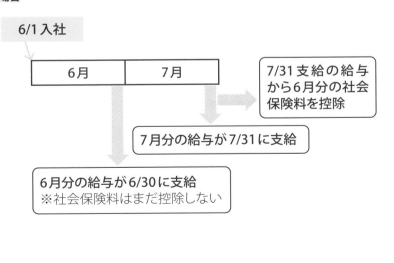

memo ▷ 当月分の社会保険料を当月控除する場合もあるため、自社の社会保険料の控除方法を確認しておく。

Section 02-3 月額変更対象者の取り扱い

- ✓ 大幅な給与改定による標準報酬月額を改定するルールが随時改定。
- ✓ 昇給後3か月間の平均月額と従来で2等級以上の差があれば随時改定。
- ✓ 随時改定は、給与改定月から4か月目の社会保険料から改定。

月額変更対象者への対応は
忘れがちになるので注意するんだ。

昇給や降給のときに標準報酬月額を調整する手続き

昇給や降給などの給与改定により、**社会保険加入者の固定的な賃金が一定以上変わったときは、1年に1度の定時決定を待たずに標準報酬月額を改定**します。これを**随時改定**といいます。

随時改定は、右ページ中図の3つの要件をすべて満たす場合に実施されます。昇給・降給後3か月間の平均月額に相当する標準報酬月額の等級が従来と比べて2等級以上の差がなければ昇給・降給があっても随時改定は原則不要です。例えば、標準報酬月額が22万円だった給与が24万円に昇給したが、3か月平均月額も24万円だったとすると、3か月平均月額の標準報酬月額は24万円となり、従来の22万円と比べて1等級しか差が生じません。このような場合には、昇給があっても随時改定の対象外となります。

随時改定を判定する際の報酬には、残業手当といった変動賃金も加算されるため、基本給以外の要素も影響することになります。

随時改定では昇給・降給後4か月目に社会保険料が変わる

随時改定は、給与が変わった月からすぐに社会保険料が改定されるわけではなく、4か月目の社会保険料から改定されます。改定の手続きが数か月先になるため、月額変更届の手続き（→P.324）を忘れないようにします。さらに社会保険料は通常当月分を翌月に控除するため、実質的には給与改定月の5か月目の社会保険料から改定されることになります。

● 月額変更のタイミング

随時改定は給与改定月の
4か月後の社会保険料から

1月支給から給与改定

給与支給額	220,000	260,000	260,000	260,000	260,000	260,000
	12月	1月	2月	3月	4月	5月
社会保険料控除月	11月	12月	1月	2月	3月	4月

給与改定後の3か月平均値に
より随時改定の有無を判断

4月分の社会保険料を控除するのは
翌月の5月になるため5月から改定

● 随時改定に該当する3要件

1

昇給または降給等による固定的賃金の変動がある
- 昇給（ベースアップ）、降給（ベースダウン）
- 給与体系の変更（日給から月給への変更等）
- 日給や時間給の基礎単価（日当、単価）の変更
- 請負給、歩合給等の単価、歩合率の変更
- 住宅手当、役付手当等の固定的な手当の追加、支給額の変更

2

賃金の変動月から3か月間の報酬（残業手当等の非固定的賃金を含む）の平均月額から求めた標準報酬月額がこれまでと2等級以上の差がある。
※標準報酬月額等級表の上限または下限にわたる等級変更の場合は、1等級の差でも改定。

3

賃金変動月からの3か月のすべてにおいて支払基礎日数が17日以上ある。
※特定適用事業所に勤務する短時間労働者は11日。

● 随時改定の有無を判断するためのパターン事例

固定的賃金	非固定的賃金（残業代など）	改定後3か月平均月額の標準報酬月額	随時改定
増⬆	減⬇	減⬇	不要
増⬆	減⬇	2等級以上増⬆	必要
増⬆	増⬆	1等級増⬆	不要
増⬆	増⬆	2等級以上増⬆	必要
減⬇	増⬆	増⬆	不要
減⬇	増⬆	2等級以上減⬇	必要
減⬇	減⬇	1等級減⬇	不要
減⬇	減⬇	2等級以上減⬇	必要

標準報酬月額等級表の上限または下限に等級変更の場合は、1等級の変更でも随時改定の対象となります。

まとめると、随時改定は次の2つのケースが対象になることがわかります。
① 固定的賃金が増、賃金改定後3か月平均の標準報酬月額が2等級以上増
② 固定的賃金が減、賃金改定後3か月平均の標準報酬月額が2等級以上減

雇用保険料の計算

ここだけ Check!

✓ 雇用保険料は対象となる賃金総額に業種ごとの雇用保険料率を掛けて算出。

✓ 雇用保険料の区分は3つで多くの会社は一般の事業の保険料率を使う。

✓ 使用人兼務役員は役員報酬を除いた給与部分だけが雇用保険料の対象。

社会保険料に比べれば雇用保険料の計算はシンプルだけど、金額が毎月変わる。

雇用保険は毎月の賃金総額に応じて保険料が変動する

雇用保険料は社会保険料とは違い、雇用保険料の対象となる**賃金総額（雇用保険対象賃金総額）に業種ごとに設定された雇用保険料率を掛けて算出**します。そのため社会保険料とは違い、毎月の賃金総額（給与額）に応じて、雇用保険料も変動することになります。

雇用保険の保険料率は現在3つの区分があり、農林水産や建設といった業種が若干高く設定されています。

雇用保険料は毎月本人負担分を徴収し、会社で一旦預かり本人負担分、会社負担分、労災保険料（全額会社負担）をまとめて労働保険料として年に1度、年度更新と呼ばれる手続にてまとめて納付します（→ P.250）。

実費弁済や臨時的な手当、役員報酬は雇用保険の対象外

雇用保険料の計算で注意が必要なのは、支給項目の中に雇用保険の対象とならない（雇用保険対象賃金総額に含まれない）ものがあることです。基本的にはすべての支給項目が対象となりますが、出張旅費のような実費弁済の意味合いが強い支給項目や、慶弔見舞金や解雇予告手当といった臨時に発生する支給項目は含まれません。

また、役員報酬も雇用保険の対象外です。そのため、役員報酬と使用人給与が両方支給されている使用人兼務役員は、役員報酬を除いた使用人給与部分だけが雇用保険料の対象となります。

雇用保険料の計算

雇用保険料の計算式

雇用保険対象
賃金総額 ✕ 雇用保険料率 ＝ 本人負担
雇用保険料

雇用保険料率の業種区分と保険料率（令和5年4月以降）

	①労働者本人負担	②会社負担	①＋②の合計 雇用保険料率
一般の事業	6/1,000	9.5/1,000	15.5/1,000
農林水産・清酒製造の事業	7/1,000	10.5/1,000	17.5/1,000
建設の事業	7/1,000	11.5/1,000	18.5/1,000

（計算例）
・一般事業、雇用保険対象賃金の総額：268,000円の場合
268,000円×6/1000＝1,608円……**雇用保険料本人負担分**
毎月の本人負担分雇用保険料の端数処理は50銭超は切り上げ、50銭以下は切り捨て

雇用保険料算出の基となる雇用保険の対象賃金の範囲の例示

賃金総額に含まれるもの	・基本賃金：日給・月給、臨時・日雇労働者・パートタイマーに支払う賃金 ・賞与：夏季・年末などに支払うボーナス ・通勤手当：非課税分を含む ・定期券、回数券：通勤のために支払う現物給与 ・時間外手当、深夜手当 ・家族手当、扶養手当：労働者本人以外の者について支払う手当 ・技能手当、教育手当 ・調整手当：配置転換・初任給等の調整手当 ・地域手当：寒冷地手当・地方手当・単身赴任手当など ・住宅手当：家賃補助のために支払う手当 ・精勤手当・皆勤手当 ・物価手当：家計補助の目的で支払う手当 ・休業手当：労働基準法に基づき支払う手当 ・宿直・日直手当 ・前払い退職金：支給基準・支給額が明確な場合は原則として含む
賃金総額に含まれないもの	・役員報酬：取締役等に対して支払う報酬 ・慶弔見舞金 ・勤続報奨金：就業規則等の定めの有無を問わない ・退職金 ・出張旅費、宿泊費：実費弁償と考えられるもの ・傷病手当金：健康保険法に基づくもの ・解雇予告手当：労働基準法に基づいて労働者を解雇する際に支払う手当 ・会社が全額負担する生命保険の掛け金

Section 02-5 | 年齢による 取り扱いの変化

- ✓ 介護保険料は40歳に到達した月より給与からの控除が始まる。
- ✓ 75歳になると健康保険料の控除もなくなり、社会保険料控除はなくなる。
- ✓ 社会保険での年齢到達日は、誕生日当日ではなく誕生日の前日。

給与だけではなく賞与にも影響があるから
注意が必要なんだ。

社員の40歳、65歳、70歳、75歳に要注意

　社会保険料は、年齢に応じて給与から控除される保険料に違いが生じます。社会保険料での年齢到達日は、誕生日ではなく誕生日の前日となります。

　まず、介護保険料が40歳に到達した月より徴収が始まります。65歳に到達すると、その月より介護保険料の給与控除がなくなります。70歳に到達すると厚生年金保険料がなくなり、75歳になると健康保険料の控除がなくなります。75歳になると健康保険は脱退となり、後期高齢者医療制度へ加入することになります。

誕生日の1日前が取り扱いが変わる日

　毎月の給与計算では、上記の保険料の取り扱いが変わる年齢に到達する社員がいないかをチェックするようにします。特に、誕生日が1日の社員は、年齢到達日が誕生日の前日であることから、前月の処理になることに注意します。196ページの例2のように4月1日が誕生日の社員は、年齢到達日が前日の3月31日となり、4月2日以降の誕生日の人に比べると保険料を徴収する月が1か月ずれることになります。

　また、60歳に到達した社員がいるときは、給与計算とは直接関係はありませんが、高年齢雇用継続給付金（196ページmemoを参照）の支給を受けるために、ハローワークに60歳到達時賃金証明書の手続きをしておきましょう。

年齢による取り扱いの変化

● 年齢による社会保険料控除のイメージ

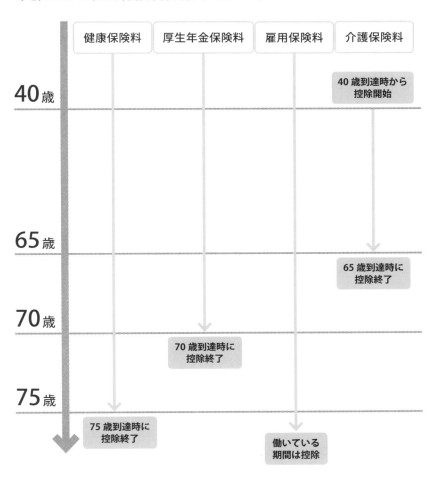

Column

75歳以降の後期高齢者医療制度について

　75歳になると、健康保険は脱退となり、後期高齢者医療制度に加入することになります。給与計算においても健康保険料の控除はなくなり、社員本人が支払うこととなります。また、被保険者証（保険証）についても切替となり、後期高齢者医療制度の被保険者証が自宅に郵送されてきます。

---

memo ▷ 介護保険の加入者は65歳以上の第1号被保険者と、40歳から64歳の第2号被保険者に区分される。
65歳以上の加入者の介護保険料は給与からの控除ではなく加入者本人が市区町村へ支払う形となる。

●介護保険料徴収の仕組み

例1）給与は末締め、翌月20日支給、4月10日が誕生日の場合

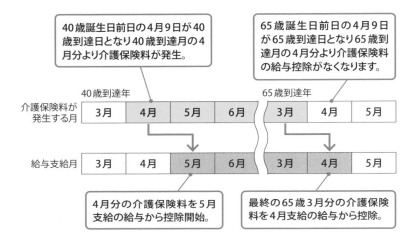

例2）給与は末締め、翌月20日支給、4月1日が誕生日の場合

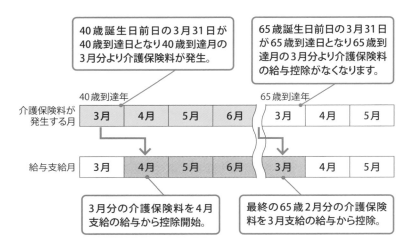

memo > 60歳以降の給与月額が60歳到達時点の75%未満となる人は、雇用保険から高年齢雇用継続給付金が支給される。ハローワークに60歳到達時点の給与額を証明する60歳到達時等賃金証明書の届出が必要。

年齢による取り扱いの変化

— **Column** —

60歳以上の年金支給調整の仕組み
「在職老齢年金制度」

　60歳以上で厚生年金保険に加入しながら老齢厚生年金を受給するときは、受給する老齢厚生年金の額と社会保険の標準報酬月額と賞与額に応じて年金額が支給調整（減額）される場合があります。この年金の支給調整の仕組みを「在職老齢年金」といいます。

　在職老齢年金の影響を考慮し、厚生年金の支給開始のタイミングで給与の改定を検討する会社もあります。在職老齢年金の支給調整は社員だけではなく、役員にも同様に適用されるため、役員報酬の変更を検討するきっかけにもなります。

休職、介護休業、産前産後休業、育児休業中の処理

Section 02 -6

ここだけ Check!

✓ 私傷病休職、介護休業中の社会保険料は会社および本人負担共に発生。

✓ 産前産後休業期間中の社会保険料は会社および本人負担が共に免除。

✓ 育児休業期間中の社会保険料も会社および本人負担が共に免除。

社会保険が免除になる休業と、
ならない休業があるのだ。

原則として休職・休業中にも社会保険料がかかってくる

　仕事以外での病気やケガなどの私傷病での休職中も、会社負担分および本人負担共に社会保険料の負担が変わらずに発生します。休職中の賃金の取り扱いは、就業規則で確認しますが、一般的には休職期間中は無給となります。

　無給でも社会保険料は発生するため、休職期間中は給与明細が社会保険料の分だけマイナスになります。本人負担分の社会保険料は一旦会社が立て替え、社員から会社へ振込をしてもらうなどの形で徴収します。

　また、介護休業の期間中においても同様に社会保険料がかかります。

産前産後休業、育児休業期間中は社会保険料が免除

　産前産後休業期間（産前42日、多胎妊娠の場合は98日、産後56日のうち、妊娠または出産を理由として労務に従事しなかった期間）は、申出をすることで健康保険・厚生年金保険の本人負担分および会社負担分の保険料がともに免除されます（産前産後休業期間中の有給・無給は問われません）。免除期間は、産前産後休業開始月から終了予定日の翌日の月の前月（産前産後休業終了日が月の末日の場合は産前産後休業終了月）までとなります。

　同様に、育児休業期間中も健康保険・厚生年金保険の保険料の本人負担分および会社負担分が免除となります。免除期間は、育児休業等開始月から終了予定日の翌日の月の前月（育児休業終了日が月の末日の場合は育児休業終了月）までとなります。

● イレギュラーな社会保険料の取り扱い

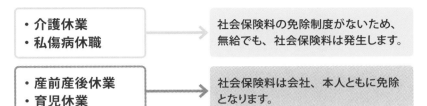

・介護休業
・私傷病休職
→ 社会保険料の免除制度がないため、無給でも、社会保険料は発生します。

・産前産後休業
・育児休業
→ 社会保険料は会社、本人ともに免除となります。

書類名　**産前産後休業取得者申出書**

［提出先］日本年金機構 事務センターまたは年金事務所
［提出期限］産前産後休業期間中または産前産後休業終了後の終了日から起算して1か月以内

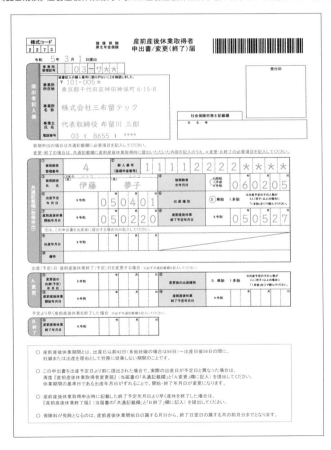

<blockquote>
memo
</blockquote>

事業主等でも、被保険者であれば産前産後休業期間中の保険料免除は受けられる。一方、事業主等は育児休業が取得できないため、育児休業期間中の保険料免除は受けられない。

業務の流れをつかもう

Section 03 | 源泉所得税の計算

給与所得者が、扶養控除等の控除を受けるために必要な書類が扶養控除等（異動）申告書なんだ。

●源泉所得税の計算に関するチェックリスト

源泉所得税の計算

	チェック項目	確認
事前確認	当年分の扶養控除等（異動）申告書を回収し、税法上の扶養人数を算出したか	
	当年分の扶養控除等（異動）申告書を提出していない社員に、「乙欄」で所得税を計算することを確認したか	
	年が変わり1月に支給する給与計算時に新しい年の源泉徴収税額表を用意しているか	
計算時確認	当月に扶養親族に変更がないか （ある場合）税法上の扶養人数に変更がないか確認する	
	通勤手当で課税通勤費がないか	
	通勤手当など非課税支給項目を除いた課税支給額を計算したか	
	当月の社会保険料に間違いはないか	
	課税支給額から社会保険料を控除した課税対象額を計算したか	
	課税対象額と扶養人数から源泉所得税を計算したか	
	扶養控除等（異動）申告書を未回収の社員を乙欄で計算していないか	
	日雇い労働者がいる場合、日額表を用いて税額を計算しているか	

基本的には支給する額に応じて毎月控除する額が変わるのだ。

200

源泉所得税の計算方法の概要

- ☐ **対象者**　　　社員、役員
- ☐ **用意する書類**　源泉徴収税額表、給与所得者の扶養控除等（異動）申告書など
- ☐ **作成する書類**　給与明細書

役員報酬や給与から所得税を天引きして納める仕組み

　源泉所得税は、役員の役員報酬や社員の給与から税額を会社が天引きし、本人に代わって国に納める所得税となります。その年の最終的な所得税は年に1度の年末調整や確定申告により決定されますが、毎月の給料からは一定のルールに基づき概算で計算した所得税を徴収します。

「給与所得者の扶養控除等（異動）申告書」の回収を忘れずに

　毎月の源泉所得税を計算する上で重要な書類が給与所得者の扶養控除等（異動）申告書（以下、「扶養控除等（異動）申告書」）です。この申告書を社員から提出してもらうことで扶養親族の内容を確認し、その内容に基づき源泉所得税を計算します。

　年の途中で扶養親族が増減する場合は都度社員から申告を受けた内容を給与計算に反映します。毎月の給与計算においては、通勤手当などの非課税項目を除いた課税支給額から社会保険料を控除した課税対象額を求めます。

税率は乙欄と甲欄があるが、通常は甲欄で計算

　その後、算出した課税対象額に基づき、源泉徴収税額表を参照し当月の源泉所得税を計算します。源泉徴収税額表を参照するに際に、扶養控除等（異動）申告書の提出がある社員については甲欄、提出のない社員については乙欄の区分となるため、課税対象額からそれぞれの区分の税額を参照し計算・確認を行います。また、一部日雇い労働者の方には丙欄と呼ばれる日額表にて計算を行うケースもあります。

Section 03 -1 | 扶養控除等（異動）申告書と税法上の扶養人数

ここだけ
Check!

☑ 扶養控除等（異動）申告書の提出で所得税の扶養控除等の控除が受けられる。

☑ 扶養控除等（異動）申告書は、その年に初めての給与支払日の前日までに提出。

☑ 障害者や寡婦等の要件に該当する場合は、扶養親族等の数に1人を加算。

源泉所得税では16歳未満は
扶養親族の対象外になるので注意。

必ずしも「源泉所得税の扶養人数」＝扶養親族とは限らない

給与計算時の源泉所得税の計算のためには、税法上の扶養人数の把握が必要です。まず対象者の人数を数え、さらに障害者や寡婦といった要件に該当するケースがある場合は、扶養親族等にその数を加算します。そのため、**実際の扶養親族の人数とは違う数になることもあります**。

間違いやすい点としては、源泉所得税では16歳未満は扶養親族の対象外とするため、扶養親族の数には含みません。出産や就職、死亡により扶養親族が増減した際などは注意します。

扶養控除等（異動）申告書を提出しないと諸控除が受けられない

日本国内での給与所得者は、役員・社員の区別を問わず、また、扶養親族の有無に関わらずこの申告書を会社に提出することで扶養控除などの諸控除を受けることができます。そのため、この申告書を提出しない場合は、高い税率の区分である乙欄（→P.208）で源泉所得税が計算され、また、年末調整も行われません。なお、2社以上で勤務する副業がある人は、勤務先のいずれか1社に対してのみこの申告書を提出することができます。

この申告書は、本来は給与支払者である会社を経由して会社を管轄する税務署や給与所得者本人の住民税課税地である市区町村へ提出することになっていますが、税務署や市区町村から特に提出を求められた場合を除き、提出する必要はなく通常は会社で保管しておく書類になります。

源泉控除対象配偶者 と 控除対象扶養親族

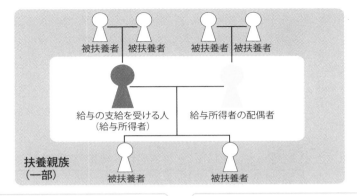

控除対象扶養親族となる要件
・納税する本人と生計を一にする配偶者以外の親族（6 親等以内の血族および 3 親等以内の姻族）等
・扶養する親族の所得の見積金額が 48 万円（年収 103 万円）以下
・扶養する親族が青色申告書の事業専従者として給与を受け取っていないこと、白色申告書の事業専従者でないこと

源泉控除対象配偶者となる要件
・給与所得者の所得の見積金額が 900 万円（年収 1,120 万円）以下
・納税する本人と生計を一にする配偶者の所得の見積金額が 95 万円（年収 150 万円）以下
・配偶者が青色申告書の事業専従者として給与を受け取っていないこと、白色申告書の事業専従者でないこと

税法（所得税）上の扶養親族数の数え方の例

次のような構成の家族を例にとります。

・源泉控除対象配偶者……あり
・控除対象扶養親族：2 名……18 歳の子供、70 歳の母親
・16 歳未満の扶養親族：2 名……15 歳の子供、14 歳の子供

税法（所得税）上の扶養親族は次のようになります。

税法上の扶養親族は下記の 3 名となります。

・配偶者（+1 名）
・18 歳の子供（+1 名）
・70 歳の母親（+1 名）

※ 15 歳の子供、14 歳の子供は対象外となり税法上の扶養人数
　にはカウントされません。

●「給与所得者の扶養控除等（異動）申告書」から「扶養親族等の数」の求め方

扶養控除等（異動）申告書と税法上の扶養人数

令和6年分　給与所得者の扶養控

所轄税務署長等	給与の支払者の名称（氏名）	株式会社三布留テック	（フリガナ）あなたの氏名	ノベオカ
神田　税務署長				延岡
川越　税務署長	給与の支払者の法人（個人）番号	※この申告書の提出を受けた給与の支払者が記載してください。 1 1 1 1 2 3 4 5 5 6 6 6	あなたの個人番号	1 2 3 4
	給与の支払者の所在地（住所）	東京都千代田区神田神保町6-15-8	あなたの住所又は居所	（郵便番号 350 埼玉県川

あなたに源泉控除対象配偶者、障害者に該当する同一生計配偶者及び扶養親族がなく、かつ、あなた自身が障害者、寡婦、ひと

	区分等	（フリガナ）氏　名	個人番号 あなたとの続柄　生年月日	老人扶養親族（昭30.1.1以前生）特定扶養親族（平14.1.2生～平18.1.1生）	令和6所得の
主たる給与から控除を受ける	A 源泉控除対象配偶者（注1）		明・大昭・平		
	B 控除対象扶養親族（16歳以上）（平21.1.1以前生）	1 ノベオカ フサコ 延岡　房子	3 3 3 1 2 3 4 * * * * 母 明・大昭・平 19・2・20	□ 同居老親等 □ その他 □ 特定扶養親族	
		2	明・大昭・平	□ 同居老親等 □ その他 □ 特定扶養親族	
		3	明・大昭・平	□ 同居老親等 □ その他 □ 特定扶養親族	
		4	明・大昭・平	□ 同居老親等 □ その他 □ 特定扶養親族	

C 障害者、寡婦、ひとり親又は勤労学生	□ 障害者	区分	該当者 本人	同一生計配偶者（注2）	扶養親族	□ 寡婦 □ ひとり親 □ 勤労学生	障害者又は勤労学生の
		一般の障害者			（人）		
		特別障害者			（人）		
		同居特別障害者			（人）		

上の該当する項目及び欄にチェックを付け、（　）内には該当する扶養親族の人数を記入してください。

（注1）源泉控除対象配偶者とは支払を受ける人及び白色事
（注2）同一生計配偶者とは、所所得の見積額が48万円以下

D 他の所得者が控除を受ける扶養親族等	氏　名	あなたとの続柄	生年月日	住所又は居所
			明・大・昭平・令　・・	
			明・大・昭平・令　・・	

○住民税に関する事項（この欄は、地方税法第45条の3の2及び第317条の3の2に基づき、給与の支払者を経由して市区町村長に

16歳未満の扶養親族（平21.1.2以後生）	（フリガナ）氏　名	個人番号	あなたとの続柄	生年月日
	1			平・令　・・
	2			平・令　・・
退職手当等を有する配偶者・扶養親族	（フリガナ）氏　名	個人番号	あなたとの続柄	生年月日
				明・大・昭平・令　・・

（C）扶養親族の列は人数を、その他の項目はチェックマークの数を「扶養親族等の数」にプラス。

204　memo ＞ 16歳未満の扶養親族は記載する場所を間違える社員も多いため注意する。

（A）配偶者の氏名などが記入され、「所得の見積額」の金額が 95 万円以下なら、「扶養親族等の数」をプラス 1。

（B）記入されている人数を「扶養親族等の数」にプラス。

○扶養控除等（異動）申告書

ノベオカ　リョウコ	あなたの生年月日	明・大㊺平・令 41 年 10月15 日	従たる給与についての扶養控除等申告書の提出（提出している場合には、○印を付けてください。）
延岡　良子	世帯主の氏名	延岡　良子	
1 2 3 4 1 2 3 4 ＊ ＊ ＊	あなたとの続柄	本人	
（郵便番号 350 − 11＊＊ ）埼玉県川越市今成 6-25-22	配偶者の有無	有・無	

㊕ 扶

記載のしかたはこちら

障害者、寡婦、ひとり親又は勤労学生のいずれにも該当しない場合には、以下の各欄に記入する必要はありません。

	令和 6 年中の所得の見積額（〜平18.1.1生）	非居住者である親族	住所又は居所	異動月日及び事由（令和6年中に異動があった場合は記載してください）（以下同じです。）
		生計を一にする事実		
		（該当する場合は○印を付けてください。）		
号老親等の他 扶養親族	0 円	□ 16歳以上30歳未満又は70歳以上□ 留学□ 障害者□ 38万円以上の支払	埼玉県川越市今成 6-25-22	
号老親等の他 扶養親族	円	□ 16歳以上30歳未満又は70歳以上□ 留学□ 障害者□ 38万円以上の支払		
号老親等の他 扶養親族	円	□ 16歳以上30歳未満又は70歳以上□ 障害者□ 38万円以上の支払		
号老親等の他 扶養親族	円	□ 16歳以上30歳未満又は70歳以上□ 留学□ 障害者□ 38万円以上の支払		

者又は勤労学生の内容（この欄の記載に当たっては、裏面の「2　記載についてのご注意」の P.8 をお読みください。）　異動月日及び事由

源泉控除対象配偶者とは、所得者（令和6年中の所得の見積額が900万円以下の人に限ります。）と生計を一にする配偶者（青色事業専従者として給与の払を受ける人及び白色事業専従者を除きます。）で、令和6年中の所得の見積額が95万円以下の人をいいます。　　　　　）で、所得者と生計を一にする配偶者（青色事業専従者として給与の支払を受ける人及び白色事業専従者を除きます。）で、令和6年中の得の見積額が48万円以下の人をいいます。

は　居　所	控除を受ける他の所得者			異動月日及び事由
	氏　　名	あなたとの続柄	住所又は居所	

してして市区町村長に提出する給与所得者の扶養親族等申告書の記載欄を兼ねています。）

手月日	住　所　又　は　居　所	控除対象外国（該当する場合は○印を付け）

手月日	住　所　又　は　居　所	非居住者である親族（該当する項目にチェックを付けてください。）	令和 6 年中の所得の見積額（※）	障害者区分	異動月日及び事由	寡婦又はひとり親
		□ 配偶者□ 30歳未満又は70歳以上 □ 留学□ 障害者 □ 38万	円	□ 一般		□ 寡婦□ ひとり親

「扶養親族等の数」は所得税の計算をするときに必要になる数字なのだ。

このこの申告書は、あなたの給与について扶養控除、障害者控除などの控除を受けるために提出するものです。　　　　　これこの人が申告書に記載する必要があるのは、人が 2 も 1 か所からまかしか出されます。　　　　　　　出する人のもすがはいうする場合があります。　　　　　◎この申告書の記載に当たっては、裏面の「1　申告についてのご注意」等をお読みください。

「扶養親族等の数」の求め方
扶養親族等の数＝源泉控除対象配偶者（A）
　　　　　　　　＋控除対象扶養親族（B）
　　　　　　　　＋障害者、寡婦、ひとり親または勤労学生（C）

Section 03-2 | 課税支給額と 課税対象額の計算

- ✓ 支給項目は原則給与課税され、通勤手当など例外的に非課税項目がある。
- ✓ 出張旅費や慶弔見舞金の非課税項目を課税支給額に含めないように注意。
- ✓ 課税支給額から社会保険料を控除した金額が課税対象額となる。

> 非課税となるものを課税支給額に
> 含めないように注意するのニャ。

出張旅費や慶弔見舞金などは所得税がかからない

　所得税の計算では、**基本給をはじめ、会社ごとに規定される諸手当、時間外労働や休日労働を行った際の時間外手当などの支給項目は課税の対象**となります。例外として、通勤定期代などの非課税限度額の範囲内の通勤手当や出張に要した出張旅費などのみが非課税項目となります。出張旅費や慶弔見舞金といった非課税項目は通常はあまり発生しない項目であることが多いため、間違って課税支給額に含めないように注意します。

　課税支給額はその名称の通り、給与課税される支給項目の合計額となり、総支給額から非課税項目を控除した金額となります。間違いやすいのは非課税限度額を超えた課税通勤手当が支給されている場合です。課税される部分の通勤手当は課税対象額に含めるようにします。

課税支給項目から社会保険・雇用保険を引いた額に税金がかかる

　課税支給額から健康保険料や厚生年金保険料、雇用保険料といった社会保険料を控除した金額が課税対象額となり、この課税対象額を基に源泉所得税が計算されます。そのため、社会保険料の計算が正しくなければ、課税対象額も間違ってしまうことになり、源泉所得の計算も違うことになります。

> つまり、社会保険の計算を間違うと、
> 所得税の計算もやり直しになるのだ。

● 給与明細書で課税対象額を計算

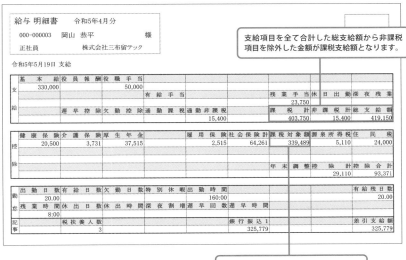

支給項目を全て合計した総支給額から非課税項目を除外した金額が課税支給額となります。

課税支給額から社会保険料を控除した金額が課税対象額となります（→ P.209）。

（上記計算例）

330,000 円（基本給）＋ 50,000 円（役職手当）＋ 23,750 円（残業手当）
＝ 403,750 円……**課税計（課税支給額）**

403,750 円－ 20,500 円（健康保険）－ 3,731 円（介護保険）－ 37,515 円（厚生年金保険）－ 2,515 円（雇用保険）＝ 339,489 円……**課税対象額**

非課税となる項目例

- **通勤手当**
  非課税限度額の範囲内のもの

- **出張旅費**
  出張旅費として支給される通常必要であると認められるもの

- **宿直・日直手当**
  宿直や日直の手当のうち、一定金額以下のもの

- **見舞金**
  支給を受ける者の地位などに照らして社会通念上相当と認められるもの

memo ▷ 非課税限度額を超える通勤手当の支給がある場合は、非課税通勤手当と課税通勤手当の項目を分けて給与計算を行う。

Section 03 -3 | 源泉徴収税額表による税額の計算

✓ 源泉徴収税額表は月額表と日額表があり通常は月額表にて税額を計算。

✓ 扶養控除等（異動）申告書の提出がない場合は税額の区分が乙欄となる。

✓ 源泉徴収税額表は、法改正などにより更新されるので毎年1月は注意。

> 扶養親族等の数（税法上の扶養人数）によって
> 税額が変わるんだ。

月給者は源泉所得税額表の月額表で税額を求める

課税対象額から税額を求めるには**源泉徴収税額表**を使用します。源泉徴収税額表には月額表と日額表の2種類がありますが、月単位に給与を支払うときは月額表を使います（日額表は日雇いの社員などに使用します）。

扶養控除等（異動）申告書が提出されている社員は、表内の甲欄で税額を求めます。扶養親族の数で税額が変わります（右ページの図参照）。

源泉徴収税額表は、法改正などにより毎年更新されるため、毎年1月に支給する分の給与計算を行う前には国税庁のホームページからダウンロードするか、最寄の税務署にて最新の源泉徴収税額表を準備するようにします。

本業の給与は甲欄、副業の給与の税額は乙欄で求める

扶養控除等（異動）申告書の提出がない社員は扶養控除の適用を受けることができず、税額表の右端にある乙欄で税額を求めます。甲欄と乙欄の違いは端的に言えば甲欄は本業、乙欄は副業です。副業先では本業よりも割高な税額（210ページの事例では66,000円）が課税されます。

なお、賞与についての源泉所得税は月額表とは別途異なる算出方法となります（→P.262）。

●源泉徴収税額表の月額表

（計算例1）207ページの通り課税対象額は339,489円、税扶養人数は3人とする。

（三）		甲								（290,000円～439,999円） 乙
その月の社会保険料等控除後の給与等の金額		扶養親族等の数								税額
以上	未満	0人	1人	2人	3人	4人	5人	6人	7人	
円	円	税 （円）					額 （円）			税 額 （円）
290,000	293,000	8,040	6,420	4,800	3,190	1,570	0	0	0	50,900
293,000	296,000	8,140	6,520	4,910	3,290	1,670	0	0	0	52,100
296,000	299,000	8,250	6,640	5,010	3,400	1,790	160	0	0	52,900
299,000	302,000	8,420	6,740	5,130	3,510	1,890	280	0	0	53,700
302,000	305,000	8,670	6,860	5,250	3,630	2,010	400	0	0	54,500
305,000	308,000			5,370	3,760	2,130	520	0	0	55,200
308,000	311,000			5,490	3,880	2,260	640	0	0	56,100
311,000	314,000		7,230	5,620	4,000	2,380	770	0	0	56,900
314,000	317,000	9,650	7,350	5,740	4,120	2,500	890	0	0	57,800
317,000	320,000	9,890	7,470	5,860	4,250	2,620	1,010	0	0	58,800
320,000	323,000	10,140	7,600	5,980	4,370	2,750	1,130	0	0	59,800
323,000	326,000	10,380	7,720	6,110	4,490	2,870	1,260	0	0	60,900
326,000	329,000	10,630	7,840	6,230	4,610	2,990	1,380	0	0	61,900
329,000	332,000	10,870	7,960	6,350	4,740	3,110	1,500	0	0	62,900
332,000	335,000	11,120	8,090	6,470	4,860	3,240	1,620	0	0	63,900
335,000	338,000	11,360	8,210	6,600	4,980	3,360	1,750	130	0	64,900
338,000	341,000	11,610	8,370	6,720	5,110	3,480	1,870	260	0	66,000
341,000	344,000	11,850	8,620	6,840	5,230	3,600	1,990	380	0	67,000
344,000	347,000	12,100	8,860	6,960	5,350	3,730	2,110	500	0	68,000
347,000	350,000	12,340	9,110	7,090	5,470	3,850	2,240	620	0	69,000
350,000	353,000	12,590	9,350	7,210	5,600	3,970	2,360	750	0	70,000
353,000	356,000	12,830	9,600	7,330	5,720	4,090	2,480	870	0	71,100
356,000	359,000	13,080	9,840	7,450	5,840	4,220	2,600	990	0	72,100
359,000	362,000	13,320	10,090	7,580	5,960	4,340	2,730	1,110	0	73,100
362,000	365,000	13,570	10,330	7,700	6,090	4,460	2,850	1,240	0	74,200
365,000	368,000	13,810	10,580	7,820	6,210	4,580	2,970	1,360	0	75,200
368,000	371,000	14,060	10,820	7,940	6,330	4,710	3,090	1,480	0	76,200
371,000	374,000	14,300	11,070	8,070	6,450	4,830	3,220	1,600	0	77,100
374,000	377,000	14,550	11,310	8,190	6,580	4,950	3,340	1,730	100	78,100
377,000	380,000	14,790	11,560	8,320	6,700	5,070	3,460	1,850	220	79,000
380,000	383,000	15,040	11,800	8,570	6,820	5,200	3,580	1,970	350	79,900
383,000	386,000	15,280	12,050	8,810	6,940	5,320	3,710	2,090	470	81,400
386,000	389,000	15,530	12,290	9,060	7,070	5,440	3,830	2,220	590	83,100
389,000	392,000	15,770	12,540	9,300	7,190	5,560	3,950	2,340	710	84,700
392,000	395,000	16,020	12,780	9,550	7,310	5,690	4,070	2,460	840	86,500
395,000	398,000	16,260	13,030	9,790	7,430	5,810	4,200	2,580	960	88,200
398,000	401,000	16,510	13,270	10,040	7,560	5,930	4,320	2,710	1,080	89,800
401,000	404,000	16,750	13,520	10,280	7,680	6,050	4,440	2,830	1,200	91,600
404,000	407,000	17,000	13,760	10,530	7,800	6,180	4,560	2,950	1,330	93,300
407,000	410,000	17,240	14,010	10,770	7,920	6,300	4,690	3,070	1,450	95,000
410,000	413,000	17,490	14,250	11,020	8,050	6,420	4,810	3,200	1,570	96,700
413,000	416,000	17,730	14,500	11,260	8,170	6,540	4,930	3,320	1,690	98,300
416,000	419,000	17,980	14,740	11,510	8,290	6,670	5,050	3,440	1,820	100,100
419,000	422,000	18,220	14,990	11,750	8,530	6,790	5,180	3,560	1,940	101,800
422,000	425,000	18,470	15,230	12,000	8,770	6,910	5,300	3,690	2,060	103,400
425,000	428,000	18,71_				420		3,810	2,180	105,200
428,000	431,000	18,96_				540		3,930	2,310	106,900

その月の社会保険料控除後の金額＝「課税対象額」となります。

課税対象額 339,489 円の範囲に該当する行を参照し、扶養親族の数が 3 人の欄に記載された 5,110 円が税額となります。

実務のときには必ず最新の源泉徴収税額表を使おう。

（計算例2）

計算例1と同様に課税対象額は339,489円、ただし給与所得者の扶養控除等（異動）申告書が未提出のため乙欄での計算をする場合

> 扶養控除等（異動）申告書の提出がない場合は乙欄にて計算。

（三） (290,000円～439,999円)

その月の社会保険料等控除後の給与等の金額		甲								乙	
		扶 養 親 族 等 の 数									
		0 人	1 人	2 人	3 人	4 人	5 人	6 人	7 人		
以 上	未 満	税					額			税	額
円	円	円	円	円	円	円	円	円	円		円
290,000	293,000	8,040	6,420	4,800	3,190	1,570	0	0	0		50,900
293,000	296,000	8,140	6,520	4,910	3,290	1,670	0	0	0		52,100
296,000	299,000	8,250	6,640	5,010	3,400	1,790	160	0	0		52,900
299,000	302,000	8,420	6,740	5,130	3,510	1,890	280	0	0		53,700
302,000	305,000	8,670	6,860	5,250	3,630	2,010	400	0	0		54,500
305,000	308,000	8,910	6,980	5,370	3,760	2,130	520	0	0		55,200
308,000	311,000	9,160	7,110	5,490	3,880	2,260	640	0	0		56,100
311,000	314,000	9,400	7,230	5,620	4,000	2,380	770	0	0		56,900
314,000	317,000	9,650	7,350	5,740	4,120	2,500	890	0	0		57,800
317,000	320,000	9,890	7,470	5,860	4,250	2,620	1,010	0	0		58,800
320,000	323,000	10,140	7,600	5,980	4,370	2,750	1,130	0	0		59,800
323,000	326,000	10,380	7,720	6,110	4,490	2,870	1,260	0	0		60,900
326,000	329,000	10,630	7,840	6,230	4,610	2,990	1,380	0	0		61,900
329,000	332,000	10,870	7,960	6,350	4,740	3,110	1,500	0	0		62,900
332,000	335,000	11,120	8,090	6,470	4,860	3,240	1,620	0	0		63,900
335,000	338,000	11,360	8,210	6,600	4,980	3,360	1,750	130	0		64,900
338,000	341,000	11,610	8,370	6,720	5,110	3,480	1,870	260	0		66,000
341,000	344,000	11,850	8,620	6,840	5,230	3,600	1,990	380	0		67,000
344,000	347,000	12,100	8,860	6,960	5,350	3,730	2,110	500	0		68,000
347,000	350,000	12,340	9,110	7,090	5,470	3,850	2,240	620	0		69,000
350,000	353,000	12,590	9,350	7,210	5,600	3,970	2,360	750	0		70,000
353,000	356,000	12,830	9,600	7,330	5,720	4,090	2,480	870	0		71,100
356,000	359,000	13,080	9,840	7,450	5,840	4,220	2,600	990	0		72,100
359,000	362,000	13,320	10,090	7,580	5,960	4,340	2,730	1,110	0		73,100
362,000	365,000	13,570	10,330	7,700	6,090	4,460	2,850	1,240	0		74,200
365,000	368,000	13,810	10,580	7,820	6,210	4,580	2,970	1,360	0		75,200
368,000	371,000	14,060	10,820	7,940	6,330	4,710	3,090	1,480	0		76,200
371,000	374,000	14,300	11,070	8,070	6,450	4,830	3,220	1,600	0		77,100

> 課税対象額339,489円の範囲に該当する行を参照し、乙欄では扶養控除を受けられないため、扶養親族の数に関わらず税額が決まります（このケースの場合は、66,000円）。

> 働いた日ごとや1週間ごとに給与を支払う場合は「日額表」を使うのニャ。

memo 扶養控除等（異動）申告書を未提出であった者から後日提出（申告）があった場合は、年末調整にて税額が精算されることになる。

─── **Column** ───

給与計算ソフトと源泉徴収税額表では税額が違う？

　給与計算をパソコン（電子計算機）で処理するときは、月額表の甲欄を適用する社員は源泉徴収税額表ではなく、別途定められた計算式により源泉所得税を算出してもよい特例があります。

　特例を用いた計算では源泉徴収税額表とは毎月の税額に数十円～数百円程度の差が生じる場合があります。この差額は年末調整や確定申告により精算されるため、どちらが得か損かということはありません。

> 要は月々の税額が少し違っても、
> 年間を通した税額は
> どちらも同じ額になる
> ということなのだ。

memo ▷ 　一般的な給与計算ソフトでは源泉所得税の計算方法を原則の税額表で行うか、電子計算機の特例で行うかの選択ができる。

Section

04 | 住民税の計算

> 住民税の金額は毎月の給与支給額によって変動せず、原則として固定額なのだ。

● 住民税の計算に関するチェックリスト

	チェック項目	確認
事前確認	特別徴収と普通徴収の対象者	
	特別徴収対象者すべての市区町村からの税額通知書が揃っているか	
	特別徴収対象者の特別徴収税額通知書の税額内容 すでに退職した社員など対象外となる者が記載されていないかなど	
計算時確認	当月に特別徴収税額の変更対象者の有無 (いる場合)変更後の税額を確認する	
	当月に入社者がいる場合の住民税の取り扱い	
	当月に入社者がいる場合に必要に応じた市区町村へ特別徴収の異動届、または切替届の書類の作成	
	当月に退職者がいる場合の住民税の取り扱い (いる場合)一括徴収する場合は、一括徴収する税額計算を行い給与へ反映する	
	当月に退職者がいる場合に市区町村へ特別徴収の異動届の書類の作成	

> 一般的には6月分の住民税を6月に支給する給与より控除し翌月に市区町村へ納付する。

memo ＞ 住民税の特別徴収は社員の入社と退社があった際に市区町村への届出が必要なため注意する。

住民税の計算方法の概要

- [ ] **対象者**　　　特別徴収にて住民税を納付するすべての社員、役員
- [ ] **用意する書類**　特別徴収税額通知書、特別徴収税額の変更通知書など
- [ ] **作成する書類**　給与明細書、特別徴収切替届、住民税異動届など

毎月天引きする住民税の税額は市区町村で計算される

　住民税は、本人が市区町村へ直接納税を行う「普通徴収」と呼ばれる納付方法と、給与から税額が毎月控除され会社が市区町村への納付を代行する「特別徴収」の2つの納付方法があります。会社から給与の支給を受ける社員は原則として給与から控除を行う特別徴収により納付を行う必要があり、会社には社員の住民税を特別徴収し納付する義務があります。

　住民税の税額は、会社が計算する必要はなく市区町村によって計算された金額に基づき控除を行います。市区町村で決定される住民税の金額は、前年の所得によって税額が決定されます。

新しい税額は毎年5月に通知され6月分の住民税から変更になる

　税額の通知は5月に各市区町村から会社に送付される特別徴収税額通知書で行われます。会社は特別徴収税額通知書記載の税額を給与から控除します。住民税は所得税と違い、毎月の給与支給額に応じて変動するものではありませんが、入社時や退職時の各市区町村への手続きが漏れていたり、イレギュラーに発生する税額の変更通知書の給与への反映を失念するといったミスが起こりがちです。給与計算への控除の仕方と併せ、市区町村への手続きのタイミングなども理解しておく必要があります。

キーワード　住民税計算のチェックリスト

Section 04-1 | 普通徴収と特別徴収

ここだけ
Check!

☑️ 住民税は前年所得に応じて1月1日時点に居住する市区町村にて課税。

☑️ 住民税は本人が直接納付する普通徴収と給与控除される特別徴収がある。

☑️ 住民税の普通徴収は年4回払い、特別徴収は年12回払い。

納税者自身が納付するのが普通徴収、
会社が天引きして納付するのが特別徴収。

社員の住民税は基本的に給与から天引きされる

住民税は**前年度の所得に応じて1月1日時点に居住する市区町村にて課税・徴収**されます。納付方法は**納税者本人が直接市区町村へ納付する普通徴収**と、**給与から控除され会社が市区町村への納付を代行する特別徴収**があります。

普通徴収は、給与所得以外の個人事業主や退職して次の就職先が決まっていない人、転職先での申請手続き中の人などが該当します。**給与所得がある人は原則は特別徴収**となりますが、特別徴収の対象者が2名以下の会社や、給与が毎月支払われていない人などは、普通徴収が認められます（右ページ図参照）。

特別徴収と普通徴収では徴収回数に違いがあります。特別徴収は原則として毎月の給与から住民税を控除するため、年間の税額を12回で納付するのに対し、普通徴収は6月、8月、10月、1月の年に4回で納付するため、1回あたりの納付額が大きくなります。

会社が徴収した税金は毎月納付する

給与支払者である会社は、原則として社員の給与から住民税を控除する特別徴収義務者となります。特別徴収では、会社が社員の毎月の給与から住民税を控除し、控除した住民税を各市町村へ納付します。

給与計算や住民税の納付の過程でミスがあり納付額が不足したときは、会社宛てに督促状が届きます。住民税の納付は市区町村単位の作業で処理が煩雑ですが、それが理由で社員各自で納付してもらうことはできません。

● 特別徴収と普通徴収の仕組みの違い

特別徴収の仕組みと流れ

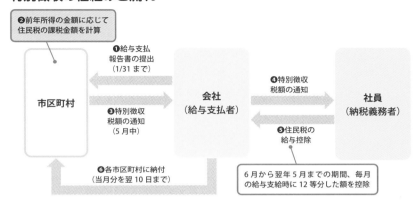

普通徴収の仕組みと流れ　※給与支給を受ける社員の場合

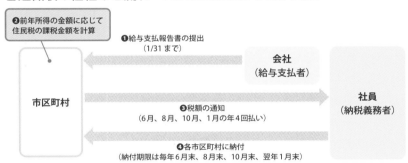

住民税の納付を普通徴収にすることができる人 ※東京都の場合

- 給与の支払を受けている納税義務者（役員、パート等含む）の総人数 が 2 人以下

※以下の理由に該当して普通徴収とする対象者を除いた人数

- 他の事業所で特別徴収している人
- 給与が 少なく税額が引けない人
- 給与の支払が毎月ではないなど支払が不定期の人
- 個人事業の専従者
- 退職者または退職予定者（5月末日まで）

Section 04 -2 | 特別徴収税額の 決定通知書の確認

ここだけ
Check!

- ✓ 各市区町村から会社に特別徴収税額の決定通知書が5月に届く。
- ✓ 特別徴収の税額は6月から翌年5月分で12等分され端数が6月に計上。
- ✓ 納税者本人用の特別徴収税額の決定通知書は、本人へ交付する。

5月は各市区町村からの特別徴収税額決定
通知書が揃っているかチェックする月。

各市区町村から会社に特別徴収税額の決定通知書が5月に届く

住民税の特別徴収による税額は、前年の年末調整の結果、1月31日までに市区町村へ提出した給与支払報告書を基に各市区町村で計算されます。そして、特別徴収税額の決定通知書が、会社に毎年5月に送付されます。特別徴収の税額計算は各市区町村で行われるため、会社では特別徴収するべき対象者の税額資料がすべて揃っているかをチェックします。

特別徴収の税額通知書は市区町村ごとに送付されるため、同一の市区町村の社員は同じ一覧表にて通知されます。該当の市区町村すべての税額資料の到着を確認したら、すでに退職した人の名前が通知書に記載されていないかもチェックします。特別徴収の税額は6月から翌年5月分が決定され、原則12等分となりますが、端数が6月に計上されます。給与計算担当者は6月から通知書に記載された金額を控除していきます。

社員に特別徴収税額の決定通知書（納税義務者用）を交付する

各市区町村から届く特別徴収税額の決定通知書には、特別徴収義務者用である会社用の資料とは別に、納税義務者である社員本人へ渡すための通知書も同封されています。会社は、納税義務者用の通知書を社員本人に渡します。本人用の決定通知書には、税額計算の根拠となる前年の所得や所得控除の内容、住民税の税額の内訳が詳細に記載されていて、社員は通知書の記載内容に間違いがないかを確認することができます。

● 住民税の特別徴収の仕組み

例

前年	1月	2月	3月	4月	5月	6月	7月	8月	9月	10月	11月	12月

前年の1月から12月までの所得を基に税額が計算

特別徴収の税額通知書が5月に各市区町村より会社へ送付される

特別徴収の税額通知書にて記載された税額は6月から翌年5月の税額。この税額を6月以降の給与から控除する。

当年	1月	2月	3月	4月	5月	6月	7月	8月	9月	10月	11月	12月

翌年	1月	2月	3月	4月	5月	6月	7月	8月	9月	10月	11月	12月

- ### 特別徴収税額の決定通知書（特別徴収義務者用）※会社用

市区町村の名称が記載。

社員ごとの情報。右側には月別の納税額が記載。

6月から翌年5月までに月別の各市区町村へ納付すべき合計額が記載。

6月から翌年5月に各社員の毎月の給与から控除する額が記載。

> **memo** 入社者と退職者が発生した場合は、特別徴収の対象者が正しく反映されているかも特別徴収税額の決定通知書で確認する。

• 特別徴収税額の決定通知書（納税義務者用）※社員用

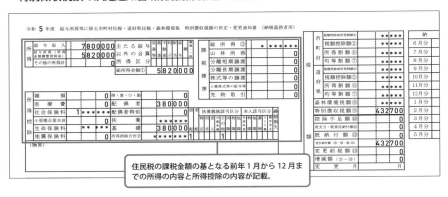

住民税の課税金額の基となる前年1月から12月までの所得の内容と所得控除の内容が記載。

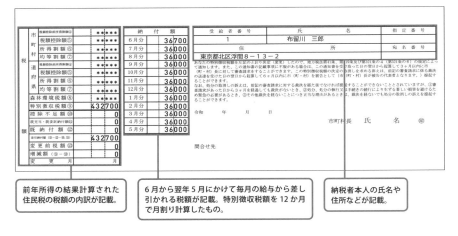

前年所得の結果計算された住民税の税額の内訳が記載。

6月から翌年5月にかけて毎月の給与から差し引かれる税額が記載。特別徴収税額を12か月で月割り計算したもの。

納税者本人の氏名や住所などが記載。

Column

税額通知書に退職済みの社員が記載されていたときは

　特別徴収の税額通知書には市区町村の事務処理のタイミングで、すでに退職した社員の情報が記載されることがあります。

　該当の市区町村へすでに退職者の給与所得者異動届出書を提出している場合には、翌月以降に修正されるので退職者分を除外して給与計算を実施します。

　税額の通知書が到着した時点で給与所得者異動届出書を提出していない場合は、速やかに該当の市区町村へ届け出ます。この場合も、退職者は除外して給与計算を行います。

納税義務者用の通知書には
個人情報保護のためのシールが
貼付されていることが多いので、
このシールははがさずに
本人へ交付しよう。

— Column —

住民税を特別徴収から
普通徴収に変更する手続き

214ページで解説した住民税を会社が徴収・納付する特別徴収から個人が直接納付する普通徴収へ変更するときには、「給与支払報告特別徴収に係る給与所得者異動届出書」を市区町村に提出します。

徴収方法を選択。

退職までの特別徴収での
住民税の徴収状況を記載。

異動の事由で休職、
休業を選択。

Section 04 -3 | 住民税の次年度更新とイレギュラーな取り扱い

ここだけ Check!

- ✓ 特別徴収税額は6月に前年度の税額から新しい年度の税額へ更新する。
- ✓ 特別徴収税額はまれに特別徴収税額変更通知書が送付され変更される。
- ✓ 休業中で給与支給がない場合、特別徴収から普通徴収へ変更が可能。

6月は給与から天引きする住民税の金額を新年度の金額へ更新するのを忘れずに。

特別徴収の税額更新は6月に実施

　住民税の特別徴収は6月から5月を1年度として、5月に新しい年度の税額通知書が会社へ届きます。そのため、6月に前年の税額から新しい年度の税額へ更新する必要があります。6月は端数の調整月となりますので税額通知書に記載された新しい年度の金額が正しく控除されているかを確認します。

　なお、一般的には6月分の住民税は6月に支給する給与から控除しますが、翌月支給の会社などでは1か月徴収する月が違い、6月分の住民税を7月に支給する給与から控除する会社もあります。どちらかわからない場合は、前年の住民税の控除額が何月支給分の給与から更新されているかを確認することで、更新するタイミングを把握できます。

特別徴収の税額変更、中途入社者や休業中の取り扱い

　特別徴収の税額は6月から5月まで月割りされているため、通常は税額が途中で変更されることはありませんが、社員本人が確定申告を追加で実施したときなどには市区町村から特別徴収税額変更通知書が送付されてきます。この場合、変更通知書に記載された変更月より控除する住民税の金額を変更します。

　中途入社の社員の特別徴収は、市区町村へ特別徴収の切替手続を実施した時期により、何月分から特別徴収を開始するかが変わります。その他、育児休業中など給与の発生がなくなる場合、住民税は特別徴収から個人が直接納付する普通徴収へ変更することもできます（→P.219）。

● 特別徴収の税額の更新の仕組み

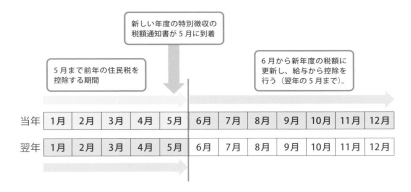

新しい年度の特別徴収の
税額通知書が5月に到着

5月まで前年の住民税を
控除する期間

6月から新年度の税額に
更新し、給与から控除を
行う（翌年の5月まで）。

| 当年 | 1月 | 2月 | 3月 | 4月 | 5月 | 6月 | 7月 | 8月 | 9月 | 10月 | 11月 | 12月 |

| 翌年 | 1月 | 2月 | 3月 | 4月 | 5月 | 6月 | 7月 | 8月 | 9月 | 10月 | 11月 | 12月 |

特別徴収税額の変更の事由例

- 年末調整の後で社員本人が追加で確定申告を実施した結果、前年の所得が変更になった
- 扶養親族の収入超過などが判明し、年末調整で実施した前年の所得金額に変更が生じた

● 育児休業や休職中の特別徴収の取り扱い

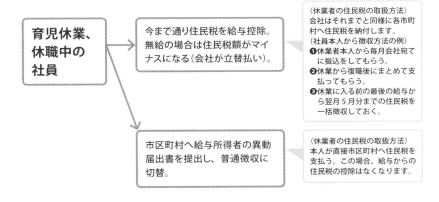

育児休業、
休職中の
社員

今まで通り住民税を給与控除。
無給の場合は住民税額がマイ
ナスになる（会社が立替払い）。

（休業者の住民税の取扱方法）
会社はそれまでと同様に各市町
村へ住民税を納付します。
（社員本人から徴収方法の例）
❶休業者本人から毎月会社宛て
　に振込をしてもらう。
❷休業から復職後にまとめて支
　払ってもらう。
❸休業に入る前の最後の給与か
　ら翌年5月分までの住民税を
　一括徴収しておく。

市区町村へ給与所得者の異動
届出書を提出し、普通徴収に
切替。

（休業者の住民税の取扱方法）
本人が直接市区町村へ住民税を
支払う。この場合、給与からの
住民税の控除はなくなります。

memo ＞ 育児休業中の社員の住民税を普通徴収に切り替えるかどうかは任意。義務ではなく、そのまま特別
徴収してもよい。

Section 05 | 福利厚生に関する控除の処理

ここだけ
Check!

- ✓ 法定控除項目以外を控除する場合は労使協定が必要。
- ✓ 労使協定があっても何でも控除していいわけではない。
- ✓ 代表的な控除項目としては社宅、寮費、積立金など。

社会保険料や税金などを引かれた後に
控除される項目になります。

給与からの控除は法定控除と協定控除がある

給与計算での控除は社会保険料や税金などの法定控除と会社が社員とあらかじめ労使協定で定めた項目を控除する協定控除があります。

法定控除以外の項目を給与から控除するためには労使協定がなければ控除することができません。これは、労働基準法に賃金支払5原則（→P.42）の1つとして、「全額払いの原則」があるためです。ただし、全額払いの原則には例外があり、法令に別段の定めがある場合と労使協定を締結した場合は協定で定められた項目について控除を行うことができます（右ページコラム参照）。

労使協定があれば何でも控除して良いわけではない

労使協定を締結することで協定控除は可能になりますが、労使協定があれば何でも控除して良いわけではありません。右ページのような社宅・寮費、食事代といった福利厚生に関する費用、積立金や組合費等、内容が明白なものについてのみ控除が可能になります。

そのため、そもそも会社が負担するべき経費などは労使協定があったとしても控除することはできません。法定控除以外の項目の控除を行っている会社は、協定書の有無とその内容が実態として合っているかについても確認します。

福利厚生に関する控除の処理

主な協定控除の項目

福利厚生を目的とした協定控除には、次のようなものがあります。

- 労働組合費
- 財形貯蓄の積立金
- 旅行積立金
- 社宅費
- 持株会拠出金
- 社内貸付金
- 団体生命保険、損害保険の保険料
- 寮費
- 食事代、弁当代、給食費

いずれも会社独自の制度に従って控除されるものなのだ。

--- Column ---

協定控除を行うための手続き

　法定控除以外の項目を給与から控除したい場合は、適切に労使協定を締結した上で実施します。

　たとえ福利厚生のために社宅制度や団体生命保険への加入を実施したとしても、労使協定がなければ給与からその費用を控除することはできません。

　なお、この賃金控除に関する労使協定は労働基準監督署へ届出の必要はなく、会社で保管する書類となります。

●協定控除を実施するための条件
・過半数労働組合（従業員の過半数代表者）と労使協定を締結する。

●労使協定に必要な記載事項
①賃金控除の対象となる具体的項目
②各項目別に控除を行う賃金の支払日

memo　賃金控除に関する労使協定で「その他」などのように内容が明白ではない項目を作成し控除することは認められない。

223

Section 06 令和6年の定額減税への給与計算の対応

ここだけ Check!

✓ 給与所得者への定額減税（所得税分）は原則、源泉徴収税額から控除。

✓ 毎月の給与計算に反映する方法と年末調整で反映する方法がある。

✓ 給与所得者に定額減税の反映が必要な対象者は甲欄適用者。

> 令和6年6月1日時点で在籍している従業員は毎月の給与計算で定額減税を行います。

まずは個人別の定額減税額を把握する

P.52で触れたように実際の減税の処理は、毎月の給与計算で行う月次減税処理と年末調整時に行う年調減税処理があり、令和6年6月1日在籍の従業員は前者で、それ以降の入社の従業員は後者で処理を行うことになります。

定額減税を社員の給与に反映するには、まずは扶養親族の人数によって変動する個人別の定額減税額を把握します（右ページ下図参照）。

給与計算に定額減税の反映が必要なのは甲欄適用者

定額減税の実務処理は、扶養控除等申告書を提出している給与所得者（甲欄適用者）に対して実施します。月次減税事務は令和6年6月1日以後に支払う給与等（賞与を含む）に対する源泉徴収税額に順次反映を行い、6月に支給する給与や賞与で控除しきれない部分の金額は、以後令和6年中に支払う給与や賞与に対する源泉徴収税額から順次控除します（→P.226下図）。

会社が6月以降の給与や賞与で月次減税事務を行ったときの記載例としては、定額減税を反映し控除した金額を給与明細書の欄外や備考欄に「定額減税額（所得税）×××円」または「定額減税××円」などと表示をします（具体的な表示位置や方法は給与計算ソフトによって異なる）。この時に源泉所得税額が0円になる場合は、控除項目にある通常の源泉所得税欄は0円になります。

● 月次減税対象者チェックリスト

以下の全てに該当する人が月次減税対象者となります。

チェック項目	確認
令和6年6月1日時点で会社に在籍し勤務している	
扶養控除等申告書を提出済の甲欄適用者	
国内に住所を有する個人、または、現在まで引き続き1年以上居所を有する個人（居住者）	

● 所得税の定額減税額の計算

　定額減税の対象となるのは本人と扶養親族1人あたり3万円です。定額減税を受けられる扶養家族は、所得税法上の控除対象扶養親族だけでなく、16歳未満の扶養親族も含まれます。毎月の給与計算での「扶養親族等の数」とは異なる場合があるため注意が必要です（→P.202）。

本人	30,000円
同一生計配偶者及び扶養親族	1人につき30,000円

※いずれも居住者に限る

事例：同一生計配偶者あり、扶養親族2名の場合

本人分 30,000円	+	同一生計配偶者と扶養親族の分 30,000円 ×3名	=	定額減税額 120,000円

最初の月次減税事務を行うときまでに提出された扶養控除等申告書等により定額減税の対象者の人数を確認するのだ。

●源泉徴収に係る定額減税のための申告書

　扶養控除等申告書に記載していない同一生計配偶者や16歳未満の扶養親族は、最初の月次減税事務までに、控除対象者から「源泉徴収に係る定額減税のための申告書」の提出を受けることで月次減税額の人数に含めることができます。

「扶養控除等申告書」に記載した扶養親族は、すでに定額減税額の対象に含まれているため、この申告書に記載して提出する必要はないのだ。

●月次減額処理のイメージ

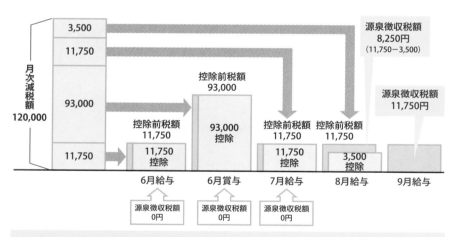

　この事例では、月次減税額（120,000円）が最初に支払う6月給与の控除前税額（11,750円）を超えるため、6月給与で**控除しきれなかった部分の月次減税額**は、以後に支払う6月賞与、7月給与、8月給与に係る控除前税額から、**順次控除**します。
　9月給与以後は、控除できる月次減税額はありませんので、年末調整を行う前までは従来の方法で源泉徴収税額を算出します。

年間の月次減税額を毎月の給与や賞与の所得税から引いていき月次減税額が無くなった時点で控除は終了します。

出典：国税庁「給与等の源泉徴収事務に係る令和6年分所得税の定額減税のしかた」

Column

各人別控除事績簿の活用

　月次減税事務では、各社員の月次減税額と各月の控除額等を管理することになります。国税庁では参考書式として「各人別控除事績簿」が紹介されています。なお、各人別控除事績簿の作成は義務ではありません。各社員の月次減税額と各月の控除額等を管理できれば、様式は自由です。

　源泉所得税の納付時には定額減税額を集計し納付すべき税額に反映させる必要があるため、各社員の減税額の把握と管理は適切に行う必要があります。

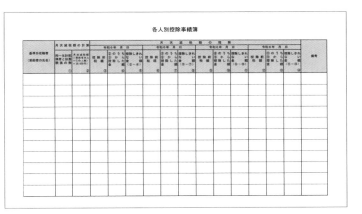

Column

個人住民税の定額減税の反映は市区町村が実施

　定額減税は個人住民税にも行われます。減税額は納税義務者本人および控除対象配偶者・扶養親族1人につき、令和6年度分の個人住民税が1万円です。

【計算例】　※控除対象配偶者および扶養親族2人（対象者計4名）の減税額
1万円×（本人（1）＋控除対象配偶者（1）＋扶養親族（2））＝4万円

　個人住民税の定額減税の反映は市区町村にて実施され、定額減税が反映された税額が通知されます。反映の方法は納税義務者本人の徴収方法に応じて異なりますが、給与から天引きを行う特別徴収の対象者は令和6年6月分の個人住民税は徴収せずに、定額減税後の税額を令和6年7月分から令和7年5月分の11か月に分割して徴収します（100円未満の端数は最初の月で徴収）。

テレワーカーの注意点

テレワークで働く人は、給与計算以外でも以下のような点にも注意をする必要があります。未確認や未実施のものがあれば確認しておきましょう。

①就業規則、規程類などルールの整備

テレワーク（在宅勤務）を円滑に実施するには、やはりテレワークのルールを会社で検討し、その内容を就業規則やテレワーク規程として定め、労働者に周知することが望まれます。また、テレワークに伴い発生する自宅での光熱費や通信費の費用を労働者に負担させる場合は就業規則への定めが必要となります。

②労災保険

テレワークを行う人にも、通常の労働者と同様に労災保険が適用されます。ただし、テレワークは私的な行為と業務との線引きが曖昧になることもあるため、就業時間内であっても、例えば自宅内のベランダで洗濯物を取り込む行為で、転んで怪我をした場合等、私的な行為が原因の場合は、労災保険は適用されません。

③情報セキュリティの徹底

自宅でのテレワークでは、オフィスでの就労以上に企業の情報セキュリティ対策を遵守することが求められます。セキュアなインターネット接続を確保し、不正アクセスやデータ漏洩を防ぐために必要なソフトウェアを使用し、定期的にパスワードを更新することも重要です。

④健康管理とメンタルヘルス対策

テレワークは人によっては「仕事のオンオフがつけにくい」「長時間労働になりやすい」「コミュニケーションが取りづらい」といったデメリットを感じる人もいます。オフィスで働く場合と違い、見えないことで早期発見がし難い課題もあります。厚生労働省作成の「テレワークにおけるメンタルヘルス対策のための手引き」などもありますので必要に応じ確認しておきましょう。

Chapter

6

月次給与計算の手順④
支給と納付の手続き

Keyword

給与計算後の流れ／給与の口座振込／
給与明細書の作成／書類の保存／
税金の納付／社会保険料の納付

Section 01 | 給与計算後の作業

計算の作業が終わったあとの作業も
期限に間に合うように進めていくんだ。

●給与計算後のステップ

1 給与振込の依頼
給与支給日に間に合う日

金融機関へ振込を依頼。

> P.232

2 給与明細書の発行
給与支給日まで

給与計算の結果を社員へ
通知。

> P.234

**3 賃金台帳、
源泉徴収簿の整備**
賃金支払いの都度遅滞なく

法定帳簿を整備。

> P.236

4 所得税、住民税の納付
翌月10日までに

税務署及び市区町村へ納
付。

> P.242、244

5 社会保険料の納付
翌月月末までに

健康保険料、厚生年金保
険料の納付。

> P.248

6 労働保険料の納付
6/1 ～ 7/10 までに

雇用保険料、労災保険料
の納付。

> P.250

給与計算後の作業の概要

- ☐ **対象者**　　　役員、社員、パート、アルバイト
- ☐ **作成する書類**　給与明細書、賃金台帳、源泉徴収簿　など
- ☐ **提出先**　　　税務署、市区町村、年金事務所、健康保険組合、都道府県労働局　など

Chapter

6

月次給与計算の手順④　支給と納付の手続き

給与明細書の作成は義務

　給与計算を完了すると、給与明細書の交付をはじめとしたさまざまな作業が発生します。会社には給与明細書を交付する義務があり、給与を支払う際に交付する必要があります。その他にも労働基準法にて作成が義務付けられている社員の給与の支払い状況を記載した賃金台帳や、社員から源泉徴収した内容を記録した帳簿となる源泉徴収簿を整備します。源泉徴収簿は、法律では作成する義務はありませんが、年末調整の際に発行する源泉徴収票を、不備なく発行する基礎資料となるため整備しておきます。

保険料と税金の納付までが給与計算

　社員から徴収した所得税や住民税は会社が代行して税務署や市区町村へ納付します。納付期限は原則として当月分を翌月10日までですが、給与の支給人員が常時10人未満の会社は、半年分をまとめて納付する特例納付制度を利用することもできます。

　社会保険料は当月分を翌月末日までに納めますが、指定金融機関口座から口座振替にて支払うこともできます。

　社員から徴収した雇用保険料の納付は社会保険料とは違い、4月から翌年3月分までの1年分を労働保険料の年度更新という精算手続きを経て会社負担分と合わせて納付します。

　税金や保険料は納付時期や納付方法が異なっており、支払期限を守り適切に納付する必要があります。

Section 02 ｜ 給与の口座振込と注意点

ここだけ
Check!

- ✓ 給与支払方法の原則は現金払いであり、銀行口座への振込は例外。
- ✓ 口座振込を実施するには、社員本人の同意が必要。
- ✓ インターネットバンキングや銀行窓口利用の場合は振込期限に注意。

給与支給日の朝に口座から引き出しできるように、きちんと段取りしよう。

給与を口座振込で支払うには本人の同意が必要

　現在では給与を現金で支払う会社の方が少ないですが、法律上の給与支払い方法の原則は現金払いであり、銀行口座への振込は例外としての取り扱いとなります。**口座振込を実施するには、社員本人の同意を得て、社員の指定する口座に振り込むことで可能**になります。社員の同意は、右ページのような口座振込依頼書を社員から個別に回収します。法定様式は特にありませんが、口座振込を希望する賃金の範囲、振込先指定口座の情報、口座振込の開始希望時期を盛り込む必要があります。

　口座振込によって給与を支給する場合には、給与支給日の午前10時ごろには本人が引き出し可能なようにすることや、給与支給日に給与明細書を交付すること、取扱金融機関は、金融機関の所在状況等からして1行に限定せず、複数とすることなど、社員の便宜に充分配慮して定めることが求められています。

口座振込の種類と注意点

　給与を口座振込で支払う方法には、ATMを利用した振込、インターネットバンキングサービスを利用した振込、銀行窓口を利用した振込があります。インターネットバンキングと銀行窓口の利用では、金融機関により振込期限が第何営業日前までにという制約があり、給与支給日とカレンダーを確認し、振込手続きが間に合うように注意が必要です。社員数や作業の手間、振込期限までのスケジュールなどを考慮し、会社にあう方法を検討します。

給与口座振込依頼書

令和　　　年　　　月　　　日

株式会社三布留テック

代表取締役　布留川　三郎　殿

氏　名　　　　　　　　　　　印

　私の給与については、以下の口座へ振込頂きたくお願い致します。

１．口座払いを希望する賃金の範囲・・・賃金の全て

２．指定金融機関店舗名並びに預金の種類及び口座番号

銀行名		銀行	支店名		支店
預金種類	普通預金　・　当座預金				
口座番号					
口座名義 （カタカナ）					

※口座は社員本人名義のものに限ります

３．開始希望時期・・・入社日（　　　年　　　月　　　日）以降の賃金の支払

Section 03 給与明細書の作成

ここだけ
Check!

- ✓ 給与支払者は給与支払を受ける者に給与明細書の交付義務がある。
- ✓ 有給休暇の残日数の給与明細書への記載は義務ではない。
- ✓ 給与明細書は一定の要件の下、電子交付することができる。

給与明細書の発行は会社の義務。

給与明細書の発行義務と記載項目

給与明細書の発行は、労働基準法では特に義務が明記されていません。しかし、行政通達として、**①基本給、手当その他賃金の種類ごとにその金額、②源泉徴収税額、労働者が負担すべき社会保険料額等賃金から控除した金額、③口座振込等を行った金額の3つの点について記載する**こととなっています。

所得税法では、給与支払者は給与の支払を受ける者に対して給与の支払明細書を交付しなくてはならないと定めていて、会社は給与支払いを受ける者に対して給与明細書を交付しなければなりません。

給与明細書に有給休暇の残日数を記載する会社もありますが、この項目の記載義務はありません。社員にとっては有給休暇の残日数は気になる項目でもあるため、記載した方が良い項目であると言えます。

給与明細書の電子化の要件と方法

給与明細書は、従来は書面によって交付することが義務付けられていましたが、税制改正において、現在は右ページの図のような一定の要件をもとに書面を交付する代わりに、電磁的方法により電子交付することができるようになっています。社員数が多い、事業所も多く給与明細を各事業所へ発送することに手間がかかるといった場合は、給与明細書の電子化を検討してみてもいいでしょう。

memo > 給与明細書と賃金台帳は記載項目が似ているが別の書類となる。賃金台帳については236ページ参照。

書類名　給与明細書

［提出先］―　［発行期限］給与支給日までに

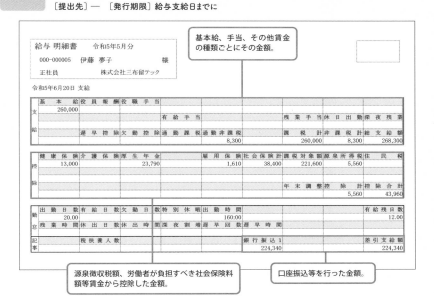

基本給、手当、その他賃金の種類ごとにその金額。

源泉徴収税額、労働者が負担すべき社会保険料額等賃金から控除した金額。

口座振込等を行った金額。

給与明細書の電子化の方法

❶ 給与明細書をPDFなどのファイル形式により電子メールにより社員に交付する方法

❷ グループウェアやクラウドシステムを利用し、IDとパスワードにより社員がそのデータにアクセスする方法

❸ フロッピーディスク、MO、CD－ROM等の磁気媒体等に記録して交付する方法

給与明細書の電子化の要件

① 社員（給与明細書の交付を受ける者。以下、同じ）に対し、あらかじめ明細書の電子交付の種類および内容を示した上で、電磁的方法または書面で承諾を得る

② 電磁的方法について、次の基準を満たしていること

　　イ）　映像面への表示および書面への出力ができること

　　ロ）　社員（給与明細書の交付を受ける者）に対し、給与明細書を電子交付する（した）ことを通知すること

③ 社員から請求があるときは、書面により交付すること

Section 04 | 賃金台帳、源泉徴収簿の整備

ここだけ Check!

✓ 法律上作成義務のある賃金台帳は、社員の給与支払状況を記載した書類。

✓ 賃金台帳の記載項目は労働日数や労働時間数など法律で定められている。

✓ 源泉徴収簿には通勤手当をはじめとした非課税項目が含まれない。

法定帳簿である賃金台帳は
作成が義務付けられているのだ。

賃金台帳の作成は労働基準法の義務

賃金台帳は、労働基準法で作成が義務付けられた社員の給与の支払状況を記載した書類となり、**出勤簿や労働者名簿と合わせて法定3帳簿**といいます。

賃金台帳に記載する対象者は、正社員だけではなく事業所で働くすべての労働者で、日雇い労働者も記載の対象となるため注意します。

賃金台帳に記載する項目は、賃金の計算期間、労働日数や労働時間数、時間外労働時間数などが法律で定められています（→P.239）。時間外労働は、通常の時間外労働だけではなく深夜労働時間数や休日労働時間数などそれぞれ記載します。賃金台帳は給与明細書と記載項目が似ていますが、異なる項目もあるため給与明細書で賃金台帳を兼ねることはできません。賃金台帳は社員の最後の賃金を記入した日から起算して5年（経過措置として、当分の間は3年）の保存義務があります。

源泉徴収簿は年末調整の下準備書類

源泉徴収簿は、賃金台帳とは違い法律で作成が義務付けられてはいませんが、毎月の源泉所得税の徴収状況を記載し、源泉徴収票を発行するための基礎資料となります。国税庁の推奨の様式がありますが、法定書式はありません。

賃金台帳との違いは、源泉徴収簿はあくまでも源泉所得税の徴収状況を記載するため、労働時間に関する項目はありません。また、通勤手当をはじめとした非課税項目の記載もないため、賃金台帳の金額とは違うことになります。

●給与に関わる主な書類のファイリングと保存期間について

・保存義務はない書類

書類名	内容
給与明細書	会社（給与支払者）は社員に配布する給与明細書自体を保管する義務はありません。給与ソフトを利用している場合は、自動で作成されるため、ＰＤＦやエクセルデータなどのデータ保存をしておくと過去分の履歴が参照できます。
給与支給控除一覧表	給与明細同様に保管する義務はありませんが、この書類も給与ソフトを利用している場合は、自動で作成されるため、ＰＤＦやエクセルデータなどのデータ保存をしておくと過去分の履歴が参照できます。全員の一覧表で内容の確認がしやすいため、一覧表は印刷しファイリングしても構いません。

・保存義務がある書類①：労働基準法関係

書類名	内容	保存期間
出勤簿・タイムカード	法定３帳簿の１つ。労働時間や残業時間の確認書類となります。月ごとにまとめてファイリングしておくと後日、参照がしやすいです。	5年
賃金台帳	法定３帳簿の１つ。給与ソフトを利用している場合は自動で集計、作成されます。手書きの場合は、毎月内容を記載し、保存。	5年
労働者名簿	法定３帳簿の１つ。入社者が発生すれば対象者の名簿を新しく作成し、退職者が発生した場合は適宜記載内容を追記。	5年

※経過措置として、当分の間保存期間は３年

・保存義務がある書類②：所得税法関係

書類名	内容	保存期間
給与所得者の扶養控除等（異動）申告書	入社者が発生した場合や年の切り替えの時期に、回収し保存。年ごとにファイリングをしていくと参照がしやすい。	7年
年末調整に関わる各種申告書	年末調整に関わる各社員からの申告書。 ・保険料控除申告書 ・配偶者控除申告書 ・住宅ローン控除申告書　など	7年
源泉徴収簿	任意書類ではありますが、作成した場合は７年の保存義務。毎月の給与支給後に追記をし、年末調整に備える。年末調整完了後、年ごとにファイリング。	7年
源泉徴収票	退職者分は退職月の給与明細書と併せて発行、在職者分は年末調整後に発行。年ごとにファイリング。	7年

給与ソフトを利用していると
データの保管などもしやすく便利なんだ。

労働時間は時間外労働の種別
ごとに細かく記載が必要。

賃金台

	2023年　NO 000005　氏名 伊藤 夢子			部門：	正社員	部課：		生年月日	

月	1月	2月	3月	4月	5月	6月	7月	8月	9月
支　払　日	1月20日	2月20日	3月20日	4月20日	5月19日				
出　勤　日　数	20.00	20.00	20.00	20.00	20.00				
有　給　日　数									
欠　勤　日　数									
特　別　休　暇									
出　勤　時　間	160:00	160:00	160:00	160:00	160:00				
残　業　時　間				5:00					
休　出　日　数									
休　出　時　間									
深　夜　割　増									
遅　早　回　数									
遅　早　時　間									
基　本　給	260,000	260,000	260,000	260,000	260,000				
役　員　報　酬									
役　職　手　当									
有　給　手　当									
残　業　手　当				10,157					
休　日　出　勤									
深　夜　残　業									
遅　早　控　除									
欠　勤　控　除									
通　勤　課　税									
通　勤　非　課　税	8,300	8,300	8,300	8,300	8,300				
課　税　計	260,000	260,000	260,000	270,157	260,000				
非　課　税　計	8,300	8,300	8,300	8,300	8,300				
総　支　給　額	268,300	268,300	268,300	278,457	268,300				
健　康　保　険	12,753	12,753	12,753	13,000	13,000				
介　護　保　険									
厚　生　年　金	23,790	23,790	23,790	23,790	23,790				
雇　用　保　険	1,341	1,341	1,341	1,392	1,610				
社　会　保　険　計	37,884	37,884	37,884	38,182	38,400				
課　税　対　象　額	222,116	222,116	222,116	231,975	221,600				
源　泉　所　得　税	5,560	5,560	5,560	5,890	5,560				
住　民　税	11,000	11,000	11,000	11,000	11,000				
控　除　計	16,560	16,560	16,560	16,890	16,560				
控　除　合　計	54,444	54,444	54,444	55,072	54,960				
差　引　支　給　額	213,856	213,856	213,856	223,385	213,340				
銀　行　振　込　1	213,856	213,856	213,856	223,385	213,340				
基　本　給　単　価	260,000	260,000	260,000	260,000	260,000				

賃金台帳は、事業場ごとに整備し、賃
金支払いの都度、遅滞なく社員ごとに
記入する必要があります。

金台帳

月日　H3.2.5 / 性別: 女 / 入社年月日

9月	10月	11月	12月	計		賞与	賞与1	賞与2	計		合計
				100.00							100.00
				800:00							800:00
				5:00							5:00
				1,300,000		賞　与　額					1,300,000
				10,157							10,157
				41,500							41,500
				1,310,157		課　税　計					1,310,157
				41,500		非　課　税　計					41,500
				1,351,657		総　支　給　額					1,351,657
				64,259		健　康　保　険					64,259
						介　護　保　険					
				118,950		厚　生　年　金					118,950
				7,025		雇　用　保　険					7,025
				190,234		社　会　保　険　計					190,234
				1,119,923		課　税　対　象　額					1,119,923
				28,130		源　泉　所　得　税					28,130
				55,000							55,000
				83,130		控　除　計					83,130
				273,364		控　除　合　計					273,364
				1,078,293		差　引　支　給　額					1,078,293
				1,078,293		銀　行　振　込　1					1,078,293

日　翌月20日

（賃金台帳の記載項目）
① 労働者氏名
② 性別
③ 賃金の計算期間
④ 労働日数
⑤ 労働時間数
⑥ 時間外労働時間数
⑦ 深夜労働時間数
⑧ 休日労働時間数
⑨ 基本給や手当等の種類と金額
⑩ 控除項目とその金額

［提出先］—　［提出期限］—

支給項目の金額の合計。ただし通勤手当などの非課税支給額は除く。

健康保険料、介護保険料、厚生年金保険料、雇用保険料の合計。

「総支給金額－社会保険料等の控除額」の金額。

源泉所得税額

扶養親族人数

賃金台帳、源泉徴収簿の整備

月ごとの給与データ

賞与に関するデータ。内容は給与とほぼ同じ。

甲欄	部門		正社員		職名		住所	(郵便番号 　)　東京都墨田区押上5-8-16			
	部課										
区分	月区分	支給月日	総支給金額		社会保険料等の控除額	社会保険料等控除後の給与等の金額	扶養親族等の数	算出税額		年末調整による過不足税額	
令和5年分　給与所得に対する源泉徴収簿	1	1 20	260,000 円		37,884 円	222,116 円	0 人	5,560 円		円	
	2	2 20	260,000		37,884	222,116		5,560			
	3	3 20	260,000		37,884	222,116		5,560			
給料・手当等	4	4 20	270,157		38,182	231,975	0	5,890			
	5	5 19	260,000		38,400	221,600		5,560			
	6	6 20	260,000		38,400	221,600		5,560			
	7										
	8										
	9										
	10										
	11										
	12									△9,494	
	計		① 1,570,157		② 228,634	1,341,523		③ 33,690		△9,494	
賞与等		7 10	200,000		29,500	170,500	0	税率 4.084 %　6,963			
								税率 　%			
								税率 　%			
								税率 　%			
	計		④ 200,000		⑤ 29,500	170,500		⑥ 6,963			
	前職分										
	調整分										

源泉徴収簿は賃金台帳と違い、労働日数や労働時間など勤怠の情報はありません。

「算出税額－年末調整による過不足税額」の金額。

| 氏名 | (フリガナ) イトウ ユメコ 伊藤 夢子 (生年月日 平成3年2月5日) | 整理番号 | 000005 |

前年の年末調整に基づき繰り越した過不足税額

差引徴収税額				
5,560				
5,560				
5,560				
5,890				
5,560				
5,560				

控除額 1人当たり(万円): 38　63　58　48　27　40　75　27〔寡婦〕35〔ひとり親〕　27

区分	金額		税額	
給料・手当等	①	1,570,157 円	③	33,690 円
賞　与　等	④	200,000	⑥	6,963
計	⑦	1,770,157	⑧	40,653
給与所得控除後の給与等の金額	⑨	2,384,000		
所得金額調整控除額((⑦-8,500,000円)×10%、マイナスの場合は0)	⑩			
給与所得控除後の給与等の金額(調整控除後)(⑨-⑩)	⑪	2,384,000		
社会保険料等控除額 給与等からの控除分(②+⑤)	⑫	258,134		
申告による社会保険料の控除分	⑬			
申告による小規模企業共済等掛金の控除分	⑭			
生命保険料の控除額	⑮			
地震保険料の控除額	⑯			
配偶者(特別)控除額	⑰			
扶養控除額及び障害者等の控除額の合計額	⑱			
基礎控除額	⑲	480,000		
所得控除額の合計額(⑫+⑬+⑭+⑮+⑯+⑰+⑱+⑲)	⑳	987,185		
差引課税給与所得金額(⑪-⑳)及び算出所得税額(1,000円未満切捨て)	㉑	1,396,000	㉒	69,800
(特定増改築等)住宅借入金等特別控除額	㉓			
年調所得税額(㉒-㉓、マイナスの場合は0)	㉔			69,800
年調年税額(㉔×102.1%)(100円未満切捨て)	㉕			71,200
差引超過又は不足額(㉕-⑧)	㉖			△ 9,494
超過額の精算 本年最後の給与から徴収する税額に充当する金額	㉗			
未払給与に係る未徴収の税額に充当する金額	㉘			
差引還付する金額(㉖-㉗-㉘)	㉙			9,494
同上のうち 本年中に還付する金額	㉚			9,494
翌年において還付する金額	㉛			
不足額の精算 本年最後の給与から徴収する金額	㉜			
翌年に繰り越して徴収する金額	㉝			

所得金額調整控除の適用
無
(※ 適用有の場合は⑩に記載)

配偶者の合計所得金額
旧長期損害保険料支払額
⑫のうち小規模企業共済等掛金の金額
⑬のうち国民年金保険料等の金額

左欄 差引徴収税額: 33,690 / 6,963 / 6,963

Section 05 | 源泉所得税の納付

✔ 源泉所得税の支払いは、原則給与等の支払月の翌月10日が納付期限。

✔ 源泉所得税の納付には所得税徴収高計算書と呼ばれる書類を利用する。

✔ 給与支払対象者が10人未満の場合、半年毎に支払う納期特例が利用できる。

源泉所得税は納期特例の申請をしない限り、
毎月翌月10日が納付期限になる。

原則は当月分を翌月10日までに納付

会社は、毎月の給与から所得税を源泉徴収しますが、源泉徴収した所得税の支払いは給与等の支払月の翌月10日が納付期限となります。納付期限までに納付がない場合には、延滞税などが課されることがあります。

源泉所得税の納付は所得税徴収高計算書を作成して金融機関等で支払います。この書類は、会社が定期的に源泉所得税を支払う際に使用する納付書となるもので、税務署で入手できます。

記載の注意点としては、給与の総支給額に通勤手当などの非課税対象額が含まれているときには、納付書の支給額欄に総支給額から非課税対象額を差し引いた金額を記載する点があります。他にも、「俸給、給料等欄」には毎月の給与の金額を記入しますが、賞与は支給したときに、役員と役員以外に分けて記載します。また、日雇い労働者の給与は別枠に記載する点にも注意し、記載漏れや金額の間違いが無いようにします。

給与支給対象者が10人未満の場合は半年分ごとに納付が可能

給与の支払対象者が常時10人未満の会社は、源泉所得税を半年ごとに支払う「納期特例」の制度が利用できます。納期特例では、1月から6月分を7月10日まで、7月から12月分を翌年の1月20日までに年2回、納期特例の書式で納付することができます。納期特例は、税務署に源泉所得税の納期の特例の承認に関する申請書を提出し、事前に承認を受ける必要があります。

書類名　給与所得・退職所得等の所得税徴収高計算書（一般分）

［提出先］税務署　［提出期限］給与を支払った翌月10日まで

通常の給与と賞与は分けて記載。また、日雇い労働者の賃金と役員賞与も分けて記載。

何月支払い分の源泉所得税であるかを記載。

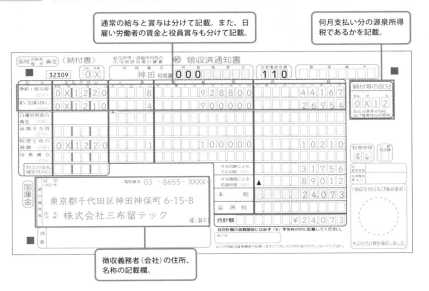

徴収義務者（会社）の住所、名称の記載欄。

書類名　給与所得・退職所得等の所得税徴収高計算書（納期特例分）

［提出先］税務署　［提出期限］1月〜6月分は7月10日まで、7月〜12月分は翌年の1月20日まで

納期特例のため、支払年月日も何月何日から何月何日まで支払分の金額であるかを記載。

納期特例のため、何月から何月まで支払分の源泉所得税であるかを記載。

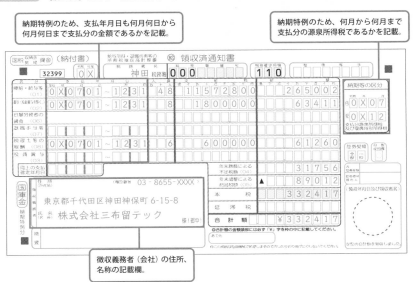

徴収義務者（会社）の住所、名称の記載欄。

| # 住民税の納付

ここだけ
Check!

- ✓ 住民税は原則特別徴収税額決定通知書で指定された月の翌月10日が納付期限。
- ✓ 住民税は事前に市区町村から送られてきた納付書により納付する。
- ✓ 入退社で特別徴収の納付額が変更した場合は納付書金額を訂正して納付。

住
民
税
の
納
付

> 住民税の納付期限も
> 源泉所得税同様に翌月10日です。

原則は当月分を翌月10日までに支払う

住民税は、特別徴収税額決定通知書で指定された月の翌月10日が納付期限です。住民税の特別徴収の税額決定通知書は毎年5月に各市区町村から送られていますが、その際に税額の決定通知書とともに1年分の納付書が同封されています。この納付書を利用し金融機関等で住民税を支払います。会社が特別徴収した社員の住民税を納付期限までに納付しない場合は、延滞金が発生するほか、滞納処分・罰則の対象となる場合があります。

入社、退社があった場合の対応と源泉所得税同様の年2回の特例納付

住民税の納付で注意したいのが、社員の入社や退職によって生じる差異です。市区町村から会社に送られてくる納付書には市区町村ごとに取りまとめられた月々の納付金額が1年分印字されているため、納付書を受領後に社員の入社や退職が発生すると、市区町村へ納める特別徴収の納付金額も変わります。

このときは、すでに金額が印字された納付書の金額を訂正して納付しますが、修正を忘れてそのままの金額で納付してしまうことがあります。入社した社員の分が漏れてしまえばその分は滞納となり、逆にすでに退職した社員の分を納めてしまうと過納となるため注意が必要です。

なお、住民税も源泉所得税同様に10人未満の会社では、年2回に分けて納入する特例納付の制度があります。特例納付では6月から11月分を12月10日まで、12月から翌年5月分までを翌年6月10日までにまとめて納付できます。

書類名　**住民税納付書**

［提出先］従業員が居住する市区町村　［提出期限］給与を支払った翌月10日まで

何月分の住民税の
納付書かを確認。

社員の入社、退職等により納付金額が納付書に印字された金額
から変更になる場合は、変更後の金額を記入し納付します。

個人市民税・県民税 領収証書 ㊤	
市町村コード	
2 3 ＊ ＊ ＊	

口　座　番　号	加　入　者　名
001＊＊-6-＊＊＊111	＊＊＊＊会計管理者
5　年　6　月分	指　定　番　号

納入金額	給　与　分 （一括徴収分を含む。）	億千百十万千百十円 9 8 5 0 0
	退職所得分	
	延　滞　金	
	合　計　額	9 8 5 0 0

| 納　期　限 | 5　年　7　月　10　日 |

（特別徴収義務者）
住所又は　〒 101-005＊
所 在 地　東京都千代田区神田神保町6-15-8

氏名又は　株式会社三布留テック
名　　称　　　　　　　　　　　様

上記のとおり領収しました。

領収日付印

（納入者保管）

右側（複写）：
個人　納入　振替の…　払出口座…
市町村コード　1 2 3 ＊ ＊ ＊
口座番号 001＊＊-6-＊＊＊111
5　年　6　月分
給与分、退職所得分、延滞金、合計額
納期限　5　年
（特別徴収義務者）〒 101-005＊ 東京都千代田区神…
株式会社三布留テ…
上記のとおり納入します。
※日計　口　円
※印は郵便局において使用する欄です
領収日付印
（金融機関又は郵便…

memo　住民税の納期特例の適用を受けたい場合は、特別徴収税額の納期の特例に関する承認申請書を各市区町村へ提出し承認を受ける必要がある。

特別徴収税額の納期特例の申請書

［提出先］市区町村　［提出期限］市区町村により異なる

特別徴収税額の納期の特例に関する承認申請書

受付印

千代田区長　殿

令和 5 年　10 月　1 日

地方税法第321条の5の2及び千代田区特別区税条例第35条の3の規定により、特別徴収税額の納期の特例について承認を受けたいので申請します。

所 在 地 （住　　所）	東京都千代田区神田神保町 6-15-8		
フリガナ	カブシキカイシャ　サンプルテック		
名　　称 （氏　名）	株式会社　三布留テック		
代 表 者 職 氏 名	代表取締役 布留川 三郎	電話番号	03 － 8655 － XXXX
法 人 番 号	1 1 1 1 2 3 4 5 5 5 6 6 6	（連絡先） 担当者（氏　名）	03-8655-XXXX 延岡 良子
特別徴収義務者 指 定 番 号	1234XXX	※市区町村ごとに異なります	
関 与 税 理 士 署　名		（連絡先）	

特例の適用を受けようとする税額	5　年　12月以後　の特別徴収税額		
	月 区 分	給与支払人員	給 与 支 払 額
申請の日前6か月間の各月末の常時給与の支払を受ける者の人員及び各月の支払金額	5 年 9 月	（臨時 0 人） 常時 8 人	（　　　　0円） 1,928,XXX円
	5 年 8 月	（臨時 0 人） 常時 8 人	（　　　　0円） 1,928,XXX円
※賞与等の臨時の給与の金額を含む。	5 年 7 月	（臨時 0 人） 常時 8 人	（　　　　0円） 1,928,XXX円
※千代田区以外の全市区町村を含む、事業所全体の人員及び支払金額	5 年 6 月	（臨時 0 人） 常時 8 人	（　　　　0円） 1,928,XXX円
※臨時勤務者分がある場合は、常時給与の支払いを受ける者の分とは別にして2段書き（上段に記載）にしてください。	5 年 5 月	（臨時 0 人） 常時 8 人	（　　　　0円） 1,928,XXX円
	5 年 4 月	（臨時 0 人） 常時 8 人	（　　　　0円） 1,928,XXX円
市区町村に係る徴収金に滞納がある場合において、それがやむを得ない理由によるものであるときは、その理由の詳細			
申請の日前1年以内に納期の特例の承認を取り消されたことの有無及び取消年月日	有（　　　年　　月　　日承認取消）・（無）		

【注意事項】　送付先が所在地と異なる場合は、書類送付先を記入してください。

【提出先】　〒102-8688　千代田区九段南1丁目2番1号　千代田区役所 地域振興部 税務課 課税係

---

memo　給与支払対象者が常時 10 人以上となるなど、要件を満たさなくなった場合は、速やかに「特別徴収税額の納期の特例の要件を欠いた場合の届出書」を提出する。

—— **Column** ——

副業をする人は必ず住民税の
副業収入の申告が必要

　副業の定義はさまざまですが、一般的には「本業とは別の収入がある」ということを意味します。別の会社に雇用されることや自宅での内職をはじめとして、株式投資やネットオークションでの収入、クラウドソーシング等、副業の形態は多様化しています。忘れてはいけないのが、副業で別の収入がある人は住民税に関して副業の収入の申告が必要になるということです。

　税金の申告に関しては、「副業の収入が 20 万円以上の場合は確定申告が必要」という話を耳にしますが、ここでの 20 万円以上というルールは所得税に関するもので、住民税は 20 万円未満であっても申告が必要です。住民税に関する副業収入の申告は確定申告以外にも、市区町村の役所へ申告することができます。

　所得税と併せて税務署へ確定申告をした場合には、自動的に市区町村へとデータが送られ、住民税の計算が行われるため、改めて市区町村に対し所得の申告をする必要はありません。

　確定申告で医療費控除や住宅ローン控除など特別な控除を受ける際にも、副業の所得を記載した上で確定申告を行う必要があります。

memo > 確定申告は毎年 2 月 16 日から 3 月 15 日の期間に、原則として 1 月 1 日現在の住民票の住所を管轄する税務署で行う。

Section 07 社会保険料の納付

ここだけ
Check!

- ✓ 社会保険料は本人負担と会社負担分を合わせて翌月の末日までに納める。
- ✓ 協会けんぽの場合は、健康保険料と厚生年金保険料を合わせて納付する。
- ✓ 社会保険料は指定金融機関からの口座振替により納付することも可能。

社会保険料は
翌月末日が納付期限。

毎月本人負担分と会社負担分を合わせて翌月の末日までに納める

　毎月の給与から控除した社会保険料（健康保険料と厚生年金保険料）は通常は当月分を翌月の給与で徴収し、徴収した本人負担分と会社負担分を合わせてその月の末日までに納付します。

　納付先は会社が所属する健康保険によって変わり、協会けんぽの場合は、毎月20日頃に日本年金機構より送付される保険料納入告知額・領収済額通知書（以下、「告知書」）に記載された健康保険料（介護保険料含む）と厚生年金保険料を合わせた金額を、告知書を添えて金融機関で納付します。健康保険組合の場合は、健康保険料（介護保険料含む）は健康保険組合へ納付し、厚生年金保険料のみを日本年金機構より送付される告知書により納付します。

　毎月支払う保険料の金額は、会社が健保組合や年金事務所へ届出をした各種手続き内容に基づくため、届出が遅れると請求時期もずれてしまいます。その時には、給与から控除した金額に会社負担分を合わせても請求額と一致しない事態が発生します。この不一致は翌月以降に反映され調整が行われます。

社会保険料は口座振替による納付もできる

　社会保険料は金融機関指定口座からの自動振替でも納付できます。口座振替を使うときは口座振替納付の申出書を、口座振替に利用する金融機関の窓口で確認印をもらってから年金事務所へ提出します。口座振替を利用すると毎月、保険料納入告知額・領収済額通知書で振替額が通知されます。

● 保険料納入告知額・領収済額通知書　※口座振替利用

左側に今後口座振替が為される当月分の保険料の金額が記載。

右側に既に口座振替によって納付した前月分の保険料の金額が記載。

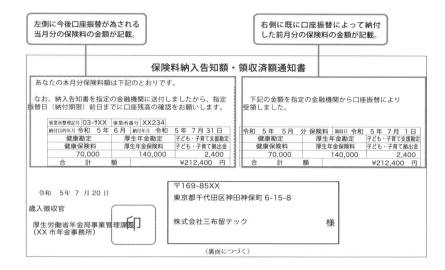

保険料納入告知額・領収済額通知書

あなたの本月分保険料額は下記のとおりです。

なお、納入告知書を指定の金融機関に送付しましたから、指定振替日（納付期限）前日までに口座残高の確認をお願いします。

下記の金額を指定の金融機関から口座振替により受領しました。

事業所整理記号 03-サXX	事業所番号 XX234	
納付目的年月 令和 5年 6月	納付年月 令和 5年 7月 31日	
健康勘定	厚生年金勘定	子ども・子育て支援勘定
健康保険料	厚生年金保険料	子ども・子育て拠出金
70,000	140,000	2,400
合 計 額		￥212,400 円

令和 5年 5月 分 保険料	領収日 令和 5年 7月 1日	
健康勘定	厚生年金勘定	子ども・子育て支援勘定
健康保険料	厚生年金保険料	子ども・子育て拠出金
70,000	140,000	2,400
合 計 額		￥212,400 円

令和　5年 7月 20日

歳入徴収官

厚生労働省年金局事業管理課長　㊞
（XX市年金事務所）

〒169-85XX
東京都千代田区神田神保町 6-15-8

株式会社三布留テック　　　　　　　様

（裏面につづく）

書類名　保険料口座振替納付（変更）申出書

［提出先］金融機関、年金事務所　［提出期限］―

年金事務所へ提出する前に必ず口座振替を希望する金融機関にて確認印をもらいます。

---

memo ▷ 子ども・子育て拠出金は社員本人の負担はなく全額を会社負担として厚生年金保険料と合わせて納付する。給与計算にも関わりはない。

Section
08 | # 雇用保険料
（労働保険料）の納付

ここだけ
Check!

☑ 税金や社会保険料と違い雇用保険料は毎月納付することはしない。

☑ 雇用保険料は労災保険料と合わせて年に1度精算手続き後に納付する。

☑ 労働保険料の納付も社会保険料同様に金融機関の口座振替が利用できる。

雇用保険料の納付は
毎月発生しないのです。

雇用保険料は年に1度まとめて納付する

雇用保険料と労災保険料（全額会社負担）を合わせて労働保険料といいますが、労働保険料の納付の仕組みは特殊であり、**1年分を前もって概算で納付した上で、毎年過不足の精算を行うとともに当年の労働保険料を概算で納付**することを繰り返します。そのため、雇用保険料は毎月の給与から控除しますが、税金や社会保険料とは違い毎月は納付しません。

労働保険の年度は4月1日〜翌年3月31日となっており、この期間の保険料を毎年6月1日〜7月10日に精算した上で納付します。この年に1度の精算手続きを労働保険料の年度更新といいます。労働保険料の納付では、全額会社負担となる労災保険料および一般拠出金と、給与から控除して預かった社員負担分の雇用保険料に会社負担分の雇用保険料をすべて合わせて納付します。

労働保険料の納付も口座振替が利用できる

労働保険料も所定の手続きをすることで指定金融機関からの口座振替による納付が利用できます。口座振替を利用する場合は、労働保険保険料等口座振替納付書送付（変更）依頼書兼口座振替依頼書を、口座を開設している金融機関の窓口に提出する必要があります。口座振替を適用すると、毎年、口座振替納付日が近くなると口座振替する内容がハガキで通知されます。また、口座振替の実施後にも振替内容の案内通知が行われます。

書類名　労働保険料納付書　※納付書にて納付する場合

［提出先］金融機関　［提出期限］原則、6/1～7/10

労働保険料の納付先は都道府県労働局となり、納付書も各都道府県別の専用の納付書となります。

納付書に記載する金額は、労災保険料と雇用保険料を合算した金額となります。

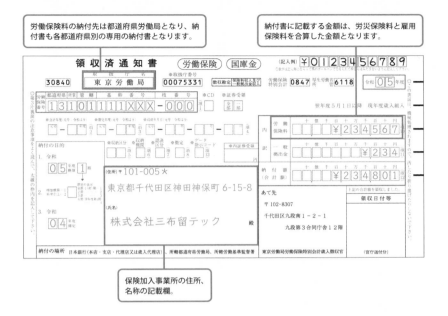

保険加入事業所の住所、名称の記載欄。

労働保険の納付のイメージ

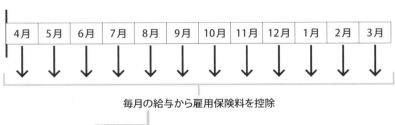

毎月の給与から雇用保険料を控除

翌年の6/1～7/10に前年の保険料の過不足の精算を行った上で当年の保険料を概算金額で納付します。

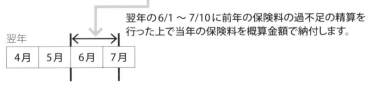

memo　概算保険料額が40万円（労災保険か雇用保険のみ成立の場合は20万円）以上または労働保険事務組合に事務委託している場合は、原則として労働保険料を3回に分割納付する事ができる。

副業・ダブルワーカーの注意点

　副業・ダブルワーカーは、多様な働き方をする人も多く、正社員と比較し会社も給与計算以外で以下のような様々な点にも注意する必要があります。

①厚生労働省の副業ガイドライン

　厚生労働省では、副業をするうえでのポイントや注意点についてまとめた「副業・兼業の促進に関するガイドライン」を作成しています。自社で副業者が発生した場合は確認しておきましょう。

②過重労働 / 安全配慮義務

　本業がある人が副業をやることで、過重労働になることも考えられます。場合によっては、会社として安全配慮義務が問われる可能性もあるため、副業者の過重労働には注意が必要です。また、副業による疲労や睡眠不足などにより本業のパフォーマンスに悪影響を与える場合、副業の見直しや就業時間の再考が求められます。

③確定申告

　会社員などの給与所得者が副業によりその年に 20 万円以上の所得を得た場合には、本業の勤務先での年末調整とは別に、会社ではなく個人で確定申告を行う必要があります。

④機密情報の保護と競業避止義務

　副業を行う際は、本業の機密情報保持や競業避止義務が重要になります。他社での業務が本業の競合になる場合、トラブルに発展することもあります。機密情報の保護を踏まえ、守秘義務の誓約書などを整備することも考えられます。

　上記のような注意点を踏まえ、自社での副業の許可基準や申請方法なども合わせて検討し整備しておくべきと言えます。

賞与計算の手順

Keyword

**賞与計算の対応法／支給対象者、支給額、支給日等の確認／
社会保険料の取扱い／源泉所得税の取扱い**

Section 01 | 賞与計算の対応法

給与計算ほど決まりごとが少ないけど、その分運用がバラバラになりがちなのだ。

賞与計算の対応法

1 支給対象者、支給日、支給額の確認
給日の7営業日前まで

支給額の決定権者に確認。

> P.256

2 賞与計算
支給日の4営業日前まで

各人の賞与を計算。

> P.256

3 賞与振込の予約
支給日の3営業日前まで

金融機関への振込予約。

> P.232

4 賞与明細書の作成
支給日前日まで

給与明細同様に必要。

> P.234

5 源泉所得税の納付
翌月10日まで

給与分と合わせて納付。

> P.242

6 社会保険料の納付
翌月末日まで

給与分と合わせて納付。

> P.248

　賞与（一時金、ボーナス）とは、一般的には社員の勤務成績や会社業績に応じて支給されるもので、支給額があらかじめ定められていないものを指します。賞与は、法律で支給が義務付けられているものではないので、支給しない会社もあれば、支給されない人も存在します。就業規則で支給時期や支給方法などを定め、夏季と冬季の年2回支給する会社が一般的なパターンです。

　なかには支給日を固定化していない会社もあり、賞与の支給時期が近づいてきたら支給の有無、対象者、支給日、支給額といった賞与の支給内容を上司へ確認して

賞与計算の対応法の概要

- ☐ **対象者** 　社員、パートタイマー等雇用形態に関わらず賞与を支給する者
- ☐ **用意する書類** 　賞与支給額一覧表、源泉徴収税額表 など
- ☐ **作成する書類** 　賞与明細書、賞与支払届 など

● 賞与計算に関するチェックリスト

チェック項目	確認
支給対象者と個々の支給金額の確認	
支給日の確認	
支給月に40歳になる者はいるか （いる場合）月単位で判断されるため、賞与支給日以降に当月に40歳になる者の介護保険料は発生する	
支給月に産前産後休業・育児休業に入る者はいるか。社会保険料免除の間違いはないか	
支給月に退職者はいるか （いる場合）喪失日の属する月の社会保険料はかからない	
賞与のひと月の支給額が150万円を超えて厚生年金保険料の上限を超えている者がいるか	
年度累計（4月1日～翌年3月31日の期間）で健康保険料の上限（573万円）を超えて賞与が支給された者がいるか （いる場合）上限を超えた額は健康保険料の対象外	
財形など特殊な控除項目があるか	
雇用保険料率は最新のものを適用しているか	
賞与の源泉所得税の税率を算出する前月課税額対象額は正しいか。賞与の税率は正しいか	
前月給与が無いなど源泉所得税を特殊な計算方法で算出すべき者はいるか （いる場合）特殊計算にて税額を算出する	

計算のスケジュールを立てます。

　賞与計算では月給と違い時間外労働などの勤怠集計項目がないため、ポイントとしては控除項目になります。特に、社会保険料と源泉所得税は月給と賞与で計算方法が違うため注意が必要です。毎月の給与から控除していた住民税は賞与計算では関係せず、控除もしません。賞与計算後の作業としては、月給同様に源泉所得税と社会保険料の納付がありますが、これらは共に月給分の源泉所得税と社会保険料と合わせて納付を行います。

Section 02 | 支給対象者、支給額、支給日等の確認

ここだけ
Check!

- ✔ 賞与は法律で支給義務はないが一般的には夏季と冬季の年に2回支給。
- ✔ 賞与の支給時期、支給予定月を把握し、都度決定権者に詳細を確認する。
- ✔ 会社業績が良かった場合、臨時に決算賞与を出す会社もある。

> 臨時の決算賞与など、急に上司から
> 賞与計算を依頼されるイレギュラーなことも。

■ 一般的には賞与は夏季と冬季の年に2回支給される

多くの会社では賞与を夏季と冬季の年2回支給しています。賞与は査定期間となる一定期間の勤務や貢献に対応する賃金と考えられ、功労報償だけでなく、インセンティブや社員へのモチベーション向上策の意味もあります。

それらの会社の多くは、就業規則の賞与に関する規定で支給対象となる査定期間や支給する月などを定める、支給額は直近の会社業績や各社員の人事評価や勤務成績により都度検討する性質があります。計算担当者は、賞与の支給時期、支給予定月が年のどのタイミングかを把握し、決定権者に詳細を確認する必要があります。

また、会社業績が良かった場合に、本来の夏季と冬季以外に臨時に決算賞与を出す会社もあります。この場合、支給の有無自体がイレギュラーなものとなるため、上司から急に賞与計算を依頼されるケースもあります。賞与とはこのように不確実性があることを理解しておきましょう。

■ 賞与の支給項目の名称は会社の自由

賞与の支給項目の名称や賞与自体の名称も会社の任意事項となります。毎月の基本給を基に計算する賞与もあれば、各社員の営業成績によるインセンティブとして計算する賞与もあります。賞与の支給項目を分けずに支給する場合もあれば、いくつかの項目に分けて支給する場合もあります。自社のルールに従い支給項目を設定することになります。

書類名　賞与明細書

［提出先］—　［発行期限］支給日までに

賞与の支給名称、支給項目名称、支給額等については会社ごとの任意事項となります。

賞与からも社会保険料が控除されますが、月給とは保険料の計算方法が違います。

社会保険料同様に、源泉所得税も月給とは計算方法が違います。

賞与 明細書　　夏季賞与

000-000003　岡山 恭平　　　　　様

正社員　　　　　　　株式会社三布留テック

令和5年7月10日 支給

支給	賞　　与　　額									
	300,000									
							課　税　計	非 課 税 計	総 支 給 額	
								300,000		300,000

控除	健 康 保 険	介 護 保 険	厚 生 年 金		雇 用 保 険	社会保険計	課税対象額	源泉所得税	
	15,000	2,730	27,450		1,800	46,980	253,020	10,333	
						控　　除　　計		控 除 合 計	
						10,333		57,313	

勤怠記事								
	税 扶 養 人 数			銀 行 振 込 1			差 引 支 給 額	
	3			242,687			242,687	

法定控除項目以外では、会社独自で財形などの控除がある場合もあります。

雇用保険料は月給同様に、総支給額に保険料率をかけて算出します。

賞与からは住民税は控除されないのだ。

memo　＞　健康保険法では賞与は「3か月を超える期間ごとに受けるもの」とされている。

Section 03 | 賞与の社会保険料の取り扱い

ここだけ
Check!

✓ 賞与の社会保険料は千円未満を切捨後の標準賞与額に保険料率を掛ける。

✓ 標準賞与額には健康保険、厚生年金保険それぞれに上限が定められている。

✓ 健康保険や厚生年金保険において賞与は年3回以下支給されるもの。

賞与が年4回以上支給される場合は、社会保険料の取り扱いが異なるため注意。

千円未満を切り捨てた標準賞与額に保険料率を掛けて算出

賞与の社会保険料の計算では、まず賞与支給額の千円未満を切り捨てた標準賞与額を算出し、標準賞与額に保険料率を掛けて保険料を計算します。保険料率は都度改定されるため、最新の保険料率で計算していることを確認します。

また、標準賞与額には健康保険、厚生年金保険それぞれに上限が定められており、上限額を超える賞与は社会保険料の対象外となります。上限額は健康保険が年間573万円（毎年4月1日から翌年3月31日までの累計額）、厚生年金保険が月間150万円となります。260ページ中図の事例のように支給回数、支給額も多い会社では標準賞与額に注意が必要です。

年4回以上の賞与、入社・退社月の賞与などに注意

健康保険や厚生年金保険では、賞与・ボーナスなどの名称に関わらず、賞与として扱えるのは年3回以下の支給のものとなります。賞与が年4回以上支給される場合は賞与とはみなされず、月給として扱い標準報酬月額の対象となります。

また、入社や退社にからむ賞与支給もミスが起こりやすくなります。通常社会保険料は翌月徴収ですが、入社月に賞与の支給がある場合は社会保険料の控除対象となります。一方、退職する月に賞与の支給がある場合は、月末退職以外は社会保険の喪失月が賞与支給月となるため、退職月に支給される賞与には社会保険料がかかりません。

賞与の社会保険料の取り扱い

賞与の社会保険料の計算式

※標準賞与額……賞与の支給額から 1000 円未満を切り捨てた額

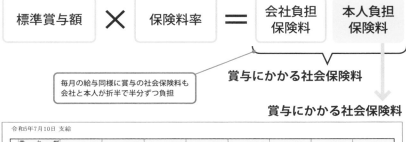

毎月の給与同様に賞与の社会保険料も
会社と本人が折半で半分ずつ負担

賞与にかかる社会保険料

賞与にかかる社会保険料

（計算例）257 ページの支給額例

保険料率の例：協会けんぽ　東京支部　2023 年 7 月の例

区分	保険料率	折半率
健康保険	10.00%	5.00%
介護保険	1.82%	0.91%
厚生年金保険	18.3%	9.15%

300,000 円……標準賞与額

- 健康保険料：　　　300,000円 × 10.00% × 1/2 ＝ **15,000円**
- 介護保険料：　　　300,000円 × 　1.82% × 1/2 ＝ **2,730円**
- 厚生年金保険料：300,000円 × 　18.3% × 1/2 ＝ **27,450円**

端数は 50 銭以下切り捨て、
50 銭超切り上げ

●毎月の給与から控除される社会保険料との計算方法の違い

| 毎月の
社会保険料額 | ＝ | 標準報酬月額 | ✕ | 保険料率 |

| 賞与の
社会保険料額 | ＝ | 標準賞与額 | ✕ | 保険料率 |

●標準賞与額の上限額を超える事例

区分	総支給額	標準賞与額	
		健康保険	厚生年金保険
夏季賞与：7月	200万円	200万円	150万円
冬季賞与：12月	220万円	220万円	150万円
決算賞与：3月	200万円	153万円	150万円
合計	620万円	573万円	450万円

3回目の支給時に健康保険の年間上限額573万円を
超えるため、超過分は標準賞与額には含まれません。

厚生年金保険の上限は賞与を支給する月ごとに判断さ
れるため、各支給時期で上限額の150万円になります。

●賞与にかかる雇用保険料の算出 ※毎月の給与同様の計算方法

| 賞与の
雇用保険料 | ＝ | 賞与支給額 | ✕ | 本人負担
保険料率 |

（計算例）　※一般の事業の場合
　300,000円✕ 6/1000（本人負担雇用保険料率）＝ 1,800円……**雇用保険料**

memo ▷ 賞与が年4回以上支給される場合は、毎年7月の定時決定時に、7月1日を起算日として以前1年
間に支払われた賞与額の12分の1を月額賃金に加算する。代わりに賞与支払届の提出は不要となる。

Column

賞与の支給義務と就業規則等のルール

本来、賞与の支給については法律上の支給義務はありません。そのため、就業規則等に「業績により支給しない事もある」と定めてある場合には、不支給となる場合があっても問題はありません。

一方、就業規則等に「基本給の2か月分を支給する」といった規定があったり、年俸制で「年俸の14分の1を7月と12月の各支給月に支払う」といった規定があったりして支給額が確定されている場合は、支給義務が生じることになります。

法律上の支給義務はないけど
労働契約や就業規則などに
記載されていたら
支給義務があるのだ。

Section 04 | 賞与の源泉所得税の取り扱い

ここだけ Check!

☑ 賞与の源泉所得税の税率は前月の給与と扶養親族の人数で決まる。

☑ 賞与の源泉所得税は賞与に対する源泉徴収税額の算出率の表を使用する。

☑ 前月給与の10倍を超える賞与の場合などは算出率の表を使用しない。

賞与の源泉所得税は
月給とは違う計算方法なのだニャ。

賞与の源泉所得税の税率は前月の給与で決まる

賞与にかかる源泉所得税は月給とは違う算出方法となります。賞与の課税支給額から社会保険料を控除して課税対象額を求め、課税対象額に源泉徴収税率を掛けて算出します。

源泉徴収税率は「賞与に対する源泉徴収税額の算出率の表」で、「前月の社会保険料等控除後の給与等の金額」（以下、「課税対象額」）と扶養親族の人数の組み合わせで求めます（264ページ参照）。「課税対象額」は対象者の前月中の給与の課税支給額から社会保険料を引いた金額です。両者の組み合わせから求められる左端の「賞与の金額に乗ずべき率」が税率です。なお、扶養控除等（異動）申告書を提出していない社員は、右端の「乙」欄で税率を求めます。

前月給与の10倍を超える賞与の場合などは算出率の表を使用しない

賞与の社会保険料等控除後の額が前月中の社会保険料等控除後の給与額の10倍を超える場合には算出率の表を使用せず、給与所得の源泉徴収税額表の月額表（→ P.209）で税額を計算します。手順としては、賞与から社会保険料等を控除した金額を6で割り、前月の給与から社会保険料等を控除した金額を足します。その金額を源泉徴収月額表に当てはめて税額を求め、その税額から前月給与における源泉徴収税額を引きます。最後に6を掛けた金額が賞与の源泉徴収税額となるという複雑な計算を行います。また、前月に給与の支払がない場合も同様に算出率の表を使用せずに類似の方法にて税額を算出します。

賞与の源泉所得税の取り扱い

● 賞与の源泉徴収税額の仕組み

令和5年7月10日 支給

	賞　与　額								課　税　計	非　課　税　計	総　支　給　額
支給	300,000										
									300,000		300,000

	健　康　保　険	介　護　保　険	厚　生　年　金		雇　用　保　険	社　会　保　険　計	課　税　対　象　額	源　泉　所　得　税			
控除	15,000	2,730	27,450		1,800	46,980	253,020	10,333			
							控　除　計	控　除　合　計			
							10,333	57,313			

勤怠							

	税　扶　養　人　数				銀　行　振　込　1		差　引　支　給　額
記事	3				242,687		242,687

（賞与の源泉所得税計算の手順）

① 賞与課税支給額から社会保険料を控除し、課税対象額を算出する。

② 前月の社会保険料控除後の給与額と扶養親族数から賞与に適用する税率を算出する。

③ 賞与の源泉徴収税額を算出する。

（計算例）　※ 2023 年 7 月支給
- **Step 1：賞与課税支給額から社会保険料を控除し、課税対象額を算出する。**
  300,000 円－ 46,980 円＝ 253,020 円……**課税対象額**
- **Step 2：前月給与額と扶養親族数から賞与に適用する税率を算出する。**
  例）前月の社会保険料控除後の給与等の金額（課税対象額）：256,019 円
  扶養親族の人数：1 人
  賞与に対する源泉徴収税額の算出率の表を参照する。

memo ▷ 副業扱いのアルバイト等は賞与の源泉所得税も乙欄で計算する。

● 賞与に対する源泉徴収税額の算出率の表

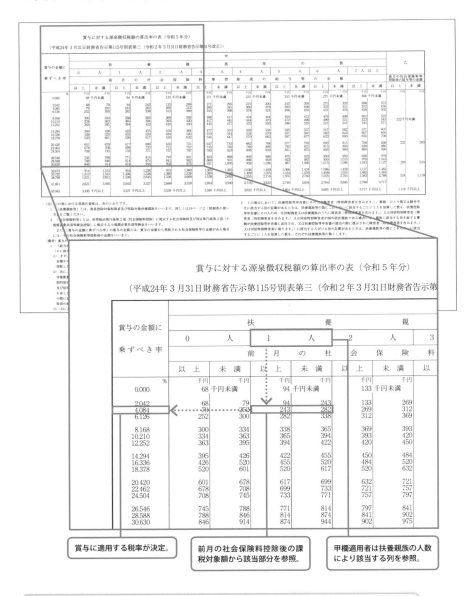

賞与に適用する税率が決定。

前月の社会保険料控除後の課税対象額から該当部分を参照。

甲欄適用者は扶養親族の人数により該当する列を参照。

（計算例）

・Step 3：賞与の源泉徴収税額を算出する。

253,020円（課税対象額）× 4.084%（税率）= 10,333円

端数は1円未満切り捨て。

memo ＞ 「賞与に対する源泉徴収税額の算出率の表」は国税庁のホームページより入手できる。

❶前月給与の10倍を超える賞与を支払う場合

① 賞与から社会保険料等を控除した金額÷6

② ①+前月の給与から社会保険料等を控除した金額

③ ②の金額を源泉徴収月額表に当てはめて税額を求める。

④ ③−前月の給与に対する源泉徴収税額

⑤ ④×6 ➡ この金額が賞与の源泉徴収税額

❷前月に給与の支払がない場合

① 賞与から社会保険料等を控除した金額÷6

② ①の金額を源泉徴収月額表に当てはめて税額を求める。

③ ②×6 ➡ この金額が賞与の源泉徴収税額

> 賞与の計算期間が半年を超える場合には、賞与から社会保険料等を控除した金額を12で割って、同じ方法で計算します。そして、求めた金額を12倍した金額が源泉徴収税額になります（❶と❷どちらも）。

賞与への同一労働同一賃金法の影響

　同一労働同一賃金に関する法律である「短時間労働者及び有期雇用労働者の雇用管理の改善等に関する法律」が 2020 年 4 月 1 日より適用されています（中小企業は2021 年 4 月 1 日より適用）。

　正社員と非正規社員との間で不合理な待遇差は認められなくなり、賞与も対象となっています。厚生労働省のガイドラインでは、賞与に対する考え方が以下のように示されています。

> 賞与であって、会社の業績等への労働者の貢献に応じて支給するものについて、通常の労働者と同一の貢献である短時間・有期雇用労働者には、貢献に応じた部分につき、通常の労働者と同一の賞与を支給しなければならない。また、貢献に一定の相違がある場合においては、その相違に応じた賞与を支給しなければならない。

　パートタイマーや契約社員などの非正規社員には賞与支給がない会社が多くありましたが、法令やガイドライン違反とならないように非正規社員に対する賞与支給の合理的なルールが必要です。

Chapter

8

年末調整の手順

Keyword

年末調整の仕組みと対象者／控除申告の概要／
扶養控除、配偶者控除、基礎控除等の確認／
保険料控除申告書、住宅借入金等特別控除申告書の確認／
過不足税額計算／源泉徴収票の交付

Section 01 | 年末調整の仕組みと対象者

ここだけ Check!

- ✓ 毎月の源泉徴収税額は概算金額であり過不足が生じるようになっている。
- ✓ 毎月の源泉徴収税額の過不足の精算作業が年末調整。
- ✓ 年末調整は原則として扶養控除等（異動）申告書を提出する全員が対象

給与計算で取りすぎた／足りない所得税を調整する仕組みなのだ。

年末調整をする理由と仕組み

毎月の給与計算では源泉所得税を徴収していますが、この金額は概算です。所得税は年間の所得にかかる税金であり、年末にならなければ年間の所得が確定しないため、月々の給与計算では概算で徴収額を算出するしかないというのが現実的な対応となります。**あらかじめ徴収していた源泉徴収税額と確定した年間所得に対する所得税額の過不足の精算作業が年末調整**です。

年末調整業務の概略は、過不足の原因ともなる扶養親族の内容を確認し反映することや年末調整時にしか反映できない生命保険料や住宅ローンといった控除の内容を確認し、反映することになります。給与の支払いを受ける社員の大半の人は、勤務先にて年末調整を実施することによりその年の所得税の過不足精算が完了するため、確定申告手続を行う必要がなくなります。

年末調整の対象者となる人、ならない人

年末調整の対象者は、給与の支払者に給与所得者の扶養控除等（異動）申告書を提出している全員です。例外的に、給与の総額が2000万円を超える人や副業をしている乙欄適用者などは対象外です。

年の途中で転職をした人は前職で源泉徴収された金額と転職先で源泉徴収された金額を合わせて転職先の会社で年末調整を行います。年末調整は、その年の最後に支払う給与支払時に行うため通常は12月に実施します。12月の給与支給の後に賞与を支払う場合は、その賞与の金額を含めて年末調整を行います。

● 年末調整で過不足が生じる要因の例

1 源泉徴収税額表は、年間を通して給与額に変動がないものとして作られていますが、実際は年の中途で給与の額に変動があること

2 年の中途で扶養親族の人数などに異動があっても、その異動後の支払分から修正するだけで、遡って各月の源泉徴収税額を修正することとされていないこと

3 生命保険料や地震保険料の控除などは、年末調整の際に控除することとされていること

4 住宅ローン控除も年末調整の際に控除することとされていること

年末調整の対象者※扶養控除等（異動）申告書の提出者

- 1年を通じて勤務している人
- 年の中途で就職し年末まで勤務している人
- 12月中に支給期の到来する給与の支払を受けた後に退職した人

年末調整の対象にならない人

- 給与の総額が2000万円を超える人
- 災害のため災害減免法により、その年の源泉徴収について徴収猶予や還付を受けた人
- 2か所以上から給与の支払を受けている人で、他の給与の支払者に扶養控除等(異動)申告書を提出している人や、年末調整を行うときまでに扶養控除等(異動)申告書を提出していない人(乙欄適用者)
- 年の中途で退職した人で、再就職する予定の人
- 非居住者(国内に住所も1年以上の居所も有しない人)
- 日雇労働者など日額表の丙欄適用者

年末以外に年末調整を実施する人※扶養控除等（異動）申告書の提出者

- 死亡により退職した人
- 心身の障害などによる退職後本年中に再就職ができないと見込まれる人
- 年の中途で、海外へ転勤したなどの理由で、非居住者となった人　など

● 年末調整の仕組み

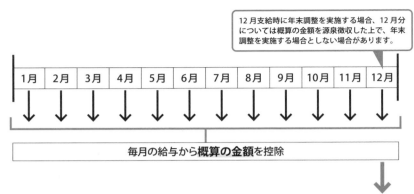

12月支給時に年末調整を実施する場合、12月分については概算の金額を源泉徴収した上で、年末調整を実施する場合としない場合があります。

| 1月 | 2月 | 3月 | 4月 | 5月 | 6月 | 7月 | 8月 | 9月 | 10月 | 11月 | 12月 |

毎月の給与から**概算の金額**を控除

概算で源泉徴収した所得税の過不足精算が年末調整

年の途中で転職した場合

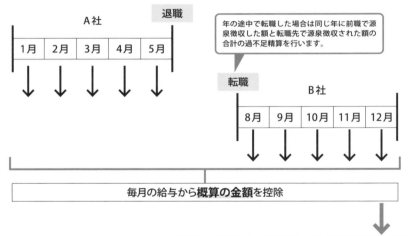

A社　退職

| 1月 | 2月 | 3月 | 4月 | 5月 |

年の途中で転職した場合は同じ年に前職で源泉徴収した額と転職先で源泉徴収された額の合計の過不足精算を行います。

転職　B社

| 8月 | 9月 | 10月 | 11月 | 12月 |

毎月の給与から**概算の金額**を控除

概算で源泉徴収した所得税の過不足精算が年末調整

Column

国税庁が毎年発行する「年末調整のしかた」は必読

　年末調整の準備は、税務署から会社に年末調整に必要な資料が郵送されてきた時からスタートします。税務署から送付される資料には、源泉徴収簿、法定調書、扶養控除等（異動）申告書などの各種用紙、「年末調整のしかた」と呼ばれる年末調整の手引きがあります。

　年末調整の業務は、送付される資料の「年末調整のしかた」を基にわからない点があれば常に参照し、辞書のように使い作業を進めていくことになります。

　国税庁は毎年この手引きを作成していますので、法改正の内容などもこの「年末調整のしかた」で確認できます。

　この手引きには実務経験が少ない担当者がまず理解するべき年末調整の対象者や手順といった基本事項から、社員から提出された扶養控除等（異動）申告書をはじめとした各種申告書の確認方法、申告書の確認後に行う年税額の計算方法や過不足税額の精算方法、年末調整後の税額の納付と所得税徴収高計算書（納付書）の記載方法など年末調整業務がトータルで網羅されています。

　給与計算担当者は、年末調整業務ではこの「年末調整のしかた」を常に手元に置いておきましょう。

本章での事例は令和5年分のルールに基づいて記載しています。

Section 02 | 控除申告の概要

ここだけ
Check!

- ✓ 年末調整に適用する各種控除は社員本人からの申告書にて確認する。
- ✓ 扶養控除の特徴として、その年の 12 月 31 日時点の状況で判定がされる。
- ✓ 年末調整に使用する様々な申告書は法改正で書式が変わるため注意。

控除申告の概要

> 社員から提出された申告書には記載漏れや記載部分の
> 間違いなどもあるためチェックすることが必要なのニャ。

扶養と配偶者に関する控除のやり方

　年末調整では社員本人からの申告に基づき、さまざまな控除を適用し、その年の給与所得を算出することで税額の過不足精算を行いますが、過不足精算を行うためには社員本人から申告書を会社に提出してもらうことになります。

　その申告内容の 1 つが配偶者を始めとした扶養親族に関する申告です。給与所得者に所得税法上の控除対象扶養親族となる人がいる場合には、一定の金額の扶養控除が受けられます。扶養控除の特徴としては、その年の 12 月 31 日時点の状況での適用、判定がなされることがあげられます。扶養親族に関する申告書は扶養控除等（異動）申告書と配偶者控除等申告書・所得金額調整控除申告書があります。

保険料や住宅借入に関する控除のやり方

　給与所得者は、年末調整で生命保険料、地震保険料などの保険料控除や住宅購入の際の住宅借入金（住宅ローン）に関する住宅借入金控除を受けることができます。これらの控除の申告を行うための書類が保険料控除申告書、住宅借入金等特別控除申告書です。

　年末調整に使用するさまざまな申告書は法律の改正で書式が変わります。令和 2 年度からは給与所得者本人の基礎控除申告書や所得金額調整控除申告書が増えました。給与計算担当者は毎年国税庁のホームページや所轄の税務署等にて最新の情報を入手する必要があります。

年末調整で適用できる控除の概要

控除の種類	内容
基礎控除	基礎控除は、最も基本的な控除。控除額は最大48万円で、本人の所得金額に応じて変化。
配偶者控除・配偶者特別控除	配偶者控除とは本人と生計が同じであり、本人の年間所得金額が1,000万円以下で、配偶者の年間合計所得金額が48万円以下（給与収入のみであれば103万円以下）の場合に適用される控除。配偶者の給与収入が103万円を超える場合でも、一定額までは配偶者特別控除を受けることが可能。
扶養控除	扶養控除とは年間の合計所得金額が48万円以下（給与収入の場合は103万円以下）の16歳以上の扶養親族に適用される控除。控除額は扶養親族の状況によって加算がある。
所得金額調整控除	令和2年からできた新しい控除項目。給与収入が850万円を超える給与所得者で、かつ、本人が特別障害者に該当する、年齢23歳未満の扶養親族を有する等の条件に合致する場合に受けられる控除。
生命保険料控除	生命保険料が対象となる控除で、一般の生命保険料、介護医療保険料、個人年金保険料の3つがある。
地震保険料控除	地震保険料、旧長期損害保険料が対象となる控除。
小規模企業共済等掛金控除	小規模企業共済法で定められた掛金を支払った場合に受けることのできる控除。
社会保険料控除	健康保険料や介護保険料、厚生年金保険料が対象となる控除。本人の保険料だけでなく、扶養家族の分を支払った場合も合計することが可能。
障害者控除	本人だけでなく、配偶者や扶養親族に障害がある場合に適用される控除。
寡婦控除	夫と離婚や死別をした後も婚姻をしておらず、合計所得金額が500万円以下の人に適用される控除。離婚の場合は扶養親族を有することも適用条件。ひとり親控除に該当する場合は対象外。
ひとり親控除	婚姻をしていないまたは配偶者の生死が不明であり合計所得金額が500万円以下の人のうち、生計を一にする子がいる等の要件に該当すると適用される控除。
勤労学生控除	合計所得金額が75万円（給与収入の場合は130万円）以下等の要件に該当する学生に適用される控除。
住宅ローン控除（2年目以降）	住宅ローンを借りて住宅を購入した場合に一定の要件の下に受けられる控除。1年目は年末調整では控除を受けることができない。

確定申告でのみ適用できる控除

控除の種類	内容
住宅ローン控除（1年目）	住宅を取得した1年目に住宅ローン控除を適用する控除。1年目は年末調整では控除できず確定申告で対応。
寄附金控除	個人が国や地方公共団体、特定公益増進法人などに対し寄付をした場合に認められる控除。ふるさと納税もこの区分。
医療費控除	年間の医療費が一定額以上の場合に適用が可能な控除。
雑損控除	災害や盗難、横領などで資産に損害を受けた場合に適用ができる控除。

Section 03 | 年末調整の対応法

国税庁が作成する「年末調整のしかた」を
手元において業務を進めていくんだニャ。

● 年末調整の対応法

1 年末調整資料の
入手・配布
11月初旬まで

各種申告書等の様式を入
手し社員へ配布。

2 社員から申告書、
必要書類の回収
11月末まで

申告書と合わせて添付書
類の漏れなども確認。

3 申告書の内容確認
12月給与計算実施前まで

社員から回収した申告書
の内容のチェック。

> P.278 〜 291

4 年末調整実施
12月給与支給日まで

年末調整により過不足額
の計算。

> P.292

5 源泉所得税の納付
1月10日まで

税務署へ源泉所得税を納
付（納期の特例の場合の
期限は1月20日まで）。

> P.300

6 源泉徴収票と給与支払
報告書の交付、提出
1月31日まで

本人、税務署、市区町村
へ書類を交付、提出。

> P.300

年末調整は給与計算担当者の
最も大きな仕事なんだ。

memo > 年末調整ではその年によって使用する申告書の様式が変更するなど改正点もあるため、法改正内容
は毎年チェックする。

年末調整の対応法の概要

- ☑ **対象者** 社員、役員含め給与の支給を受けている者すべて
- ☑ **使用する書類** 基礎控除申告書、配偶者控除等申告書、所得金額調整控除申告書、保険料控除申告書、住宅借入金等特別控除申告書、住宅取得資金に係る借入金の年末残高等証明書、保険料控除証明書、年末調整のしかたパンフレットなど
- ☑ **作成する書類** 源泉徴収簿、源泉徴収票、賃金台帳、給与支払報告書、法定調書合計表など
- ☑ **提出先** 税務署、市区町村

「扶養控除等（異動）申告書」を提出している人が対象

　年末調整は、原則として「扶養控除等（異動）申告書」（→P.280）を提出している全員について行います。給与の総額が2000万円を超える人や副業をしている乙欄適用者など一部対象外の人もいますが、年末調整の対象外となる人でも源泉徴収票を交付することや市区町村に対し提出する給与支払報告書を作成する必要があります。

長丁場の作業だが早めに着手するのがベター

　年末調整は業務への着手が11月頃から始まり、税務署への法定調書や市区町村への給与支払報告書の提出を行うのが翌年の1月末までとかなり長丁場の業務となります。特に、社員から回収する各種控除申告書や控除証明書の内容のチェックは重要な作業です。給与計算担当者が申告書をチェックした際に内容や添付書類に不備や不足があった場合、社員に再度依頼をかける必要が生じます。

　年末調整を実施した後は、年間の給与所得の証明書となる源泉徴収票を交付し、併せて給与支払報告書といった書類の提出準備や源泉所得税の納付準備を進めていきます。法改正によりやり方や様式が変わることも多い分野でもあるため、税務署主催の説明会などにも参加する等、最新の情報を入手しておきましょう。まずは全体のスケジュールを押さえ、業務に慣れないうちは内容のチェックが充分にできるよう早めに動くことがミスのない業務に繋がります。

キーワード　年末調整の手順

●年末調整における過不足額精算のステップ

Step 1	課税総支給額の計算	年間の給与・賞与等の課税総支給額を計算する。
Step 2	給与所得控除後の給与等の金額の計算	給与所得控除後の給与等の金額を算出する。所得金額調整控除申告書により、控除額がある場合は反映する。
Step 3	扶養控除、基礎控除、配偶者控除額の計算	扶養控除等（異動）申告書、基礎控除申告書、配偶者控除等申告書により各種扶養控除額、配偶者控除額の金額を計算する。
Step 4	保険料控除額の計算	保険料控除申告書により生命保険料、地震保険料などの各種控除額を計算する。
Step 5	所得控除額合計の計算	Step3と4にて計算した控除から、所得控除額の合計額を計算する。
Step 6	課税給与所得金額の計算	Step2の金額からStep5の金額を差引し、課税給与所得金額を計算する。
Step 7	算出所得税額の計算	Step6にて計算した、課税給与所得金額に区分に応じた税率をかけて算出所得税額を計算する。
Step 8	年調所得税額の計算	Step7の金額から住宅借入金等特別控除額を差引し、年調所得税額を計算する。
Step 9	年調年税額の計算	Step8の年調所得税額に102.1％をかけて年調年税額を計算する。
Step 10	過不足税額の計算	Step9の年調年税額とその年に既に徴収された源泉徴収税額とを比較し、過不足分を精算する。

memo　>　過不足税額の精算、反映は翌年の1月支給時の給与にて実施することも可能。

給与所得者が確定申告を必要になるときとは

　大部分の会社勤めの給与所得者の方は、給与の支払者が行う年末調整で年間の所得税額が確定し納税も完了するため、確定申告の必要はありません。ただし、給与所得者であっても下記のいずれかに当てはまる人は、原則として確定申告をしなければなりません。

　① 給与の年間収入金額が 2000 万円を超える人
　② 1 か所から給与の支払を受けている人で、給与所得および退職所得以外の所得の金額の合計額が 20 万円を超える人
　③ 2 か所以上から給与の支払を受けている人で、主たる給与以外の給与の収入金額と給与所得および退職所得以外の所得の金額の合計額が 20 万円を超える人
　④ 同族会社の役員などで、その同族会社から貸付金の利子や資産の賃貸料などを受け取っている人
　⑤ 災害減免法により源泉徴収の猶予などを受けている人
　⑥ 源泉徴収義務のない者から給与等の支払を受けている人
　⑦ 退職所得について正規の方法で税額を計算した場合に、その税額が源泉徴収された金額よりも多くなる人

　上記の区分で、給与所得者が該当する可能性が比較的高い項目が①〜③になります。①は簡単で給与（または役員報酬）が 2000 万円を超える場合は、年末調整の対象外となり確定申告にて所得税を精算します。②は副業や株式売買などをしている人が、本業以外で 20 万円超の所得金額がある場合に該当します。③は副業先がある場合に、本業となる会社以外からの所得が 20 万円を超える場合です。

　上記に記載した確定申告の対象者は所得税の確定申告になります。副業がある人は副業の所得が 20 万円未満であっても、住民税の申告を市区町村に実施する必要があります。なお、所得税の確定申告を税務署へ行えば、税務署から市区町村へ情報が転送され市区町村に改めて申告をする必要はありません。そのため、副業がある人は毎年確定申告をする方がわかりやすく無難と言えます。

Section 03 -1 | 扶養控除、配偶者控除、基礎控除等の確認

ここだけ Check!

✓ 扶養親族は 12 月 31 日時点での状況にて要件を満たしているかを判定。

✓ 扶養親族の要件の 1 つが給与収入のみの場合年収 103 万円以下であること。

✓ 配偶者控除は所得に応じた細かな区分があるため正確に所得を把握する。

簡単に言うと「社員が何人養っているか」と「配偶者の収入」に関する情報なのだ。

扶養控除等（異動）申告書で12月31日の扶養親族の状況を確認

　年末調整の第一関門が、社員から回収した扶養控除等（異動）申告書と配偶者控除等申告書を基にした扶養親族の確認です。この内容に基づき、**扶養控除額**が確定するため非常に重要な作業となります。

　扶養控除等（異動）申告書は年初の給与を支給する際に回収していますが、扶養親族の判定は12月31日時点の状況で行うため、年初に記載した内容から追加や削除がないかを確認します。例えば、控除対象扶養親族だった家族が就職や結婚などで控除対象扶養親族でなくなるといったことが想定されます。

　控除対象扶養親族や障害者の数、寡婦、ひとり親、勤労学生などの判定は、各人からの扶養控除等（異動）申告書による申告に基づいて行います。なお、16歳未満の扶養親族は、控除対象扶養親族に該当しません。生年月日から誤って控除扶養親族に入っていないかを確認します。

配偶者の年収は厳格に把握した上で社員に申告してもらう

　配偶者控除の適用を受けようとする場合には、給与所得者の配偶者控除等申告書を提出する必要があります。配偶者には、年収（所得）に応じた細かな区分が定められており、その年の正確な所得を把握した上で申告をしてもらう必要があります。もし、本来よりも過不足のある所得金額を申告している場合、年末調整での税額にも影響がでてきます。なお、所得者本人の合計所得金額が1000万円を超える場合は配偶者控除を受けられません。

扶養控除と扶養控除等（異動）申告書

控除を行うことができる扶養親族は下記のように定められています。

控除対象扶養親族の要件

その年の12月31日（納税者が年の中途で死亡しまたは出国する場合は、その死亡または出国の時）の現況で、次の要件のすべてに当てはまる人。

①配偶者以外の親族（6親等内の血族および3親等内の姻族）または都道府県知事から養育を委託された児童や市町村長から養護を委託された老人
②納税者と生計が同一
③年間の合計所得金額が48万円以下（給与収入のみの場合は年収103万円以下）
④年齢が16歳以上
⑤青色申告者の事業専従者としてその年給与支給を受けていないことまたは白色申告者の事業専従者でないこと

扶養親族はいくつかの条件で分けられており、種別ごとに控除可能な金額は異なります。

扶養控除一覧

区分		控除額
一般の控除対象扶養親族		38万円
特定扶養親族（19歳以上23歳未満の人）		63万円
老人扶養親族 （70歳以上）	同居老親等以外	48万円
	同居老親等 （納税者または配偶者の直系の尊属で、納税者または配偶者と普段同居している人）	58万円

Column

国外居住親族の要件は厳しくなっている

扶養親族の対象は日本国外に住む国外居住親族についても一定の要件を満たせば控除の対象となります。

しかし、現在は国外居住親族が扶養控除等の適用を受ける場合には、親族関係書類および送金関係書類を源泉徴収義務者に提出または提示しなければならないこととされており、国内で同居している場合に比べ認定の要件が厳しくなっています。

> **memo** > 尊属とは父母・祖父母などのこと。

障害者、寡婦等に該当する場合は○をします。

老人扶養親族（70歳以上）、特定扶養親族（19際以上23際未満）に該当する場合はチェックを入れます。

令和5年分　給与所得の扶養控

所轄税務署長等	給与の支払者の名称（氏名）	株式会社三布留テック	（フリガナ）あなたの氏名	オカヤマ　キョウ
神田　税務署長	給与の支払者の法人（個人）番号	※この申告書の提出を受けた給与の支払者が記載してください。1 1 1 1 2 3 4 5 5 6 6 6	あなたの個人番号	岡山　恭
市区町村長	給与の支払者の所在地（住所）	東京都千代田区神田神保町6-15-8	あなたの住所又は居所	（郵便番号 263-千葉県千葉

あなたに源泉控除対象配偶者、障害者に該当する同一生計配偶者及び扶養親族がなく、かつ、あなた自身が障害者、寡婦、ひとり親

	区分等	（フリガナ）氏　名　あなたとの続柄	個人番号　生年月日	老人扶養親族（昭29.1.1以前生）特定扶養親族（平13.1.2生〜平17.1.1生）	令和5年分所得の見
主たる給与から控除を受ける	A 源泉控除対象配偶者（注1）	オカヤマ　リカコ　岡山 利佳子	明・大昭・平 48・7・20		0
	B 控除対象扶養親族（16歳以上）（平20.1.1以前生）	1 オカヤマ アキ 岡山 亜紀　長女	明・大昭・平 10・3・3	□ 同居老親等 □ その他 ☑ 特定扶養親族	0
		2 オカヤマ ナホ 岡山 菜穂　二女	明・大昭・平 15・8・6	□ 同居老親等 □ その他 ☑ 特定扶養親族	0
		3	明・大昭・平	□ 同居老親等 □ その他 □ 特定扶養親族	
		4	明・大昭・平	□ 同居老親等 □ その他 □ 特定扶養親族	

C 障害者、寡婦、ひとり親又は勤労学生	□ 障害者	区分	該当者 本人	同一生計配偶者（注2）	扶養親族（人）	□ 寡婦	障害者又は勤労学生の内容
		一般の障害者			（人）	□ ひとり親	（注）1 源泉控除対象配偶者とは、所支払を受ける人及び白色事業
		特別障害者			（人）	□ 勤労学生	2 同一生計配偶者とは、所得の見積額が48万円以下の
		同居特別障害者			（人）		

上の該当する項目及び欄にチェックを付け、（　）内には該当する扶養親族の人数を記入してください。

D 他の所得者が控除を受ける扶養親族等	氏　名	あなたとの続柄	生年月日	住所又は居所
			明・大・昭平・令 ・・	
			明・大・昭平・令 ・・	

○住民税に関する事項（この欄は、地方税法第45条の3の2及び第317条の3の2に基づき、給与の支払者を経由して市区町村長に提出

16歳未満の扶養親族（平20.1.2以後生）		（フリガナ）氏　名	個人番号	あなたとの続柄	生年月日	住
	1	オカヤマ ハヤト 岡山 隼人		長男	平・令 22・6・19	
	2				平・令	
退職手当等を有する配偶者・扶養親族		（フリガナ）氏　名	個人番号	あなたとの続柄	生年月日	住所
					明・大・昭平・令	

扶養控除、配偶者控除、基礎控除等の確認

年間の所得金額を記載。年収額ではないため注意。誤って年収額が記載されることが多いため、収入要件の 48 万円を超えている場合は年収か所得かを確認します。

16 歳未満の扶養親族を記載する欄。子供の扶養親族は記載する場所を間違えていることも多いため、16 歳未満であるかをよく確認します。

扶養控除等　（異動）　申告書

カヤマ　キョウヘイ	あなたの生年月日　明・大・昭⑰平・令　43 年　2 月　9 日
岡山　恭平	世帯主の氏名　岡山　恭平
	あなたとの続柄　本人

（郵便番号 263-0024 ）

千葉県千葉市稲毛区穴川 8-6-11

扶

記載のしかたはこちら

従たる給与についての扶養控除等申告書の提出
（提出している場合には、□印を付けてください。）

配偶者の有無　有　無

者、寡婦、ひとり親又は勤労学生のいずれにも該当しない場合には、以下の各欄に記入する必要はありません。

親族（生） 17.1.1生）	令和5年中の所得の見積額	非居住者である親族 生計を一にする事実 （該当する場合は○印を付けてください。）	住所又は居所	異動月日及び事由 （令和5年中に異動があった場合に記載してください） （以下同じです。）
	0 円		申告者と同居	
親等 養親族	0 円	□ 16歳以上30歳未満又は70歳以上 □ 留学 □ 障害者 □ 38万円以上の支払	〃	
親等 養親族	0 円	□ 16歳以上30歳未満又は70歳以上 □ 留学 □ 障害者 □ 38万円以上の支払	〃	
親等 養親族	円	□ 16歳以上30歳未満又は70歳以上 □ 留学 □ 障害者 □ 38万円以上の支払		
親等 養親族	円	□ 16歳以上30歳未満又は70歳以上 □ 留学 □ 障害者 □ 38万円以上の支払		

は勤労学生の内容（この欄の記載に当たっては、裏面の「2　記載についてのご注意」の8をお読みください。）　異動月日及び事由

控除対象配偶者とは、所得者（令和5年中の所得の見積額が900万円以下の人に限ります。）と生計を一にする配偶者（青色事業専従者として給与の
ける人及び白色事業専従者を除きます。）で、令和5年中の所得の見積額が95万円以下の人をいいます。
配偶者とは、所得者と生計を一にする配偶者（青色事業専従者として給与の支払を受ける人及び白色事業専従者を除きます。）で、令和5年中の
見積額が48万円以下の人をいいます。

居所	控除を受ける他の所得者			異動月日及び事由
	氏　名	あなたとの続柄	住所又は居所	

◎◎◎◎
この出すの人ものこのるこの
申告るのひこの申は申る告人もる告人申こ書は源も提書で告とのあ泉提出はで書がな控出すあ書き
記た除するなをまくことたの対るこたで提せい給象必とのすきん出は与配要がは給るず。申
にについ偶がで、与ことこの告あ者あき裏のがもの書たりりまの面支でき申の、、ま面の払きま告提障すのの「をるせ書出害。1受場んのす者そけ合。記る控の第二者のうにて載除生ちいはにていち計るに、、当の1配場当裏たか合偶た面つ所にるのては、

1 申告についてのご注意」等をお読みください。

市区町村長に提出する給与所得者の扶養親族等申告書の記載欄を兼ねています。）

日	住　所　又　は　居　所	控除対象外国外扶養親族 （該当する場合は○印を付けてください。）	令和5年中の所得の見積額（※）	異動月日及び事由	
·19	申告者と同居		0 円		※　「令和5年中の所得の見積額」欄には、退職所得を除いた所得の見積額を記載します。
·					

日	住　所　又　は　居　所	非居住者である親族 （該当する項目にチェックを付けてください。）	令和5年中の所得の見積額（※）	障害者 区　分	異動月日及び事由	寡婦又はひとり親
·		□ 配偶者 □ 30歳未満又は70歳以上 □ 留学 □ 障害者 □ 38万円以上の支払	円	□ 一般 □ 特別		□ 寡婦 □ ひとり親

● 給与所得者の配偶者控除等申告書

配偶者控除を受けることができる配偶者は以下のようになります。

配偶者控除の要件

その年の 12 月 31 日（納税者が年の中途で死亡しまたは出国する場合は、その死亡または出国の時）の現況で、配偶者が次の要件のすべてに当てはまる人。なお、控除を受ける給与所得者本人の合計所得金額が 1000 万円を超える場合は対象外となります。

① 民法の規定による配偶者であること（内縁関係の人は該当しない）。

② 給与所得者と生計が同一。

③ 年間の合計所得金額が 48 万円以下（給与収入の場合には年収 103 万円以下）。

④ 青色申告者の事業専従者としてその年給与支給を受けていないことまたは白色申告者の事業専従者でないこと。

年間の合計所得金額が 48 万円超 133 万円以下である場合は配偶者特別控除を受けることができます。

配偶者控除額一覧 ※令和 5 年分

控除を受ける給与所得者本人の合計所得金額	配偶者控除額		配偶者特別控除額
	一般の控除対象配偶者	老人控除対象配偶者（年齢 70 歳以上）	
900 万円以下	38 万円	48 万円	1 万円〜 38 万円の間で給与所得者本人と配偶者の所得に応じて控除額が決定します。
900 万円超 950 万円以下	26 万円	32 万円	
950 万円超 1,000 万円以下	13 万円	16 万円	

● 扶養控除額、配偶者控除額の計算例

（計算例）　※令和 5 年分

給与所得者本人の合計所得は 3,704,000 円。扶養親族の内容は下表のとおり。

続柄	年齢	収入	同居・別居
妻	50 歳	0	同居
長女	25 歳	0	同居
二女	20 歳	0	同居
長男	13 歳	0	同居

・妻は一般の控除対象配偶者のため、配偶者控除額は 38 万円

・長女は控除対象扶養親族（16 歳以上）のため、扶養控除額は 38 万円

・二女は特定扶養親族（19 歳以上 23 歳未満）のため、扶養控除額は 63 万円

・長男は控除対象扶養親族に該当しないため（16 歳未満）、扶養控除額は 0 円

● 給与所得者の基礎控除申告書

基礎控除は、給与所得者本人の合計所得金額に応じて控除額が決定します。合計所得金額が 2,500 万円を超えると基礎控除を受けることができません。

給与所得者本人の合計所得金額	基礎控除額
2,400 万円以下	48 万円
2,400 万円超 2,450 万円以下	32 万円
2,450 万円超 2,500 万円以下	16 万円
2,500 万円超	0 円

● 所得金額調整控除申告書

給与所得者本人の給与収入金額が 850 万円を超える人のうち、次のいずれかに該当すると受けることができる控除です。

{給与収入金額（1,000 万円超の場合は 1,000 万円）− 850 万円} × 10%

＝所得金額調整控除額

※控除額の 1 円未満の端数は切り上げ。

・所得金額調整控除は、扶養控除とは異なり、同一生計内のいずれか一方のみの所得者に適用するという制限がありません。そのため、夫婦がともに給与収入 850 万円を超えており、年齢 23 歳未満の扶養親族である子供がいるような場合、夫婦のどちらもこの控除の適用を受けることができます。

左ページの計算例の扶養控除等（異動）申告書は 280 ページ、給与所得者の基礎控除申告書兼配偶者控除等申告書兼所得金額調整控除申告書は 284 ページに記入例があるニャ。

給与所得者の基礎控除申告書兼配偶者控除等申告書兼所得金額調整控除申告書

〔提出先〕自社で保管　〔提出期限〕—

給与所得者本人の年間の収入および所得金額を記載。

令和5年分　給与所得者の基礎控除申告書 兼 給与所得者の配偶

所轄税務署長	給与の支払者の名称（氏名）	株式会社三布留テック		（フリガナ）あなたの氏名	オカヤマ　キョウ
神田	給与の支払者の法人番号	※この申告書を提出する給与の支払者（個人を除きます。）が記載してください。 1　1　1　1　2　3　4　5　5　6　6　6			岡山　恭
税務署長	給与の支払者の所在地（住所）	東京都千代田区神田神保町 6-15-8		あなたの住所又は居所	千葉県千葉

～記載に当たってのご注意～

◎　「基礎控除申告書」と「配偶者控除等申告書」については、次の場合に応じて記載してください。

1　あなたの本年中の合計所得金額の見積額が1,000万円以下で、かつ、配偶者の本年中の合計所得金額の見積額が133万円以下である場合は、「基礎控除申告書」と「配偶者控除等申告書」の欄に記載してください。

2　上記1以外で、かつ、あなたの本年中の合計所得金額の見積額が2,500万円以下である場合は、「基礎控除申告書」のみ記載してください（「配偶者控除等申告書」を記載する必要はありません。）。

◎　「所得金額調整控除申告書」については、年末調整において所得金額調整控除の適用を受けようとする場合に記載してください。なお、あなたの本年中の年末調整の対象となる給与の収入金額が850万円以下である場合又は「所得金額調整控除申告書」の「要件」欄の各項目のいずれにも該当しない場合には、所得金額調整控除の適用を受けることはできません。

◆ 給与所得者の配偶者控除等申告

○ 「控除額の計算」の表の「区分Ⅰ」欄につい

○ 「基礎控除申告書」の「区分Ⅰ」欄が(A)～(C) 配偶者特別控除の適用を受けることはでき

（フリガナ）配偶者の氏名	オカヤマ　リカコ
	岡山 利佳子

◆ 給与所得者の基礎控除申告書 ◆

○ あなたの本年中の合計所得金額の見積額の計算

	所 得 の 種 類	収 入 金 額	所 得 金 額
(1)	給 与 所 得	5,183,750 円	（裏面「4(1)」を参照）3,704,000 円
(2)	給与所得以外の所得の合計額		（裏面「4(2)」を参照）円
	あなたの本年中の合計所得金額の見積額（(1)と(2)の合計額）		3,704,000 円

○ 配偶者の本年中の合計所得金額の

	所 得 の 種 類	収 入 金
(1)	給 与 所 得	
(2)	給与所得以外の所得の合計額	
	配偶者の本年中の合計所得金額の見積額（(1)と(2)の合計額）	

○ 控除額の計算

判 定	☑	900万円以下	(A)	
	☐	900万円超	950万円以下	(B)
	☐	950万円超	1,000万円以下	(C)
	☐	1,000万円超	2,400万円以下	
	☐	2,400万円超	2,450万円以下	
	☐	2,450万円超	2,500万円以下	

48万円　32万円　16万円

区分Ⅰ	A（左の A～C を記載）
基礎控除の額	480,000 円 ※ 左の「控除額の計算」の表を参考に記載してください。

○ 控除額の計算

区分Ⅰ		①	②	③	④（上記 95万円超 100万円以下）
	A	48万円	38万円	38万円	36万円
	B	32万円	26万円	26万円	24万円
	C	16万円	13万円	13万円	12万円
摘要	配偶者控除				

◆ 所得金額調整控除申告書 ◆ あなたの本年中の年末調整の対象となる給与の収入金額が850万円以下の場合は、記載する必要はありま

○ 年末調整において所得金額調整控除の適用を受けようとする場合は、「要件」欄の該当する項目にチェックを付け、その項目に応じて「☆扶養親族……れか1名を記載することで差し支えありません。

なお、「要件」欄の2以上の項目に該当する場合は、いずれか1つの要件について、チェックを付け記載をすることで差し支えありません。

○ 年末調整における所得金額調整控除の額については給与の支払者が計算しますので、この申告書に所得金額調整控除の額を記載する欄はありま

要 件	☐ あなた自身が特別障害者	（右の★欄のみを記載）	☆扶養親族等	（フリガナ）同一生計配偶者又は扶養親族の氏名	左 記 の 者
	☐ 同一生計配偶者(注)が特別障害者	（右の☆欄及び★欄を記載）			あなたと左記の者が異なる場合の左
	☐ 扶養親族が特別障害者	（右の☆欄及び★欄を記載）			
	☐ 扶養親族が年齢23歳未満（平13.1.2以後生）	（右の☆欄のみを記載）			

(注)「同一生計配偶者」とは、あなたと生計を一にする配偶者（青色事業専従者として給与の支払を受ける人及び白色事業専従者を除きます。）で、本年中の

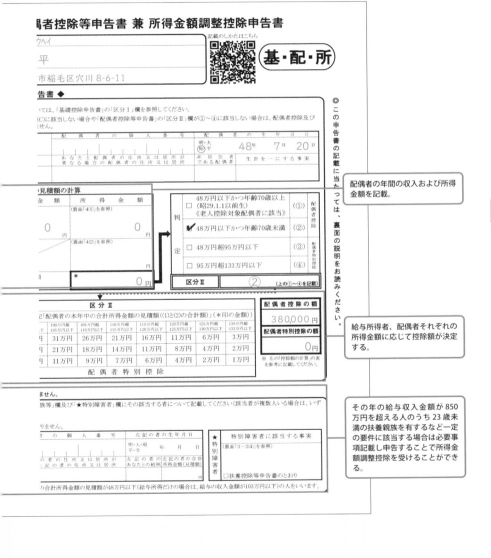

偶者控除等申告書 兼 所得金額調整控除申告書

記載のしかたはこちら

基・配・所

ウヘイ

平

市稲毛区穴川 8-6-11

告書 ◆

ては、「基礎控除申告書」の「区分Ⅰ」欄を参照してください。

(C)に該当しない場合や「配偶者控除等申告書」の「区分Ⅱ」欄が①～④に該当しない場合は、配偶者控除及び
ません。

配偶者の個人番号	配偶者の生年月日
	明・大 昭・平　48 年　7 月　20 日
あなたと配偶者の住所又は居所が 異なる場合の配偶者の住所又は居所	非居住者 である配偶者　生計を一にする事実

配偶者の年間の収入および所得
金額を記載。

見積額の計算		判定		
金額	所得金額	☐ 48万円以下かつ年齢70歳以上 （昭29.1.1以前生） 《老人控除対象配偶者に該当》	(①)	配偶者控除
（裏面「4(1)」を参照） 0 円	0 円	☑ 48万円以下かつ年齢70歳未満	(②)	
（裏面「4(2)」を参照） 円	円	☐ 48万円超95万円以下	(③)	配偶者特別控除
		☐ 95万円超133万円以下	(④)	
＊ 0 円		区分Ⅱ　　②（上の①～④を記載）		

区分Ⅱ						
配「配偶者の本年中の合計所得金額の見積額（(1)と(2)の合計額）」（＊印の金額）						
	100万円超 105万円以下	105万円超 110万円以下	110万円超 115万円以下	115万円超 120万円以下	120万円超 125万円以下	125万円超 130万円以下	130万円超 133万円以下
円	31万円	26万円	21万円	16万円	11万円	6万円	3万円
円	21万円	18万円	14万円	11万円	8万円	4万円	2万円
円	11万円	9万円	7万円	6万円	4万円	2万円	1万円

配偶者特別控除

配偶者控除の額
380,000 円
配偶者特別控除額
0 円
※ 左の「控除額の計算」の表
を参考に記載してください。

給与所得者、配偶者それぞれの
所得金額に応じて控除額が決定
する。

ません。

族等」欄及び「★特別障害者」欄にその該当する者について記載してください（該当者が複数人いる場合は、いず

りません。

の個人番号	左記の者の生年月日	★	特別障害者に該当する事実
	明・大・昭 平・令　年　月　日	特別障害者	（裏面「3～2(4)」を参照）
の者の住所又は居所が :この者の住所又は居所	左記の者の　左記の者の合計 あなたとの続柄　所得金額（見積額）		☐ 扶養控除等申告書のとおり

の合計所得金額の見積額が48万円以下（給与所得だけの場合は、給与の収入金額が103万円以下）の人をいいます。

その年の給与収入金額が 850
万円を超える人のうち 23 歳未
満の扶養親族を有するなど一定
の要件に該当する場合は必要事
項記載し申告することで所得金
額調整控除を受けることができ
る。

◎この申告書の記載に当たっては、裏面の説明をお読みください。

Section 03-2 保険料控除申告書、住宅借入金等特別控除申告書の確認

ここだけ Check!
- ☑ 保険料控除申告書は保険料の種類に応じ添付書類が必要。
- ☑ 生命保険料と地震保険料の控除額は保険料に応じた計算式で算出する。
- ☑ 住宅ローン控除は申告書と証明書、借入残高証明書をセットで確認する。

> 住宅ローン控除申告書の内容は難しく税額への影響も大きいのでしっかり確認しながら処理を進めよう。

保険料控除申告書は保険料の種類に応じ添付書類が必要

　年末調整では、生命保険料や地震保険料を始めとした**保険料控除**も適用されます。これらの控除は、社員本人から提出された保険料控除申告書に基づき行います。保険料の種類によって添付書類が必要になるため、申告書に記載があるだけではなく必要な添付書類が揃っているかも確認します。

　生命保険料と地震保険料の控除額は保険料そのままの金額が控除額となるわけではなく、決められた計算式で控除額を算出する仕組みとなっています。計算式の区分が複数あるため、区分ごとに、それぞれ正しく計算されているかどうかを確認します。また、生命保険料控除と地震保険料控除にはそれぞれ12万円と5万円という控除限度額が設定されているため、その限度額を超過して記載していないかも確認します。

住宅借入金等特別控除は申告書と証明書、借入残高証明書を確認

　住宅借入金等特別控除（住宅ローン控除）は、住宅購入後の最初の年は確定申告を行う必要がありますが、2年目以降は年末調整の際に住宅借入金等特別控除申告書に基づいて控除を行うことができます。

　なお、申告書の添付書類として税務署長が発行した控除証明書と住宅取得に際し借入を行った金融機関等が発行した住宅取得資金に係る借入金の年末残高等証明書が必要です。申告書のみ提出していないか確認します。なお、住宅借入金等特別控除は、給与所得の控除ではなく、税額の控除となります。

● 生命保険料控除の計算式

新契約（平成24年1月1日以後の保険契約等）の控除額計算式

年間の支払保険料等	控除額
20,000円以下	支払保険料等の全額
20,000円超　40,000円以下	支払保険料等×1/2+10,000円
40,000円超　80,000円以下	支払保険料等×1/4+20,000円
80,000円超	一律40,000円

旧契約（平成23年12月31日以前の保険契約等）の控除額計算式

年間の支払保険料等	控除額
25,000円以下	支払保険料等の全額
25,000円超　50,000円以下	支払保険料等×1/2+12,500円
50,000円超　100,000円以下	支払保険料等×1/4+25,000円
100,000円超	一律50,000円

● 地震保険料控除の計算式

区分	年間の支払保険料の合計	控除額
(1)地震保険料	50,000円以下	支払金額の全額
	50,000円超	一律50,000円
(2)旧長期損害保険料	10,000円以下	支払金額の全額
	10,000円超 20,000円以下	支払金額×1/2＋5,000円
	20,000円超	15,000円
(1)・(2)両方がある場合		(1)、(2)の合計額 （最高50,000円）

保険料控除は必要な添付書類が
添付されているかも確認するんだ。

> **memo** 年末残高証明書については、原則、2023年以降に入居した人は、2024年以後の年末調整では提出
> が不要となった。

書類名　給与所得者の保険料控除申告書

［提出先］自社で保管　［提出期限］—

新旧の区分及び保険料に応じて設定された計算式に当てはめ計算します。

保険料控除証明書の記載内容を参照し保険料の内容を記載。特に新旧の区分は計算式が変わるため要注意。

令和５年分　給与所得

所轄税務署長	給与の支払者の名称（氏名）	株式会社三布留テック
神田 税務署長	給与の支払者の法人番号	※この申告書の提出を受けた給与の支払者（個人を除きます。）が記載してください。 1111234555666
	給与の支払者の所在地（住所）	東京都千代田区神田神保町 6-15-8

区分	保険会社等の名称	保険等の種類	保険期間又は年金支払期間	保険等の契約者の氏名	保険金等の受取人 氏名	あなたとの続柄	新・旧の区分	あなたが本年中に支払った保険料等の金額 (a)
生命保険料控除 一般の生命保険料	＊＊生命	養老	30年	岡山恭平	岡山利佳子	妻	新	(a) 45,0
	◆◆生命	医療	20年	〃	〃	〃	旧	(a) 40,0
								(a)
								(a)
	(a)のうち新保険料等の金額の合計額	A 45,000円	Aの金額を下の計算式Ⅰ（新保険料等用）に当てはめて計算した金額	① (最高40,000円) 31,250円			計（①＋②）	③
	(a)のうち旧保険料等の金額の合計額	B 40,000円	Bの金額を下の計算式Ⅱ（旧保険料等用）に当てはめて計算した金額	② (最高50,000円) 32,250円			②と③のいずれか大きい金額	㋑
介護医療保険料	ＡＢＣ生命	介護	21年	岡山恭平	岡山利佳子	妻		(a) 20,0
								(a)
								(a)
	(a)の金額の合計額	C 20,000円				Cの金額を下の計算式Ⅰ（新保険料等用）に当てはめて計算した金額		㋺
個人年金保険料	●●生命	＊＊年金	30年	岡山恭平	岡山恭平 支払開始日R17・7・1	本人	新	(a) 50,0
					支払開始日　・　・			(a)
					支払開始日　・　・			(a)
	(a)のうち新保険料等の金額の合計額	D 50,000円	Dの金額を下の計算式Ⅰ（新保険料等用）に当てはめて計算した金額	④ (最高40,000円) 32,500円			計（④＋⑤）	⑥
	(a)のうち旧保険料等の金額の合計額	E 円	Eの金額を下の計算式Ⅱ（旧保険料等用）に当てはめて計算した金額	⑤ (最高50,000円) 円			⑤と⑥のいずれか大きい金額	㋩

計算式Ⅰ（新保険料等用）※		計算式Ⅱ（旧保険料等用）※	
A、C又はDの金額	控除額の計算式	B又はEの金額	控除額の計算式
20,000円以下	A、C又はDの全額	25,000円以下	B又はEの全額
20,001円から40,000円まで	(A、C又はD)×1/2＋10,000円	25,001円から50,000円まで	(B又はE)×1/2＋12,500円
40,001円から80,000円まで	(A、C又はD)×1/4＋2…		…又はE)×1/4＋25,000円
80,001円以上	一律に40,000円		…律に50,000円

※　控除額の計算において算出した金額に１円未…上げます。

生命保険料控除についての添付書類として旧生命保険料は保険料が9,000円を超えるもの、旧生命保険料以外については金額に関わらず全て保険料の控除証明書の添付が必要になります。

個人年金保険料を記載する欄。保険料控除証明書を基に内容を記載。

memo　社員から提出された申告書に記載された計算結果が間違っている場合は、修正し正しい金額にて年末調整を実施する。

地震保険料等について記載する欄。地震保険料等は金額に関わらず全て控除証明書の添付が必要です。

所得者の保険料控除申告書

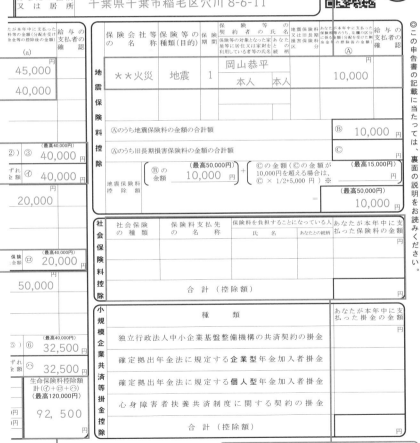

		保険会社等の名称	保険等の種類(目的)	保険期間	保険契約者の氏名 保険等の対象となった家屋等に居住又は家財を利用している者等の氏名	あなたとの続柄	地震保険料又は旧長期損害保険区分	Ⓐ あなたが本年中に支払った保険料等のうち、左欄の区分に係る金額(分配を受けた剰余金等の控除後の金額)	給与の支払者の確認
地震保険料控除		**火災	地震	1	岡山恭平	本人	本人	10,000 円	

た が本年中に支払った料等の金額(分配を受け金等の控除後の金額)
(a)

給与の支払者の確認
45,000 円
40,000

Ⓐのうち地震保険料の金額の合計額	Ⓑ	10,000 円
Ⓐのうち旧長期損害保険料の金額の合計額	Ⓒ	円

地震保険料控除額	(最高50,000円) Ⓑの金額 10,000 円 + Ⓒの金額(Ⓒの金額が10,000円を超える場合は、Ⓒ×1/2+5,000)※ (最高15,000円) 円 = (最高50,000円) 10,000 円

②) ③	(最高40,000円) 40,000
ずれ 金額 ④	40,000 円
	20,000 円

◎この申告書の記載に当たっては、裏面の説明をお読みください。

社会保険料控除	社会保険の種類	保険料支払先の名称	保険料を負担することになっている人 氏名	あなたとの続柄	あなたが本年中に支払った保険料の金額 円
	合計(控除額)				円

保険金額 ㋺	(最高40,000円) 20,000
	50,000 円

小規模企業共済等掛金控除	種類	あなたが本年中に支払った掛金の金額
	独立行政法人中小企業基盤整備機構の共済契約の掛金	
	確定拠出年金法に規定する**企業型**年金加入者掛金	
	確定拠出年金法に規定する**個人型**年金加入者掛金	
	心身障害者扶養共済制度に関する契約の掛金	
	合計(控除額)	円

⑤) ⑥	(最高40,000円) 32,500
ずれ 金額 ㋬	32,500 円

生命保険料控除額 計(④+㋬+㋑) (最高120,000円)	92,500
円	
円	

最終的な生命保険料控除額。

国民年金や国民健康保険料などの給与天引き以外の社会保険料控除を受ける場合に記載する欄。国民年金と国民年金基金については証明書類が必要になります。

● 保険料控除額の計算例

❶一般生命保険料（新契約）：45,000円
❷一般生命保険料（旧契約）：40,000円
❸介護医療保険料（新契約）：20,000円
❹個人年金保険料（新契約）：50,000円
❺地震保険料：10,000円

❶の控除額計算：45,000円×1/4＋20,000円＝31,250円
❷の控除額計算：40,000円×1/2＋12,500円＝32,500円

31,250円＋32,500円＝63,750円

ただし、最高額は40,000円のため40,000円…Ⓐ

❸の控除額計算：20,000円以下はそのまま20,000円…Ⓑ
❹の控除額計算：50,000円×1/4＋20,000円＝32,500円…Ⓒ

Ⓐ＋Ⓑ＋Ⓒ＝40,000円＋20,000円＋32,500円＝92,500円…生命保険料控除額

住宅借入金特別控除は
税額から直接控除される点が
ほかの控除と異なるのだニャ。

書類名　給与所得者の住宅借入金等特別控除申告書

［提出先］自社で保管　［提出期限］—

その年の分の申告書であるかを必ずチェック。

下段の控除証明書と借入金の年末残高等証明書の内容を基に記載内容に間違いがないかをチェック。

令和5年分	給与所得者の（特定増改築等）住宅借入金等特別控除申告書	給与の支払者受付印

（この申告書は、年間所得の見積額が3,000万円を超える方は提出できません。）

年末調整の際に、次のとおり（特定増改築等）住宅借入金等特別控除を受けたいので、申告します。

神田 税務署長	給与の支払者の名称（氏名）	株式会社三布留テック	（フリガナ）あなたの氏名	オカヤマ　キョウヘイ 岡山　恭平	年末調整を受ける本人との続柄 本人
	給与の支払者の所在地（住所）	東京都千代田区 神田神保町 6-15-8	あなたの住所又は居所	千葉県千葉市 稲毛区穴川 8-6-11	

項目	新築又は購入に係る借入金等の計算				増改築等に係る借入金等の計算		
	住宅借入金等の内訳	Ⓐ 住宅のみ	Ⓑ 土地等のみ	Ⓒ 住宅及び土地等	項目		金額等
新築又は購入に係る借入金等の年末残高 ①		円（下の㋑）	円（下の㋺）	9,750,000 円（下の㋩）	増改築等に係る借入金等の年末残高 ⑥		円（下の㋭）
家屋又は土地等の取得対価の額 ②		10,000,000	11,000,000	21,000,000 円（下のㄹ＋㋩）	増改築等の費用の額 ⑦		円（下の㋬）
家屋の総床面積又は土地等の総面積のうち居住用部分の床面積の占める割合 ③		100.00 ㎡ ────=100 100.00 ㎡	120.00 ㎡ ────=100 120.00 ㎡	（備考の（注1）参照） 100	増改築等の費用の額のうち居住用部分の費用の額の占める割合 ⑧		％（下の㋬）㎡ ──── （下の㋭）㎡
取得対価の額に係る借入金等の年末残高（①と②のいずれか少ない方）④		円	円	9,750,000	増改築等の費用の額に係る借入金等の年末残高（⑥と⑦のいずれか少ない方）⑨		円
居住用部分の家屋又は土地等に係る借入金等の年末残高（④×③）⑤		円	円	9,750,000	居住用部分の増改築等に係る借入金等の年末残高（⑨×⑧）⑩		円

（特定増改築等）住宅借入金等特別控除額の計算の基礎となる借入金等の年末残高（⑤＋⑩）⑪	9,750,000	年間所得の見積額	3,704,000	連帯債務による住宅借入金等の年末残高
（特定増改築等）住宅借入金等特別控除額（備考の（注2）参照）⑫	円（下の⑩）	備考		
特定増改築等の費用の額に係る借入金等の年末残高（⑩と⑧のいずれか少ない方）（備考の（注2）参照）⑬	（最高200万円）円			
（特定増改築等）住宅借入金等特別控除額（⑪×1％）⑭	（100円未満の端数切捨て） 97,500			

添付書類として借入等を行った金融機関等が発行した「住宅取得資金に係る借入金の年末残高等証明書」が必要になります

◎ この申告書の記載に当たっては、同封の「年末調整で住宅借入金等特別控除を受ける方へ」をお読みください。
◎ この申告書の提出に当たっては、金融機関等が発行する「住宅取得資金に係る借入金の年末残高等証明書」の添付が必要です。
◎ 下の証明書は、切り離さないでください。

令和5年分　年末調整のための（特定増改築等）住宅借入金等特別控除証明書

2 6 3 - 0 0 2 4

左記の方が、令和2年分の所得税について次のとおり（特定増改築等）住宅借入金等特別控除の適用を受けていることを証明します。

千葉県千葉市稲毛区穴川 8-6-11

岡山　恭平　様

令和5年 10月 15日

千葉東 税務署長　　㊞

（証明事項）

新築又は購入した家屋に係る事項			増改築等をした部分に係る事項		
項目	家屋	土地等	増改築等		
居住開始年月日 ㋑	令和2 年 9 月10日		居住開始年月日 ㋭		年 月 日
家屋又は土地等の取得対価の額 ㋺	10,000,000 円	11,000,000 円	増改築等の費用の額 ㋬		円
家屋又は土地等の総床面積又は総面積 ㋩	100.00 ㎡	120.00 ㎡	㋬のうち居住用部分の費用の額 ㋬		円
㋑又は㋺のうち居住用部分の床面積又は面積 ㋬	100.00 ㎡	120.00 ㎡	特定増改築等の費用の額		円
			（特定増改築等）住宅借入金等特別控除額		100,000 円

上段部分が申告書になっており、下段部分が控除証明書になります。
控除証明書についてはその人の住所地の税務署長が発行します。

Section 04 | 年間の税額計算、過不足税額計算

- ✓ 年の中途で転職した人は、前職給与を含めて年末調整を行うことになる。
- ✓ 年間の課税総支給額、源泉徴収税額、社会保険料を集計する。
- ✓ 住宅ローン控除は算出所得税額から住宅ローン控除額を差引する。

年の途中の転職者からは
前職の源泉徴収票を回収しておくのを忘れずに。

給与所得額から所得控除額合計を差引し課税給与所得金額を算出

　申告書のチェックが完了したら税額の計算を行います。まず、年末調整の対象となるその年に支給された給与・賞与総額と源泉徴収された税額を集計します。この際、併せて給与・賞与から控除した社会保険料の額も集計します。

　本年最後に支払う12月支給給与の税額は、一旦徴収して計算しても、省略してもどちらでも構いません。年の中途で転職した人は、その前職分の給与を含めて年末調整を行うため、前職分の源泉徴収票を確認し集計を行います。

　給与所得控除後の給与等の金額は、「年末調整等のための給与所得控除後の給与等の金額の表」を参照し対応する金額を求めます。この金額から申告書などを基に計算した所得控除額の合計を差引して課税給与所得金額を算出します。その際、1,000円未満の端数は切り捨てます。

住宅ローン控除を反映し、年調年税額を算出し最後に過不足額を計算

　課税給与所得金額を計算したら、「算出所得税額の速算表」を参照し、算出所得税額を計算します。ここで、住宅ローン控除の適用を受ける人は算出所得税額から住宅ローン控除額を差引します。適用を受けない人は算出所得税額がそのまま年調所得税額となります。年調所得税額を算出したらその額に102.1%をかけて年調年税額を計算します。

　最後に年調年税額とその年の源泉徴収税額の総額を比較し、源泉徴収税額が年調年税額より多ければ差額を社員に還付、少なければ差額を徴収します。

● 代表的な計算の手順と計算例

　ここでは下記のような条件の下で年末調整の税額計算と過不足額を計算してみます。

- ・基本給＋課税の諸手当：4,583,750円（年間）
- ・賞与：600,000円（年間）
- ・給与・賞与からの社会保険控除額：859,662円（年間）
- ・徴収済みの源泉所得税額：71,486円（年間）

　上記の基本的な情報は、源泉徴収簿（→P.298）を毎月記入していればすぐに入手することができます。記入例は298ページを参照してください。

 Step 1 | 課税総支給額の計算　　　年間の給与・賞与等の課税総支給額を計算する。

　課税総支給額では給与と賞与の支給項目の年間合計額を求めます。なお、非課税の通勤手当に代表される非課税の支給項目の金額は含めない点に注意が必要です。

> **給与の支給項目の金額（非課税の支給項目の金額は除く）の年合計**
> **＋賞与の支給項目の金額（非課税の支給項目の金額は除く）の年合計**

　課税総支給額の計算例：
　　4,583,750円＋600,000円＝5,183,750円

 Step 2 | 給与所得控除後の給与等の金額の計算　　給与所得控除後の給与等の金額を算出する。

　課税総支給額から「給与所得控除後の給与等の金額」を求めます。「給与所得控除後の給与等の金額」を求めるには、「年末調整のしかた」に記載されている「年末調整等のための給与所得控除後の給与等の金額の表」を使用します。

　「給与等の金額」欄で課税給与総支給額が当てはまる欄の「給与所得控除後の給与等の金額」欄の値が求める「給与所得控除後の給与等の金額」となります。

> memo 「年末調整等のための給与所得控除後の給与等の金額の表」と「算出所得税額の速算表」は、「年末調整のしかた」に掲載されている。

給与等の金額		給与所得控除後の給与等の金額	給与等の金額		給与所得控除後の給与等の金額	給与等の金額		給与所得控除後の給与等の金額
以　上	未　満		以　上	未　満		以　上	未　満	
円	円	円	円	円	円	円	円	円
5,172,000	5,176,000	3,697,600	5,372,000	5,376,000	3,857,600	5,572,000	5,576,000	4,017,600
5,176,000	5,180,000	3,700,800	5,376,000	5,380,000	3,860,800	5,576,000	5,580,000	4,020,800
5,180,000	5,184,000	3,704,000	5,380,000	5,384,000	3,864,000	5,580,000	5,584,000	4,024,000
5,184,000	5,188,000	3,707,200	5,384,000	5,388,000	3,867,200	5,584,000	5,588,000	4,027,200
5,188,000	5,192,000	3,710,400	5,388,000	5,392,000	3,870,400	5,588,000	5,592,000	4,030,400
		3,848,000	5,560,000	5,564,000	4,008,000	5,760,000	5,764,000	4,168,000
		3,851,200	5,564,000	5,568,000	4,011,200	5,764,000	5,768,000	4,171,200
					4,014,400	5,768,000	5,772,000	4,174,400

課税総支給額が
518万3750円のときは、

370万4000円となる

　計算例の課税総支給額5,183,750円を当てはめると、「給与所得控除後の給与等の金額」は3,704,000円になります。

| Step 3 | 扶養控除、配偶者控除額の計算 | 扶養控除等（異動）申告書、配偶者控除等申告書により扶養控除額、配偶者控除額の金額を計算する。 |

　扶養控除等（異動）申告書、配偶者控除等申告書の記載に基づいて、配偶者控除と扶養控除の金額を求めます。詳しくは278ページを参照してください。
　282ページの計算例では配偶者と子供2人で合計1,390,000円となります。

| Step 4 | 保険料控除額の計算 | 保険料控除申告書により生命保険料、地震保険料などの各種控除額を計算する。 |

　保険料控除申告書の記載に基づいて、生命保険料控除と地震保険料控除の金額を求めます。詳しくは286ページを参照してください。
　290ページの計算例では生命保険料控除が92,500円、地震保険料控除が10,000円となります。

| Step 5 | 所得控除額合計の計算 | Step3と4にて計算した控除から、所得控除額の合計額を計算する。 |

　給与・賞与からの社会保険控除額（859,662円）とStep3～Step4までの控除額、本人の基礎控除（480,000円）をまとめて、所得控除額の合計を求めます。

項目	金額
給与・賞与控除の社会保険料額	859,662円
生命保険料控除額	92,500円
地震保険料控除額	10,000円
配偶者控除額	380,000円
扶養控除額	1,010,000円
基礎控除額	480,000円
所得控除合計額	2,832,162円

Step 6 課税給与所得金額の計算

Step2の金額からStep5の金額を差引し、課税給与所得金額を計算する。

　所得税を計算する基となる課税給与所得金額を計算で求めます。なお、計算結果の1000円未満は切り捨て処理を行います。

　　給与所得控除後の給与等の金額－所得控除額合計

　上記の計算式を計算例に当てはめると、「課税給与所得金額」は871,000円になります。

　　3,704,000－2,832,162＝871,000円（1000円未満は切り捨て）

Step 7 算出所得税額の計算

Step6にて計算した、課税給与所得金額に区分に応じた税率をかけて算出所得税額を計算する。

　Step6で計算した「課税給与所得金額」を基に、「算出所得税額」を計算します。計算は「年末調整のしかた」に記載されている「年末調整のための算出所得税額の速算表」を使用します。計算式は下表のように課税給与所得金額ごとに異なっています。

課税給与所得金額		税率	控除額	計算式
超	以下			
	1,950,000円	5%	－	課税給与所得金額×5%
1,950,000円	3,300,000円	10%	97,500円	課税給与所得金額×10%－97,500円
3,300,000円	6,950,000円	20%	427,500円	課税給与所得金額×20%－427,500円
6,950,000円	9,000,000円	23%	636,000円	課税給与所得金額×23%－636,000円
9,000,000円	18,000,000円	33%	1,536,000円	課税給与所得金額×33%－1,536,000円
18,000,000円	18,050,000円	40%	2,796,000円	課税給与所得金額×40%－2,796,000円

　計算例の課税給与所得金額は871,000円なので使用する計算式は次のようになります。

　　課税給与所得金額×5%

　上記の計算式を計算例に当てはめると、「算出所得税額」は43,550円になります。

　　871,000円×5%＝43,550円

Step 8 年調所得税額の計算 Step7にて計算した、算出所得税額から住宅借入金等特別控除額を差引し、年調所得税額を計算する。

住宅借入金等特別控除額がある場合は、Step7の算出所得税額から住宅借入金等特別控除額を差し引きし、年調所得税額を計算します。計算式は次のようになります。

算出所得税額－住宅借入金等特別控除額

住宅借入金控除の適用を受けない人はStep7の算出所得税額がそのまま年調所得税額となります。

計算例では住宅借入金等特別控除額が97,500円なので、年調所得税額は0円となります。なお、計算結果がマイナスになる場合は0円とします。

43,550-97,500＝0円（マイナスの場合は0円）

 Step 9 年調年税額の計算 Step8の年調所得税額に102.1%をかけて年調年税額を計算する。

年調所得税額から復興特別所得税を加えた年調年税額を求めます。復興特別所得税を加えた年調年税額の計算式は次の通りとなります。なお、100円未満は切り捨て処理を行います。

年調所得税額×102.1%

上記の計算式を計算例に当てはめると、「年調年税額」は0円になります。

0×102.1%＝0円（100円未満は切り捨て）

 Step 10 過不足税額の計算 Step9の年調年税額とその年に既に徴収された源泉徴収税額とを比較し、過不足分を精算する。

徴収済みの源泉所得税額と年調年税額との差額を計算します。計算式が次の通りです。

年調年税額－徴収済みの源泉所得税額

上記の計算式を計算例に当てはめると、「過不足額」は△71,486円になります。

0-71,486＝△71,486円

すでに徴収していた税額の方が多かったため、還付となります。

●年末調整での過不足額の精算方法

年末調整の結果、徴収している税額が多かった場合には還付を行います。
還付を行うのは次の3つのタイミングがあります。

1 12月支給の給与（または賞与）で精算する。

2 翌年1月の給与で精算する。

3 給与計算とは別に過不足額のみを還付・徴収し精算する。

●給与明細への還付の表記

> 年末調整の還付は控除項目で行います。控除
> 項目への記載なので、還付の場合はマイナス
> の金額の表記になります。

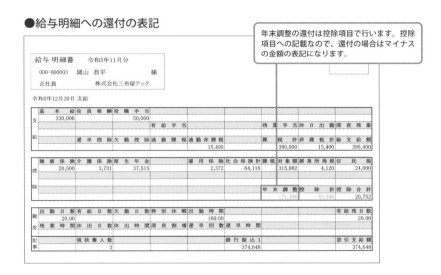

給与 明細書　　　令和5年11月分

000-000003　岡山 恭平　　　　　　　様

正社員　　　　　　　株式会社三布留テック

令和5年12月20日 支給

	基 本 給	役 員 報 酬	役 職 手 当				残 業 手 当	休 日 出 勤	深 夜 残 業
支給	330,000		50,000						
				有 給 手 当			課 税 計	非 課 税 計	総 支 給 額
		遅 早 控 除	欠 勤 控 除	通 勤 課 税	通 勤 非 課 税		380,000	15,400	395,400
					15,400				

	健 康 保 険	介 護 保 険	厚 生 年 金		雇 用 保 険	社 会 保 険 計	課 税 対 象 額	源 泉 所 得 税	住 民 税
控除	20,500	3,731	37,515		2,372	64,118	315,882	4,120	24,000
						年 末 調 整	控 除 計	控 除 合 計	
						−71,486	−43,366	20,752	

	出 勤 日 数	有 給 日 数	欠 勤 日 数	特 別 休 暇	出 勤 時 間				有 給 残 日 数
勤怠	20.00				160:00				20.00
	残 業 時 間	休 出 日 数	休 出 時 間	深 夜 割 増	遅 早 回 数	遅 早 時 間			

		税 扶 養 人 数				銀 行 振 込 1		差 引 支 給 額
記事		3				374,648		374,648

Column

年末調整で不足額が出た場合の徴収について

年末調整では年間の源泉徴収税額に不足額が生じて追加で徴収となる場合もあります。徴収となる場合は、ボーナスの支給額が通常より多かった、転職や人事異動で給与が大幅に変動した、扶養家族が減った等の要因があります。

給与の支払者は、源泉徴収をした所得税および復興特別所得税の合計額が年調年税額よりも少ない場合には、その差額の税額を年末調整をする月の給与から徴収することになります。徴収をする場合は控除項目にて控除（徴収）を行います。

●源泉徴収簿と年末調整の計算の関係

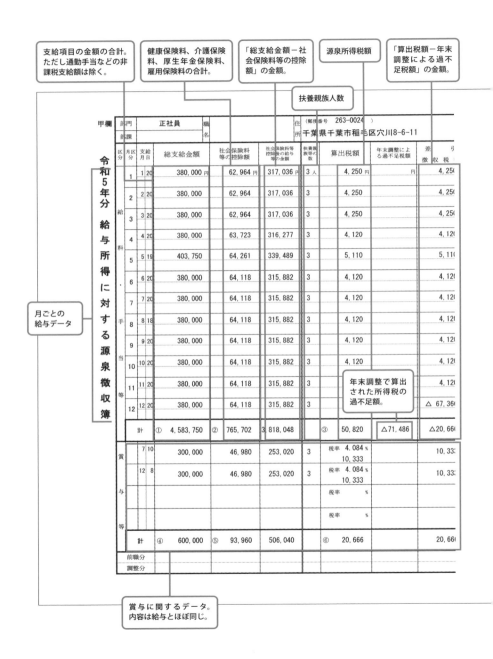

年間の税額計算、過不足税額計算

	支給項目の金額の合計。ただし通勤手当などの非課税支給額は除く。	健康保険料、介護保険料、厚生年金保険料、雇用保険料の合計。	「総支給金額－社会保険料等の控除額」の金額。	源泉所得税額	「算出税額－年末調整による過不足税額」の金額。

扶養親族人数

| 甲欄 | 部門 | 正社員 | 職 | | 住 | （郵便番号 263-0024 ） |
| | 課 | | 名 | | 所 | 千葉県千葉市稲毛区穴川8-6-11 |

区分	月区分	支給月日	総支給金額	社会保険料等の控除額	社会保険料等控除後の給与等の金額	扶養親族等の数	算出税額	年末調整による過不足税額	差引徴収税
令和5年分 給与所得に対する源泉徴収簿	1	1 20	380,000 円	62,964 円	317,036 円	3 人	4,250 円	円	4,250
	2	2 20	380,000	62,964	317,036	3	4,250		4,250
給	3	3 20	380,000	62,964	317,036	3	4,250		4,250
料	4	4 20	380,000	63,723	316,277	3	4,120		4,120
・	5	5 19	403,750	64,261	339,489	3	5,110		5,110
手	6	6 20	380,000	64,118	315,882	3	4,120		4,120
	7	7 20	380,000	64,118	315,882	3	4,120		4,120
当	8	8 18	380,000	64,118	315,882	3	4,120		4,120
	9	9 20	380,000	64,118	315,882	3	4,120		4,120
等	10	10 20	380,000	64,118	315,882	3	4,120		4,120
	11	11 20	380,000	64,118	315,882	3	4,120		4,120
	12	12 20	380,000	64,118	315,882	3			△ 67,36
	計		① 4,583,750	② 765,702	③ 3,818,048		③ 50,820	△71,486	△20,66
賞		7 10	300,000	46,980	253,020	3	税率 4.084 % 10,333		10,33
		12 8	300,000	46,980	253,020	3	税率 4.084 % 10,333		10,33
与							税率 %		
等							税率 %		
	計		④ 600,000	⑤ 93,960	506,040		⑥ 20,666		20,66
	前職分								
	調整分								

月ごとの給与データ

年末調整で算出された所得税の過不足額。

賞与に関するデータ。内容は給与とほぼ同じ。

前ページまでの一連の計算は源泉徴収簿の右側で行うことができます。
実務では源泉徴収簿の流れに従って処理することをお勧めします。

扶養控除申告書
などから転記。

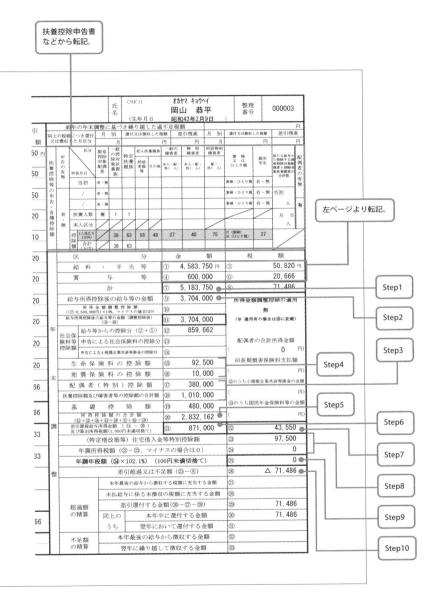

左ページより転記。

Step1
Step2
Step3
Step4
Step5
Step6
Step7
Step8
Step9
Step10

Section 05 | 源泉徴収票の交付、納税と書類の提出

ここだけ Check!

- ✓ 源泉徴収票は、全ての人について翌年の1月31日までに交付する。
- ✓ 税務署に源泉徴収票を提出する対象者は、全員ではなく限定されている。
- ✓ 給与支払報告書は翌年1/1現在の住所地の市区町村へ1/31までに提出。

給与支払報告書の提出は各市区町村へ手続きを行い、手間がかかるからスケジュールをしっかり立てて進めるんだ。

源泉徴収票と給与支払報告書の作成

　年末調整の計算が完了したら、その結果を反映した源泉徴収票を作成し、給与所得者本人へ交付します。給与所得の源泉徴収票は、支給額に関わらず給与等を支払ったすべての人へその年の翌年の1月31日（年の中途の退職者には退職の日以後1か月以内）までに交付します。

　なお、税務署に提出する対象者は、全員ではなく一部の人に限られます。提出対象者の源泉徴収票は、所轄税務署へ翌年の1月31日までに提出します。給与支払報告書は翌年の1月31日までに翌年の1月1日現在の住所地の市区町村に提出します。市区町村からは給与支払報告書の総括表が会社に送付されるため、総括表と併せて対象者分を提出します。

源泉所得税の納付と源泉徴収票、法定調書合計表の提出

　年末調整の計算が終わり、過不足額の精算をした後に、その内容を年末調整実施月分の所得税徴収高計算書（納付書）に記載して、徴収税額を納付します。

　年末調整で精算をした月分の納付書には、過納額を充当または還付したときは「年末調整による超過税額」欄に、不足額を徴収したときは「年末調整による不足税額」欄に金額を記入します。

　納付の期限は通常月と同様に翌月10日となるため1月10日までに納付します（特例納付の場合は1月20日まで）。併せて、法定調書合計表を提出対象者の源泉徴収票を税務署へ提出します。

書類名　源泉徴収票（年末調整反映済）

［提出先］従業員、税務署　［提出期限］その年の翌年の1月31日まで

税務署に提出する対象者は、全員ではなく一部の人に限定されています。

令和　5　年分　給与所得の源泉徴収票

住所又は居所	千葉県千葉市稲毛区穴川8-6-11

支払を受ける者

（受給者番号）　000003
（個人番号）
（役職名）
（フリガナ）オカヤマ　キョウヘイ
氏名　岡山　恭平

種別	支払金額	給与所得控除後の金額（調整控除後）	所得控除の額の合計額	源泉徴収税額
給与賞与	5,183,750	3,704,000	2,832,162	0

（源泉）控除対象配偶者の有無等		配偶者（特別）控除の額	控除対象扶養親族の数（配偶者を除く。）			16歳未満扶養親族の数	障害者の数（本人を除く。）		非居住者である親族の数
有	従有		特定	老人	その他		特別	その他	
○		380,000	1		1	1			

社会保険料等の金額	生命保険料の控除額	地震保険料の控除額	住宅借入金等特別控除の額
859,662	92,500	10,000	43,550

（摘要）

生命保険料の金額の内訳	新生命保険料の金額 45,000	旧生命保険料の金額 40,000	介護医療保険料の金額 20,000	新個人年金保険料の金額 50,000	旧個人年金保険料の金額

住宅借入金等特別控除の額の内訳	住宅借入金等特別控除適用数 1	居住開始年月日（1回目）R2．9．10	住宅借入金等特別控除区分（1回目）住	住宅借入金等年末残高（1回目）9,750,000
	住宅借入金等特別控除可能額 97,500	居住開始年月日（2回目）	住宅借入金等特別控除区分（2回目）	住宅借入金等年末残高（2回目）

（源泉・特別）控除対象配偶者	（フリガナ）オカヤマ　リカコ 氏名　岡山　利佳子 個人番号	区分	配偶者の合計所得 0	国民年金保険料等の金額	基礎控除の額	所得金額調整控除額

控除対象扶養親族

1　オカヤマ　アキ　岡山　亜紀
2　オカヤマ　ナホ　岡山　菜穂
3
4

16歳未満の扶養親族

オカヤマ　ハヤト　岡山　隼人

（備考）

未成年者	外国人	死亡退職	災害者	乙欄	本人が障害者 特別 その他	寡婦	ひとり親	勤労学生	中途就・退職 就職 退職 年 月 日	受給者生年月日 昭和 43 2 9

支払者	個人番号又は法人番号	1 1 1 1 2 3 4 5 5 6 6 6（右詰で記載してください。）
	住所（居所）又は所在地	東京都千代田区神田神保町6-15-8
	氏名又は名称	株式会社三布留テック　（電話）03-8655-****

整理欄　①　②　※

給与所得の源泉徴収票は、支給額に関わらず給与支給者全ての人に交付義務があります。交付期限はその年の翌年の1月31日（年の中途で退職した方の場合は、退職の日以後1か月以内まで）。

❶年末調整をした人

①法人の役員は、その年中の給与支払金額が 150 万円を超える人。

②弁護士、司法書士、税理士等については、その年中の給与等の支払金額が 250 万円を超える人。

③上記以外については、その年中の給与等の支払金額が 500 万円を超える人。

※②の弁護士等に対する支払は、給与等として支払っている場合

❷年末調整をしなかった人

①扶養控除等（異動）申告書を提出した人で、その年中の退職者や、災害により所得税の源泉徴収の猶予を受けた人については、その年中の給与支払金額が 250 万円を超える人。ただし、法人の役員については、50 万円を超える人。

②扶養控除等（異動）申告書を提出した人で、その年中の給与支払金額が 2,000 万円を超えるため、年末調整をしなかった人。

③扶養控除等（異動）申告書を提出しなかった人（乙欄又は丙欄の適用者）については、その年中の給与支払金額が 50 万円を超える人。

Column

年末調整業務の電子化

　これまでの年末調整業務は、「扶養控除等異動申告書」などの各種申告書は従業員が書面で会社へ提出し、給与計算担当者がチェックした後、給与計算ソフトへ入力するやり方が主流でした。

　この書面での手続きは、従業員ごとに申告書を配付し回収するという作業が発生します。また、申告書の書き方も複雑なため、社員からの問い合わせ対応が大きな負担になっていました。

　このような中、令和 2 年からは年末調整の電子化が始まり、システムを導入する企業も増えてきています。

　現在は様々なシステム会社が年末調整用のシステムを提供しています。国税庁も「年調ソフト」を開発し、ウェブサイトで公開しています。新しいソフトやシステムに慣れる必要はありますが、給与計算担当者、そして提出する各従業員の事務負担の軽減が見込まれることから、今後電子化は進んでいくと考えられます。

書類名　給与支払報告書（個人別明細書）

［提出先］市区町村　［提出期限］その年の翌年の1月31日まで

⑥

書類の名称が源泉徴収票と違いますが、内容は一緒です。

給与支払報告書（個人別明細書）

給与支払報告書（個人別明細書）の記載内容は源泉徴収票と同じです。違いは、提出先が税務署ではなく市区町村であることです。翌年の1月31日までに翌年の1月1日現在の住所地の市区町村に提出します。

書類名　給与支払報告書（総括表）

［提出先］市区町村　［提出期限］その年の翌年の1月31日まで

> 前年度に提出した市区町村または特別徴収の実績のある会社には、市区町村から給与支払報告書の提出依頼と総括表が11月頃に送付されます。

令和6年度（令和5年分）給与支払報告書（総括表）

1月31日までに提出してください。
提出は、A5サイズで1枚です。

追加
訂正

令和　5　年　1　月　31日提出　　　　長殿

指　定　番　号

給与の支払期間	令和　5　年　1月分から　12月分まで
給与支払者の個人番号又は法人番号	1 1 1 1 2 3 4 5 5 5 6 6 6
フ リ ガ ナ	カブシキカイシャサンブルテック
給与支払者の氏名又は名称	株式会社三布留テック
所得税の源泉徴収をしている事務所又は事業の名称	
フ リ ガ ナ	トウキョウトチヨダクカンダジンボウチョウ
同上の所在地	〒 東京都千代田区神田神保町 6-15-8
給与支払者が法人である場合の代表者の氏名	布留川　三郎
連絡者の氏名、所属課、係及び電話番号	総務課　　経理係　氏名 延岡　良子 （電話 03-8655-XXXX　　　）
関与税理士等の氏名及び電話番号	氏名 （電話　　　　　　　　　）

事 業 種 目	商社
受給者総人員	8 人
特別徴収対象者	人
普通徴収対象者（退職者）	0 人
普通徴収対象者（退職者を除く）	人
報告人員の合計	1 人
所轄税務署名	神田 税務署
給与の支払方法及びその期日	月給・毎月末日
納入書の送付	必要・不要

> 給与支払報告書は総括表と個人別明細書をセットにして市区町村別に提出します。なお、総括表の様式、サイズ等は市区町村によって異なります。

書類名　所得税徴収高計算書

［提出先］税務署　［提出期限］給与を支払った翌月10日まで

> 1月10日までに納付します。納期の特例を受けている場合は1月20日が期限となります。

> 年末調整の結果による不足・超過税額を記載します。その他の点については通常の月と同様です。

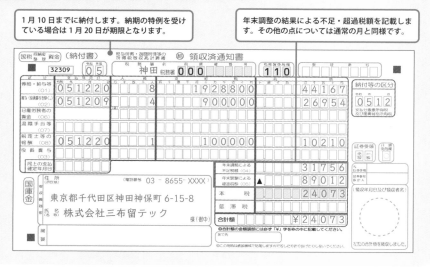

源泉徴収票への定額減税額の記載も
忘れずに行うのだ。

— **Column** —

定額減税額の源泉徴収票への記載

　定額減税を反映した年末調整終了後に作成する「給与所得の源泉徴収票」の「(摘要)」欄に、実際に控除した年調減税額を「源泉徴収時所得税減税控除済額の金額」、年調減税額のうち年調所得税額から控除しきれなかった金額を「控除外額」に記載します(控除しきれなかった金額がない場合は「控除外額 0 円」と記載)。

　なお、年末調整でも控除しきれなかった金額がある場合は、個人住民税が課税される市区町村から給付措置が行われます。

　また、年末調整を実施せずに退職し、再就職しない場合や、令和 6 年分の給与の収入金額が 2,000 万円を超えるなどの理由により年末調整の対象外となった人については、源泉徴収票に定額減税等を記載する必要はありません。

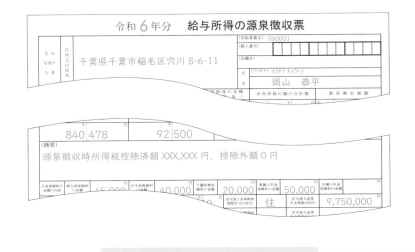

Section 06 | 令和6年の定額減税への 年末調整での対応

ここだけ
Check!

- ✓ 年調減税事務でも、定額減税の対象者の人数把握が重要。
- ✓ 年調減税額控除は住宅借入金等特別控除後の年調所得税額に反映。
- ✓ 給与所得の源泉徴収票の「(摘要)」欄に定額減税の内容を記載する。

令和6年6月2日以降に入社した従業員は
年末調整で定額減税を行うのです。

年末調整でも定額減税はできる

年調減税事務では、年末調整時点の定額減税額に基づき、年間の所得税額との精算を行います。なお、年末調整の対象者で給与所得以外の所得を含めた合計所得金額が1,805万円超と見込まれる人は、定額減税の対象外です。

年調減税事務も、月次減税事務同様に、「扶養控除等申告書」「配偶者控除等申告書」「年末調整に係る定額減税のための申告書」などの申告書の内容に基づき、定額減税の対象者の人数を確認し減税額の合計額（年調減税額）を算出します。

年調減税額の控除は住宅借入金等特別控除後に行う

対象者ごとの年末調整における年調減税額の控除は、住宅借入金等特別控除後の年調所得税額から行います。その後、年調減税額を控除した金額に102.1%を乗じて復興特別所得税を含めた金額が年調年税額となります。

【計算例】

住宅借入金等特別控除後の年調所得税額	163,600 円
年調減税額　※本人他3名、合計4名分のケース	△ 120,000 円
年調減税額控除後の年調所得税額	43,600 円
年調年税額（上記×102.1%）	44,500 円 ※100円未満の端数は切り捨て

年末調整に係る定額減税のための申告書

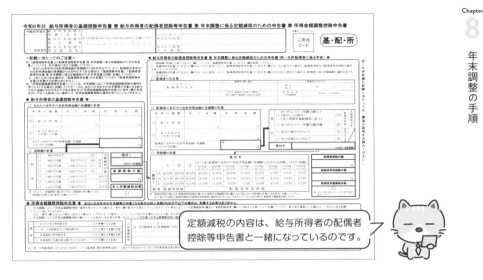

定額減税の内容は、給与所得者の配偶者控除等申告書と一緒になっているのです。

年調税額計算の流れ

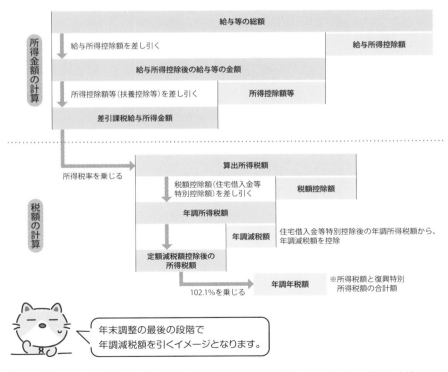

年末調整の最後の段階で年調減税額を引くイメージとなります。

memo ▷ 年末調整でも「年末調整に係る定額減税のための申告書」（→本ページ上）が必要な人がいるので注意！

─── **Column** ───

所得税の定額減税Q&A

Q. 年末調整の結果、給与所得者の年調所得税額から控除しきれなかった年調減税額については、令和７年１月以降に支給される給与等に係る源泉徴収税額から控除するのか？

A. 年末調整の結果、給与所得者の年調所得税額から控除しきれなかった年調減税額については、源泉徴収票（給与支払報告書）に年調減税額の控除外額として記載し、令和７年１月以降に支給される給与等に係る源泉徴収税額からは控除しません。

Q. 給与所得者が退職した場合に作成する源泉徴収票には、定額減税額等をどのように記載するか？

A. 令和６年６月１日以後に給与所得者が退職した場合には、源泉徴収の段階で定額減税の適用を受けた上、再就職先での年末調整又は確定申告で最終的な定額減税との精算を行うこととなるため、「給与所得の源泉徴収票」の「(摘要)」欄には、定額減税額等を記載する必要はありません。なお、「源泉徴収税額」欄には、控除前税額から月次減税額を控除した後の実際に源泉徴収した税額の合計額を記載することになります。

Q. 各人別控除事績簿は必ず作成しなければならないものか？

A. 各人別控除事績簿の作成は義務ではなく、作成しなくても差し支えありません。国税庁ホームページに掲載されている各人別控除事績簿は、源泉徴収義務者の便宜を考慮して国税庁が作成したものであり、その作成及び様式は法定されているものではないことから、適宜の様式で差し支えないとされています。

出典：国税庁「令和６年分 所得税の定額減税Q&A」

Chapter

9

給与計算に関わる
社会保険手続き

Keyword

入社手続き／被保険者資格取得届の提出／
退職手続き／被保険者資格喪失届の提出／
月額変更届の対応／算定基礎届の対応

Section 01 | 入社手続きの対応法

健康保険証をすぐに社員に渡すためにも
社会保険の手続きは入社後迅速に。

● 入社手続きの対応法

1 雇用契約の締結
入社日までに

労働条件の書面明示。

2 必要書類・情報の回収
入社日より3日以内

保険加入に必要な情報を
社員より回収。

3 社会保険の
資格取得手続き
入社日より5日以内

年金事務所、健康保険組
合に手続き。

> P.312

4 住民税の
特別徴収手続き
入社月の月末まで

必要に応じ市区町村へ手
続き。

> P.82

5 雇用保険の
資格取得手続き
入社日の翌月10日までに

ハローワークに手続き。

> P.78

　採用した社員が雇用保険および社会保険の加入対象者（→P.78）である場合は、雇用保険と社会保険の加入手続きを速やかに行います。逆に、日雇いアルバイトや週20時間未満の短時間パートタイマーなど加入基準に満たない場合には、保険加入手続きをする必要はありません。

　社会保険の手続きは入社日から5日以内に実施します。そのため、迅速に必要な情報を社員本人より回収する必要があります。会社が健康保険組合に所属している場合は、年金事務所と健康保険組合それぞれに届出が必要です。届出の方法は電子申請、郵送、窓口持参の3つがあります。

入社手続きの対応法の概要

- ☑ **対象者** 雇用保険、社会保険の加入対象者
- ☑ **用意する書類** 雇用契約書、履歴書、年金手帳、前職雇用保険被保険者証、マイナンバー確認書類など
- ☑ **作成する書類** 健康保険・厚生年金被保険者資格取得届、健康保険被扶養者届、雇用保険被保険者資格取得届など
- ☑ **提出先** 年金事務所、健康保険組合、ハローワーク

● 資格取得届

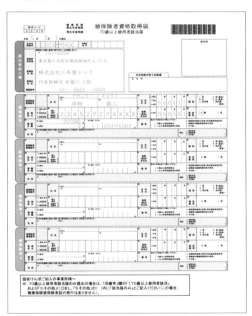

　なお、社会保険の資格取得届の提出が必要な社員の手続きが行われていないことが後から判明したときは、遡って手続きを行います。社会保険料は入社したときの分から発生するため手続き漏れには充分注意します。

　雇用保険の加入手続きは社会保険ほど期限が厳しくはなく、入社日の翌月10日までにハローワークに届出ます。

　雇用保険や社会保険の加入手続きと併せて市区町村に対して住民税の特別徴収に関する手続きも実施しておきます（→P.82）。

Section 01 -1 | 被保険者資格取得届の提出

ここだけ Check!

- ✓ 社会保険の資格取得届は入社日から5日以内に年金事務所に届出。
- ✓ 資格取得届を遡って手続きした場合、当然社会保険料も遡って支払う。
- ✓ 雇用保険の資格取得届は入社日の翌月10日までにハローワークに届出。

資格取得届には基本的には
添付書類は不要なのだニャ。

入社日から5日以内に年金事務所、健康保険組合へ届出を行う

社会保険の資格取得届は、**入社日から5日以内**に行います。書類には本人確認実施の上、マイナンバーを記載します。マイナンバーの記載により、住所の記載が不要となります。やむを得ずマイナンバーが記載できない場合は基礎年金番号を記載します。資格取得届の手続きには添付書類は原則として不要です。

報酬や資格取得日の記載間違いと届出漏れには注意します。資格取得届の提出が漏れると入社日に遡って手続きが必要になり、社会保険料も遡って支払う必要があります。加入対象者が老齢厚生年金の受給者である場合は、支給済の年金額に支給調整が行われ、支払済の年金の返納を求められる可能性があります。届出漏れには充分に注意が必要です。

雇用保険の加入基準は週20時間以上働き、31日以上雇用見込みの社員

まずは採用時の労働条件通知書や雇用契約書などで週の労働時間を確認し、雇用保険の加入対象者かを確認します。加入対象者のときは資格取得届を会社の管轄ハローワークに届出ます。前職がある人は雇用保険被保険者番号を記載しますが、新卒入社などで番号がない人は被保険者番号欄を空白で提出し、取得区分は「新規」とします。社会保険同様に基本的には添付書類は不要です。ただし、翌月10日までの提出期限を過ぎた場合や会社自体が新規に雇用保険を適用し初めて雇用保険の資格取得届の手続きを行った場合には、添付書類が必要になるためハローワークに確認しましょう。

書類名 健康保険・厚生年金保険被保険者資格取得届　※協会けんぽの場合

［提出先］日本年金機構 事務センターまたは年金事務所　［提出期限］入社日から5日以内

原則はマイナンバーを記載。
やむを得ず記載できない場合
は基礎年金番号を記載します。

資格取得日（入社日）
を記載します。

（様式コード）2 2 0 0	健康保険 厚生年金保険 厚生年金保険	被保険者資格取得届 70歳以上被用者該当届

令和 5 年 3 月 1 日提出

提出者記入欄

事業所整理番号　03-サXX

〒101-005X
東京都千代田区神田神保町 6-15-8

事業所名称　株式会社三布留テック

代表者氏名　代表取締役 布留川 三郎

電話番号　03・8655・XXXX

受付印

社会保険労務士記載欄

被保険者1

氏名　ナカムラ　キョウジ
中村　恭二

生年月日　5 60411

取得（該当）年月日　05 0301

報酬月額　257,580
⑫ 0　⑭ 257580

個人番号／基礎年金番号　234529 29XXX

種別　0

マイナンバーを記載した場合、
住所は記載は不要です。

協会けんぽご加入の事業所様へ
※ 70歳以上被用者該当届のみ提出の場合は、「⑩備考」欄の「1.70歳以上被用者該当」
および「5.その他」に○をし、「5.その他」の（ ）内に「該当届のみ」とご記入ください（この場合、
健康保険被保険者証の発行はありません）。

この書類1枚で一度に
4名までの届出が行えるのだ。

memo ＞ マイナンバーを取得する際には正しい番号であることの確認（番号確認）と番号の正しい持ち主で
あることの確認（身元確認）が必要。

［提出先］ハローワーク　［提出期限］入社日の翌月10日まで

通常は再取得のため、前職の雇用保険被保険者証や離職票を参照し雇用保険被保険者番号を記載。新卒入社など今まで勤務したことがない場合には、番号は空白で新規取得となります。

様式第2号（第6条関係）

雇用保険被保険者資格取得届

（必ず第2面の注意事項を読んでから記載してください。）

標準字体　0 1 2 3 4 5 6 7 8 9

帳票種別　1 9 1 0 1

1. 個人番号　2 3 4 5 2 9 2 9 X X X X

マイナンバーを記載。社会保険と違い1枚で1名の届出書となります。

2. 被保険者番号　1 2 1 5 － 1 2 3 4 5 6 7 － X

3. 取得区分　2　（1 新規　2 再取得）

4. 被保険者氏名　中村　恭二　フリガナ（カタカナ）ナカムラ　キョウジ

5. 変更後の氏名　フリガナ（カタカナ）

6. 性別　1　（1 男　2 女）

7. 生年月日　3 － 5 6 0 4 1 1　元号　（1 大正　3 昭和　4 平成　5 令和）

8. 事業所番号　1 2 3 4 － 5 6 7 8 9 0 － X

9. 被保険者となったことの原因　4

10. 賃金（支払の態様・賃金月額：単位千円）　1 － 0 2 5 8　百万十万万千百（1 月給 2 週給 4 日給 3 時間給 5 その他）

11. 資格取得年月日　5 － 0 5 0 3 0 1　元号（4 平成　5 令和）年月日

〔被保険者となったことの原因〕
1 新規雇用（学卒）
2 新規雇用（その他）
3 日雇からの切替
4 その他
6 出向元への復帰等（65歳以上）

12. 雇用形態　7　（1 日雇　2 派遣　3 パートタイム　4 有期契約労働者　5 季節的雇用　6 船員　7 その他）

13. 職種　0 3　（01～11）第2面参照

14. 就職経路　3　（1 安定所紹介　2 自己就職　3 民間紹介　4 把握していない）

15. 1週間の所定労働時間　4 0 0 0　時間　分

16. 契約期間の定め　2　1 有－契約期間　　　－　　　から　　　－　　　まで　元号年月日（4 平成　5 令和）元号年月日　契約更新条項の有無（1 有　2 無）　2 無

事業所名　株式会社三布留テック　備考

正社員以外で契約期間の定めがある場合は契約期間の内容を記載。

17欄から23欄までは、被保険者が外国人の場合のみ記入してください。

17. 被保険者氏名（ローマ字）（アルファベット大文字で記入してください。）

被保険者氏名〔続き（ローマ字）〕

18. 在留カードの番号（在留カード）

19. 在留期間　西暦　　　年　　　月　　　日　まで

20. 資格外活動の許可の有無　（1 有　2 無）

21. 派遣・請負就労区分　（1 主として当該事業所以外で就労する場合　2 1に該当しない場合）

22. 国籍・地域（　　　）

23. 在留資格（　　　）

※公安定職業所欄　24. 取得時被保険者種類　　（1 一般　2 短期雇用　3 季節　11 高年齢被保険者（65歳以上））

25. 番号複数取得チェック不要　（チェック・リストが出力されたが、調査の結果、同一人でなかった場合に「1」を記入。）

26. 国籍・地域コード　（22欄に対応するコードを記入）

27. 在留資格コード　（23欄に対応するコードを記入）

雇用保険法施行規則第6条第1項の規定により上記のとおり届けます。

住　所　東京都千代田区神田神保町6-15-8

事業主　氏　名　株式会社三布留テック　代表取締役　布留川　三郎

電話番号　03－8655－XXXX

令和　5 年　3 月　X日

飯田橋　公共職業安定所長　殿

※備考　確認通知　令和　年　月　日

社会保険労務士記載欄　作成年月日・提出代行者・事務代理者の表示　氏　名　電話番号

※所長　次長　課長　係長　係　操作者

2021. 9

memo　雇用保険資格取得届の用紙はハローワークのウェブサイトからダウンロードが可能。

─── **Column** ───

マイナンバーの取り扱い

　マイナンバーは社会保険や雇用保険、税金などのさまざまな手続きでの利用が進んでいますが、個人情報の中でも特に法令で厳格な取り扱いルールが定められています。

　会社としてまずやるべきことはマイナンバーを取得する際の本人確認であり、入社した際に社員からマイナンバーを回収する際には原則として次のいずれかの方法で本人確認を行います。

　なお、この本人確認は対面だけでなく、郵送、オンライン、電話によりマイナンバーを取得する場合にも必要となります。

●マイナンバーの本人確認の方法
- **(1)マイナンバーカード（番号確認と身元確認）**
- **(2)通知カード（番号確認）と運転免許証など（身元確認）**
- **(3)マイナンバーの記載された住民票の写しなど（番号確認）と運転免許証　など**

　また、会社が社員のマイナンバーを利用するときは、利用目的を本人に通知、または公表しなければなりません。このとき、複数の利用目的をまとめて明らかにすることは可能ですが、利用目的を超えて利用することは認められないので注意が必要です。

　なお、社員からマイナンバーの提供を拒否された場合は、法令で定められた義務であることを告知し、提供を求めることになりますが、それでも提供を拒否された場合は、手続書類の提出先である年金事務所や税務署といった行政機関の指示に従うことになります。

　マイナンバーの取り扱いについては、個人情報保護委員会（https://www.ppc.go.jp/）にて「特定個人情報の適正な取扱いに関するガイドライン（事業者編）」が作成されており、このガイドライン資料をウェブサイトから入手することができます。

　自社の取り扱いルールの不安や取り扱い方法がわからない場合はこのガイドラインを参照し、自社のルールを見直すのもいいでしょう。

●アルバイト・パートタイマーの社会保険の加入基準

●同じ事業所で同様の業務の正社員との比較で加入が決まる

　パートタイマー・アルバイト等を雇用したときに、これらの人が社会保険の加入対象になるかどうかは、同じ事業所で同様の業務に従事する正社員の所定労働時間および所定労働日数を基準に判断します。

　具体的には、1週の所定労働時間および1か月の所定労働日数が正社員の4分の3以上である場合はそのアルバイト、パートタイマーは社会保険の加入対象となります。加入対象の場合は、正社員と同様に、入社時に被保険者資格取得届を年金事務所や健康保険組合に届出をすることで標準報酬月額が決定されます。
※4分の3未満の者の取扱いは企業規模によって変わります（→P.79）。

●時給者の標準報酬月額の計算方法

　アルバイトやパートタイマーなどは正社員と違い給与が時給や日給であることが多いですが、時給者や日給の場合の標準報酬月額の計算方法は、右ページのように入社時の決定方法と毎年1回の定時決定時、時給や日給単価が変わり大幅に給与が変わった際の随時改定時ではそれぞれ取り扱いが変わるため、内容を把握しておきましょう。

　特に、時給者は随時改定の対象となる月の支払基礎日数が17日未満となる場合も多く、金額としては随時改定の対象となるものの支払い基礎日数により随時改定の対象とはならないパターンも多く発生します。ややこしいのが、時給者の随時改定はあくまでも固定的賃金の変動がなければ対象とはならないため、支払基礎日数が減ったことで随時改定を行うことはできないことです。

　なお、随時改定の対象とならなかった場合は、年に1度の定時決定で標準報酬月額が改定されることになります。

memo　厚生年金保険の被保険者数が常時101人以上の事業所の場合、アルバイト・パートタイマーの社会保険加入基準は変わる。

被保険者資格取得届の提出

資格取得時

その事業所で前月に同様の業務に従事し、同様の報酬を受けた人の報酬の平均額で標準報酬月額を計算。

定時決定時

① 4月、5月、6月の3か月間のうち支払基礎日数が17日以上の月が1か月以上ある場合は該当月の報酬総額の平均を報酬月額として標準報酬月額を決定。

② 4月、5月、6月の3か月間のうち支払基礎日数がいずれも17日未満の場合は、3か月のうち15日以上の月の報酬総額の平均を報酬月額として標準報酬月額を決定。

③ 4月、5月、6月の3か月間のうち支払基礎日数がいずれも15日未満の場合は従来のままの標準報酬月額として定時決定する。

随時改定時

固定的賃金の変動があってから3か月経過後、いずれの月も支払基礎日数が17日以上で、2等級以上の差がある場合に、標準報酬月額を改定。
※上記以外の場合は原則として随時改定の対象にはならない。

産前産後休業・育児休業終了時

● これまでの標準報酬月額と休業終了日の翌日が属する月以後3か月間（そのうち、少なくとも1か月における支払基礎日数が17日以上であること）に受けた報酬の平均額に基づいた標準報酬月額との間に1等級以上の差が生じる場合に改定が可能。

● パートの場合、支払基礎日数が3か月のいずれも17日未満の場合は、そのうち15日以上17日未満の月の報酬月額の平均によって算定する。

時給者の標準報酬月額の算定方法は月給者に比べて複雑なんだ。

Section 02 ｜ 退職手続きの対応法

社会保険の資格喪失届よりも
雇用保険の離職証明書の作成が複雑なのだ。

● 退職手続きの対応法

1　退職届の回収
退職日までに

自己都合退職の場合は回収。

2　社会保険の喪失手続き
退職日より5日以内

健康保険証を回収し手続きを実施。

> P.320

3　住民税の切替手続き
退職日より10日以内

市区町村へ異動の届出。

> P.90

4　雇用保険の喪失手続
退職日の翌日から10日以内

離職票の発行手続き。

> P.88

　雇用保険や社会保険に加入している社員が退職した場合、退職に伴いそれぞれの保険の喪失手続を行います。

　社会保険は、退職者した社員から回収した健康保険証と併せて退職日から5日以内に年金事務所に資格喪失届を提出します。協会けんぽに加入している会社は健康保険と厚生年金保険の手続きを同時に行えますが、健康保険組合に加入している会社では健康保険は健康保険組合へ提出し、厚生年金保険は年金事務所へ提出する要があります。健康保険証は本人分だけでなく扶養家族の分も含めて回収します。

　雇用保険は、退職日の翌日から10日以内に原則として離職証明書と併せて資格

memo > 住民税を特別徴収していない普通徴収の対象者は、住民税の切り替え手続きは不要。

退職手続きの対応法の概要

- ☑ **対象者** 雇用保険、社会保険に加入している社員
- ☑ **用意する書類** 退職届、賃金台帳、健康保険証など
- ☑ **作成する書類** 健康保険・厚生年金保険被保険者資格喪失届、雇用保険喪失届、雇用保険被保険者離職証明書など
- ☑ **提出先** 年金事務所、健康保険組合、ハローワーク、市区町村など

● 健康保険・厚生年金保険被保険者資格喪失届 ※協会けんぽ

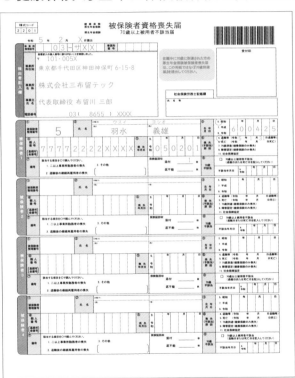

喪失届をハローワークに提出します。離職票は、退職者が失業給付を受給するために必要な書類であり、手続の遅延や漏れなどには注意します。

　住民税の特別徴収の手続は、転職先がすでに決まっている場合などを除き、一般的には特別徴収から普通徴収への切替えを行うための異動届を市区町村へ提出します（→P.90）。

memo ▷ 健康保険証は退職日の翌日から使用することができないため、退職者より回収する。

Section 02 -1 | 被保険者資格喪失届の提出

ここだけ
Check!

✓ 社会保険の資格喪失届は5日以内に年金事務所、健康保険組合へ提出。

✓ 雇用保険の資格喪失届は原則として離職証明書と併せて提出。

✓ 退職する社員が59歳未満で離職票を希望しない場合は省略が可能。

> 退職者が59歳未満で、離職票は不要の申し出があれば離職証明書は省略可能。

社会保険は退職日から5日以内に資格喪失届を提出

社会保険の資格喪失届は5日以内に年金事務所、健康保険組合へ提出します。**社会保険は喪失日が退職日の翌日**になります。添付書類は、本人分および扶養家族分の健康保険証です。70歳になると交付される高齢受給者証を所持している場合は、健康保険証と併せて返却します。健康保険証を紛失等により回収ができない場合は、資格喪失届にその理由を付記するか、健康保険被保険者証回収不能届を添付します。

60歳以上の方が退職後1日の間もなく再雇用され、喪失届と資格取得届を同時に提出する場合には、就業規則や雇用契約書の写しなどの書類が必要です。

雇用保険は退職日の翌日から10日以内に離職証明書と資格喪失届を提出

雇用保険の資格喪失届は、退職日の翌日から10日以内にハローワークへ提出しますが、このときに離職証明書も一緒に提出します。例外として、退職する社員がすでに次の転職先が決まっているなどの理由で離職票の交付を希望しない場合は離職証明書の作成・提出は不要です。ただし、退職者が59歳以上の場合は本人の希望の有無に関わらず離職証明書が必要です。

届出の際には離職証明書の記載内容に関係する賃金台帳、雇用契約書、出勤簿（タイムカード等）、退職届（自己都合退職の場合）などの書類を添付します。なお、退職事由によってはその内容の確認書類を求められることもあります。

書類名 健康保険・厚生年金保険被保険者資格喪失届 ※協会けんぽの場合

［提出先］日本年金機構 事務センターまたは年金事務所　［提出期限］退職日から5日以内

資格喪失日となる退職日の翌日の日付を記載。

退職、死亡、75歳到達など資格喪失の事由を選択。

回収した健康保険証の添付枚数を。回収ができず返却不能の場合は「回収不能届」を添付する。

この書類1枚で一度に4名までの届出が行えるのだ。

memo いったん離職票なしで雇用保険の喪失手続きを実施した後からでも、離職票を交付する手続きをすることは可能。

離職票の希望の有無を記載。59歳以上は本人の希望に関わらず必ず交付する必要がある。

マイナンバーを記載。社会保険と違い1枚で1名の届出書となります。

様式第4号（第7条関係）（第1面）（移行処理用）

雇用保険被保険者資格喪失届

標準字体 `0 1 2 3 4 5 6 7 8 9`
（必ず第2面の注意事項を読んでから記入してください。）

帳票種別 `[ ]7 1 9 1`

1. 個人番号 `7 7 7 7 2 2 2 2 X X X X`

（この用紙は、このまま機械で処理しますので、汚さないようにしてください。）

2. 被保険者番号 `1 1 2 2 - 3 4 3 4 5 5 - X`

3. 事業所番号 `[ ][ ][ ][ ] - [ ][ ][ ][ ][ ][ ] - [ ]`

4. 資格取得年月日 `4 - 3 0 0 3 0 1`
元号 3 昭和 4 平成 5 令和

5. 離職等年月日 `5 - 0 5 0 1 3 1`
元号

6. 喪失原因 `2`
1 離職以外の理由
2 3以外の離職
3 事業主の都合による離職

7. 離職票交付希望 `1`（1 有／2 無）

8. 1週間の所定労働時間 `3 2 0 0` 時間 分

9. 補充採用予定の有無 （空白 無／1 有）

退職日と退職（喪失）区分を記載。自己都合退職の場合の喪失区分は2となります。

10. 新氏名 `[ ]` フリガナ（カタカナ）

※公安定載職安所欄

11. 喪失時被保険者種類 `[ ]`（3 季節）

12. 国籍・地域コード `[ ][ ]` 18欄に対応するコードを記入

13. 在留資格コード `[ ][ ]` 19欄に対応するコードを記入

14欄から19欄までは、被保険者が外国人の場合のみ記入してください。

14. 被保険者氏名（ローマ字）又は新氏名（ローマ字）（アルファベット大文字で記入してください。）

被保険者氏名（ローマ字）又は新氏名（ローマ字）（続き）

15. 在留カードの番号（在留カードの右上に記載されている12桁の英数字）

16. 在留期間 `[ ]` まで 西暦

17. 派遣・請負就労区分 `[ ]`
1 派遣・請負労働者としてまたとして当該事業所以外で就労していた場合
2 1に該当しない場合

18. 国籍・地域 `(           )`

19. 在留資格 `(           )`

| 20. （フリガナ） | ウスイ　ヨシオ | | 21. 性別 | 22. 生年月日 |
| 被保険者氏名 | 羽水　義雄 | | 男・女 | 大正 昭和 平成 令和 60年 4月 25日 |

| 23. 被保険者の住所又は居所 | 東京都千代田区飯田橋6-11-3 |

| 24. 事業所名称 | 株式会社三布留テック | 25. 氏名変更年月日 | 令和　　年　　月　　日 |

| 26. 被保険者でなくなったことの原因 | 自己都合による退職 |

「自己都合」などの退職理由を記載。

雇用保険法施行規則第7条第1項の規定により、上記のとおり届けます。

令和 5 年 2月 X日

住所 東京都千代田区神田神保町6-15-8

事業主 氏名 株式会社三布留テック
代表取締役 布留川 三郎

電話番号 03-8655-XXXX

飯田橋 公共職業安定所長 殿

| 社会保険労務士記載欄 | 作成年月日・提出代行者・事務代理者の表示 | 氏名 | 電話番号 | 安定所 | |
| | | | | 備考欄 | |

| ※ 所長 | 次長 | 課長 | 係長 | 係 | 操作者 | 確認通知年月日 令和　年　月　日 |

2021. 9

memo > 自己都合退職ではない場合は、退職事由を確認できる書類を添付して届出を行う。

書類名　雇用保険被保険者離職証明書

［提出先］ハローワーク　［提出期限］退職日の翌々日から10日以内

左側には、退職日以前の賃金の支払い状況を給与の締日ごとに記載。

右側は退職事由欄。該当する理由に○をつける。

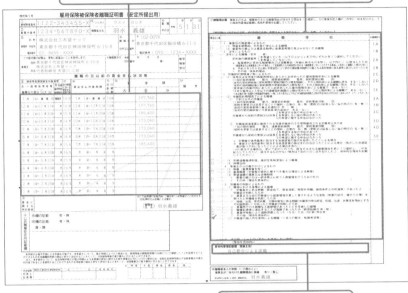

退職の具体的な事由を記載。「自己都合による退職」など。

---

memo ＞ 離職票は3枚複写で1セットの様式となっており、ハローワークで用紙は入手することができる。

Section 03 | 給与改定時の月額変更届の対応法

月額変更届は給与改定後の3か月後の手続きだから手続きを忘れないように。

●月額変更届の対応法

1 給与改定内容の確認
変更月の月末まで

固定的給与の変更内容確認。

2 改定後3か月の平均額算出
給与改定月の3か月後

2等級以上の変動チェック。

> P.326

3 月額変更届の提出
給与改定月の3か月後以降速やかに

年金事務所に月額変更届を提出。

> P.326

4 給与計算への反映
改定後の社会保険料を反映。

必要に応じ市区町村へ手続き。

社会保険料は標準報酬月額に基づいて毎月の控除額が決まりますが、標準報酬月額は年に一度改定を行います（→P.330）。ただし、年の途中で大幅な給与の改定が行われたときは、実態と標準報酬月額との差が大きくなってしまいます。この実態との大幅な差をなくすための手続きが「随時改定」です。固定的給与の改定があり現在の標準報酬月額から原則2等級以上の変動が発生したときに、月額変更届を提出して標準報酬月額を変更します。

月額変更届の提出は給与改定が実施されてすぐに行うわけではなく、給与改定後の3か月の平均額で改定に該当するかを判断します。定期昇給しかない会社であれ

memo > 残業代などの変動的賃金だけで2等級以上の差が生じても随時改定の対象にはならない。

月額変更届の対応法の概要

☑ **対象者** 社会保険加入者で給与・報酬改定を行った社員、役員

☑ **用意する書類** 賃金台帳、出勤簿など

☑ **作成する書類** 月額変更届

☑ **提出先** 年金事務所、健康保険組合

● 健康保険・厚生年金保険被保険者報酬月額変更届

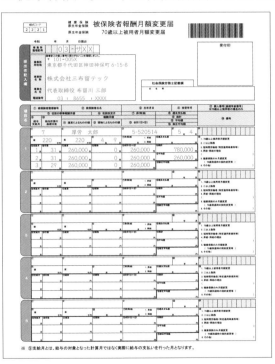

※ ⑨支給月とは、給与の対象となった計算月ではなく実際に給与の支払いを行った月となります。

ばスケジュールを組むのは簡単ですが、臨時に給与改定が行われることがある会社では、給与改定後3か月後にチェックして、該当者の月額変更届を忘れずに提出します。

固定的給与の改定には昇給や降給以外にも通勤手当や家族手当など固定的に支給される諸手当の支給金額変更や、アルバイトから正社員へと雇用形態が変更した場合も該当するため、注意が必要です。

> **memo** 月額変更届の用紙は各年金事務所で入手できるほか、日本年金機構のウェブページからダウンロードすることができる。

Section 03 -1 | 月額変更届の提出と給与への反映

ここだけ
Check!

- ☑ 月額変更届は固定的給与の改定で標準報酬月額の原則2等級以上変動が要件。
- ☑ 給与改定月以降3か月間の平均月額と従来の標準報酬月額とを比較。
- ☑ 時間外労働手当など変動する給与のみで2等級以上差が生じても対象外。

給与改定後3か月間の平均給与額を
従前の報酬月額と比較するんだ。

固定的給与の改定により標準報酬月額が2等級以上変動することが主な要件

社会保険の加入者が給与改定により大幅に変動があった場合には、年に一度の定時決定（→P.330）を待たずに標準報酬月額の見直しが行われます。 この改定を**随時改定**といい、月額変更届を年金事務所、健康保険組合に提出します。

月額変更届は、固定的給与が改定されたこと、給与改定月以降3か月間の平均月額による標準報酬月額が従来の月額と比較し原則2等級以上の差が生じたこと、給与改定月以降の3か月すべての月の支払基礎日数が原則17日以上あること、という3つの要件を満たした場合に適用となります（→P.190）。そのため、すべての給与改定で標準報酬月額の見直しが行われるわけではありません。例えば、改定後の3か月平均の標準報酬月額が従来と比べ1等級しか変動していない場合や、給与改定月以降3か月の期間で欠勤が多く発生し、いずれかの月の支払基礎日数が17日未満となる場合などは該当しません。

月額変更届の注意点

対象となるのが基本給の昇給や降給だけでなく、時給から月給への給与体系の変更や時間制社員の時給単価の変更、役付手当等の固定的な諸手当の新規支給や支給額の変更も標準月額報酬に含まれる点に注意が必要です。また、時間外労働手当など変動する給与のみで2等級以上月額給与が変動しても該当しませんが、基本給は少額アップし時間外労働手当を含めると2等級以上変動すると該当になるという変動する給与の取り扱いにも注意します。

書類名　健康保険・厚生年金保険被保険者月額変更届

［提出先］日本年金機構 事務センターまたは年金事務所　［提出期限］すみやかに

改定前の現在の標準報酬月額の情報を記載。

改定後３か月分の給与総額および３か月の平均額を記載。

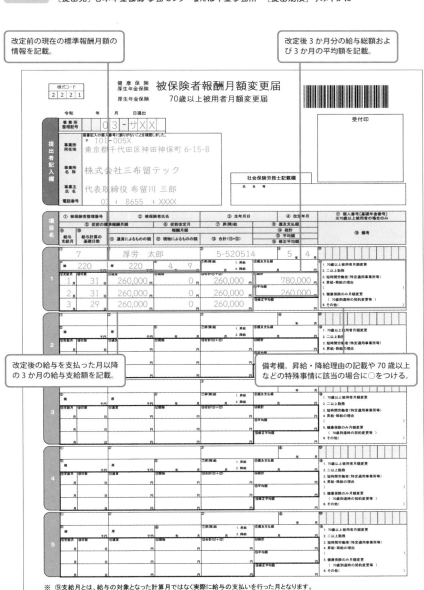

改定後の給与を支払った月以降の３か月の給与支給額を記載。

備考欄。昇給・降給理由の記載や70歳以上などの特殊事情に該当の場合に○をつける。

※ ⑨支給月とは、給与の対象となった計算月ではなく実際に給与の支払いを行った月となります。

●随時改定の要件

❶昇給または降給等により固定的賃金に変動があったこと。
❷変動月からの3か月間に支給された報酬の平均月額に該当する標準報酬月額とこれ
　までの標準報酬月額との間に原則2等級以上の差が生じたこと。
❸3か月ともに支払基礎日数が原則17日以上あること。

●随時改定の計算例

現在の標準報酬月額が220,000円で昇給が発生したときの、主だった計算例を右ペー
ジに紹介します。

●標準報酬月額表

標準報酬等級 健康保険	標準報酬等級 厚生年金保険	月額	報酬月額 円以上	報酬月額 円未満
1		58,000	～	63,000
2		68,000	63,000 ～	73,000
3		78,000	73,000 ～	83,000
4	1	88,000	83,000 ～	93,000
5	2	98,000	93,000 ～	101,000
6	3	104,000	101,000 ～	107,000
7	4	110,000	107,000 ～	114,000
8	5	118,000	114,000 ～	122,000
9	6	126,000	122,000 ～	130,000
10	7	134,000	130,000 ～	138,000
11	8	142,000	138,000 ～	146,000
12	9	150,000	146,000 ～	155,000
13	10	160,000	155,000 ～	165,000
14	11	170,000	165,000 ～	175,000
15	12	180,000	175,000 ～	185,000
16	13	190,000	185,000 ～	195,000
17	14	200,000	195,000 ～	210,000
18	15	220,000	210,000 ～	230,000
19	16	240,000	230,000 ～	250,000
20	17	260,000	250,000 ～	270,000
21	18	280,000	270,000 ～	290,000

現在の等級（18/15）

右ページの事例1と事例2は2等級の変動があり随時改定に該当。

memo ▷ 原則は従前の標準報酬月額との間に2等級以上の差が生ずることが条件だが、等級表の上限または下限にわたる等級変更の場合は、1等級の変更でも随時改定の対象となる。

【事例1】 基本給のみで2等級以上の差が生じる該当例

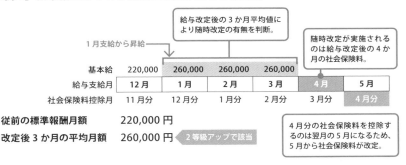

1月支給から昇給

基本給	220,000	260,000	260,000	260,000		
給与支給月	12月	1月	2月	3月	4月	5月
社会保険料控除月	11月分	12月分	1月分	2月分	3月分	4月分

給与改定後の3か月平均値により随時改定の有無を判断。

随時改定が実施されるのは給与改定後の4か月の社会保険料。

従前の標準報酬月額　　220,000円
改定後3か月の平均月額　260,000円　◀ 2等級アップで該当

4月分の社会保険料を控除するのは翌月の5月になるため、5月から社会保険料が改定。

【事例2】 基本給改定と時間外手当を含め2等級以上の差が生じる該当例

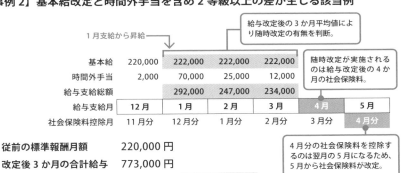

1月支給から昇給

基本給	220,000	222,000	222,000	222,000		
時間外手当	2,000	70,000	25,000	12,000		
給与支給総額		292,000	247,000	234,000		
給与支給月	12月	1月	2月	3月	4月	5月
社会保険料控除月	11月分	12月分	1月分	2月分	3月分	4月分

給与改定後の3か月平均値により随時改定の有無を判断。

随時改定が実施されるのは給与改定後の4か月の社会保険料。

従前の標準報酬月額　　220,000円
改定後3か月の合計給与　773,000円
改定後3か月の平均月額　257,666円　◀ 2等級アップで該当
※平均額の1円未満は切り捨て

4月分の社会保険料を控除するのは翌月の5月になるため、5月から社会保険料が改定。

【事例3】 給与改定したが2等級以上の差が生じない非該当例

1月支給から昇給

基本給	220,000	225,000	225,000	225,000		
時間外手当		10,000	8,000	20,000		
給与支給総額		235,000	233,000	245,000		
給与支給月	12月	1月	2月	3月	4月	5月
社会保険料控除月	11月分	12月分	1月分	2月分	3月分	4月分

給与改定後の3か月平均値により随時改定の有無を判断。

従前の標準報酬月額　　220,000円
改定後3か月の合計給与　713,000円
改定後3か月の平均月額　237,666円　◀ 1等級アップで非該当
※平均額の1円未満は切り捨て

2等級以上の差が生じない場合は該当せず随時改定の対象外。

memo ▷ 給与改定後3か月で支払基礎日数が原則17日未満の月があれば随時改定の対象にはならないため、出勤日数や欠勤日などもチェックする。

業務の流れをつかもう

Section 04 | 算定基礎届の対応法

算定基礎届は年に1度の
重要な業務なんだ。

●算定基礎届の対応法

1 4月～6月支給給与の
確認
6月末日まで

賃金台帳等で確認。

> P.334

2 算定基礎届の提出
7月10日まで

年金事務所、健康保険組
合に提出。

> P.332

3 標準報酬決定通知書の
確認
9月末日まで

年金事務所、健康保険組
合から送付。

> P.185

4 給与計算への反映
10月支給給与計算時

9月分の社会保険料から
反映。

　毎月の給与から控除される社会保険料は、月額給与から求められる標準報酬月額
で決定されます。標準報酬月額を給与の支給額の実態に合わせたものにするために、
年に一度、基礎算定届を提出して、標準報酬月額の更新の手続きを行います。これ
を**定時決定**と言います。

　定時決定では毎年4月から6月に支払った給与の3か月の平均月額を標準報酬
月額とします。算定基礎届の提出時期は7月1日から7月10日の間に年金事務所、
健康保険組合に提出し、その内容に基づき、その年の9月から標準報酬月額が改定
されます。新しい報酬月額の決定通知書が送付されてくるので、給与計算担当者は

330　memo > 健康保険組合に加入している場合は、算定基礎届について別途提出時期を指定される場合もある。

算定基礎届の対応法の概要

☑ **対象者** 社会保険加入対象者の社員、役員

☐ **用意する書類** 賃金台帳、出勤簿など

☐ **作成する書類** 算定基礎届、月額変更届

☐ **提出先** 年金事務所、健康保険組合

●健康保険・厚生年金保険被保険者報酬月額算定基礎届

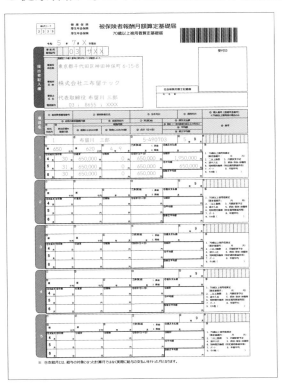

通知書の内容を給与計算に反映し新しい社会保険料で控除することになります。

算定基礎届にて届出の対象となる社員は、7月1日時点での社会保険の加入者および70歳以上の被用者となります。ただし、6月1日以降に社会保険の資格取得をした社員や7月の随時改定に該当する社員、8月または9月に随時改定が予定されており申し出を行った社員は対象外となります。

memo ＞ 7月に随時改定に該当する社員がいる場合は、算定基礎届と併せて月額変更届も提出する。

Section 04 -1 | 算定基礎届の提出と定時決定の給与への反映

ここだけ Check!

- ✓ 定時決定は4月から6月に支給される給与額の平均額にて9月から改定。
- ✓ 支払基礎日数は、時給制や日給制は実際の出勤日、月給制は暦日数。
- ✓ 標準報酬月額の報酬には、食事や住宅などの現物支給給与も含まれる。

標準報酬決定通知書の内容を確認し、9月以降の給与に反映するのだ。

4月から6月に支給される給与額の平均額にて9月から改定

　算定基礎届には4月から6月の支給の給与額の内容を記載するため、6月支給の給与計算が完了してから書類を作成しますが、提出期限が7月10日と日程に余裕がありません。算定基礎届の届出用紙は、通常6月中に年金事務所や健康保険組合から社会保険に加入中の社員の氏名、生年月日、従来の標準報酬月額等が印字された用紙が会社宛に送付されます。算定基礎届の記載項目の1つとなる支払基礎日数は、給与・報酬の支払い対象となった日数です。時給制や日給制では実際の出勤日数（有給休暇取得日を含みます）となり、月給制では出勤日数に関係なく暦の日数になります。ただし、月給制で欠勤控除があり給料が控除される場合は、就業規則等に定めた日数から欠勤日数を控除した日数が支払基礎日数となります。日数が17日未満の月は総計、平均額の対象外となるため、非常に重要なポイントとなります。

算定基礎届の注意点

　算定基礎届の注意点としては、パートタイマーの場合の支払基礎日数の取扱いがあります。パートタイマーは支払基礎日数の全てが17日未満であっても15、16日の月がある場合は、支払基礎日数が15、16日の月を対象として定時決定がなされます。また、算定基礎届の対象となる報酬の範囲も注意が必要です。

　標準報酬月額の対象となる報酬には、食事や住宅など現物で支給されるものも含まれます。全額会社負担で食事や住宅を提供している場合は要注意です。

書類名 健康保険・厚生年金保険被保険者報酬月額算定基礎届

〔提出先〕日本年金機構 事務センターまたは年金事務所　〔提出期限〕7月1日～7月10日まで

改定前の現在の標準報酬月額の情報を記載。

総計欄には支払基礎日数が原則17日以上の月の合計額を記載。平均額には合計額の該当月数で割った金額を記載。

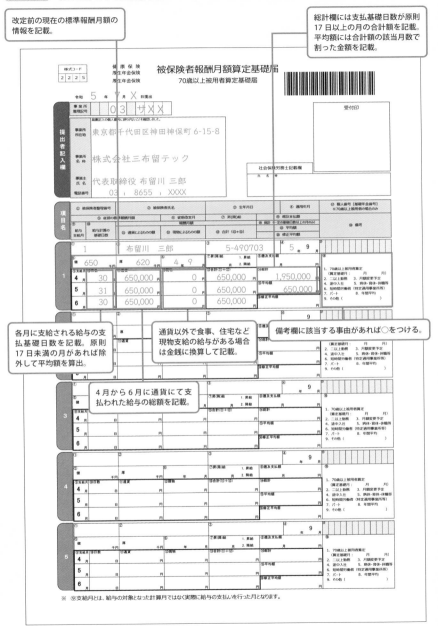

各月に支給される給与の支払基礎日数を記載。原則17日未満の月があれば除外して平均額を算出。

通貨以外で食事、住宅など現物支給の給与がある場合は金銭に換算して記載。

備考欄に該当する事由があれば○をつける。

4月から6月に通貨にて支払われた給与の総額を記載。

※ ⑨支給月とは、給与の対象となった計算月ではなく実際に給与の支払いを行った月となります。

memo > 食事や社宅などの現物給与価額は年金機構のウェブページにて最新の情報を入手した上で金額の算定、確認を行う。

●算定基礎届の対象者

- 7月1日現在のすべての被保険者のうち、以下に該当する者以外の者。
  ① 6月1日以降に資格取得した社員
  ② 6月30日以前に退職した社員
  ③ 7月改定の月額変更届を提出する社員
  ④ 8月または9月に随時改定される予定である申出を行った社員

●定時決定の計算例

【事例1】月給者で欠勤などもなく、4月から6月の給与がすべて対象になる場合

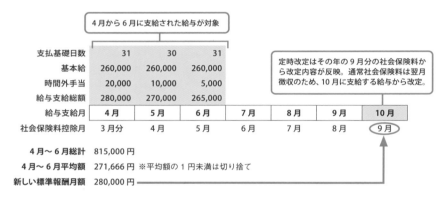

4月から6月に支給された給与が対象

支払基礎日数	31	30	31
基本給	260,000	260,000	260,000
時間外手当	20,000	10,000	5,000
給与支給総額	280,000	270,000	265,000

定時改定はその年の9月分の社会保険料から改定内容が反映。通常社会保険料は翌月徴収のため、10月に支給する給与から改定。

| 給与支給月 | 4月 | 5月 | 6月 | 7月 | 8月 | 9月 | 10月 |
| 社会保険料控除月 | 3月分 | 4月 | 5月 | 6月 | 7月 | 8月 | 9月 |

- **4月〜6月総計** 815,000 円
- **4月〜6月平均額** 271,666 円 ※平均額の1円未満は切り捨て
- **新しい標準報酬月額** 280,000 円

【事例2】月給者で複数欠勤日により支払基礎日数が17日未満の月がある場合

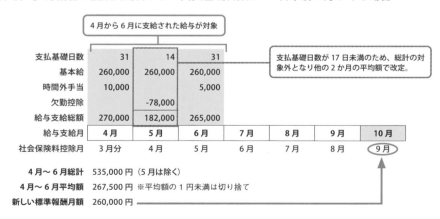

4月から6月に支給された給与が対象

支払基礎日数	31	14	31
基本給	260,000	260,000	260,000
時間外手当	10,000		5,000
欠勤控除		-78,000	
給与支給総額	270,000	182,000	265,000

支払基礎日数が17日未満のため、総計の対象外となり他の2か月の平均額で改定。

| 給与支給月 | 4月 | 5月 | 6月 | 7月 | 8月 | 9月 | 10月 |
| 社会保険料控除月 | 3月分 | 4月 | 5月 | 6月 | 7月 | 8月 | 9月 |

- **4月〜6月総計** 535,000 円（5月は除く）
- **4月〜6月平均額** 267,500 円 ※平均額の1円未満は切り捨て
- **新しい標準報酬月額** 260,000 円

著者

特定社会保険労務士／IPO・内部統制実務士

志戸岡　豊

コントリビュート社会保険労務士法人　代表

長崎大学を卒業後、化学メーカーへ就職。その後、社労士事務所勤務を経て 2011 年に独立。独立後は、就業規則を中心とした労務管理体制の整備に注力。「人と組織の成長に貢献する」ことを経営理念に掲げ、勤怠管理や給与計算をはじめとした中小企業の労務管理の IT 化や人事評価制度の構築を支援し、生産性の向上、各種社員研修のサポートも実施中。

ウェブサイト　https://www.office-shidooka.com/

カバー・本文デザイン 坂本 真一郎（クオルデザイン）
DTP 羽石 相
校正 松尾直子

増補改訂

給与計算・年末調整の手続きがぜんぶ自分でできる本

2024 年 6 月 12 日　初版第 1 刷発行
2024 年 11 月 20 日　初版第 3 刷発行

著者　　志戸岡 豊
発行人　片柳 秀夫
編集人　志水 宣晴
発行　　ソシム株式会社
　　　　https://www.socym.co.jp/
　　　　〒 101-0064　東京都千代田区神田猿楽町 1- 5 -15 猿楽町 SS ビル
　　　　TEL：(03)5217-2400（代表）
　　　　FAX：(03)5217-2420

印刷・製本　　中央精版印刷株式会社